Façon de PARLER!

BOOK 2

Angela Aries & Dominique Debney

D0242693

Hodder & Stoughton

A MEMBER OF THE HODDER HEADLINE GROUP

For James, Nadine, Katherine and Michelle

British Library Cataloguing in Publication Data

A catalogue entry for this title is available from the British Library

ISBN 0 340 63101 5

First published 1995
Impression number   10 9 8 7 6 5 4 3 2
Year   1999 1998 1997 1996

Typeset by Wearset, Boldon, Tyne and Wear
Printed in Great Britain for Hodder & Stoughton Educational, a division of Hodder Headline Plc, 338 Euston Road, London NW1 3BH by Redwood Books, Trowbridge, Wilts.

Contents

ABBREVIATIONS AND SYMBOLS _____

lit. = literally translated
fam. = familiar
m. = masculine
f. = feminine
pl. = plural
sing. = singular
pol. = polite form
inv. = invariable
◪ = irregular verb

Introduction

Façon de Parler! Book 2 is the second part of a comprehensive course for adult
beginners wishing to reach the standard of the IOL General Certificate, or
GCSE, and beyond. It is suitable for those wishing to reach a good level of
communicative competence when they travel in francophone countries,
whether or not they seek formal qualifications.

This fully revised, new edition of Part Two consists of:
* a coursebook, containing eighteen study units, six revision units, and a
  grammar reference section
* two specially recorded audio cassettes, containing dialogues from the
  coursebook, as well as listening comprehension exercises
* an accompanying booklet with the text of the listening material,
  and a key to the exercises in the book and on the cassettes.

The eighteen study units form the core of the course. Much material from
the first edition has been retained (although not necessarily in its original
form), but new sections have been added in response to changes in the
language requirements of students. Each unit now contains the following
sections:
* presentation material – dialogues, short descriptions, broadcasts, etc.
* *Qu'est-ce que ça veut dire?*: a box listing useful words and expressions
  used in each of the presentations
* *Avez-vous compris?*: designed to check comprehension of the presentation
  material
* *À vous!*: individual, pair- and group work to improve speaking skills
* a range of exercises to develop speaking, reading and writing skills
* *Un peu de grammaire*: a brief grammar summary
* *Écoutez bien!*: material designed to increase listening skills and build up
  confidence

To extend speaking skills, rôle play (*Jeu de rôles*) and free exercises to elicit
the student's own opinions (*Et vous?* sections) appear regularly throughout
the book, in addition to extended reading passages (*Lecture*) and games and
quizzes (*Faites nos jeux!*). *Qu'est-ce que ça veut dire?* sections have been
included after each presentation to help with the key words and expressions
introduced. However, at this stage students are advised to use a dictionary
in order to benefit from the range and variety of language to be found in the
course.

The recorded material forms an integral part of the course and is strongly recommended to users. Together with the accompanying study booklet, it is essential for those working on their own.

Première UNITÉ

Vous souvenez-vous de nos amis de *Façon de Parler!*? Non? Alors, écoutez-les se présenter.

Guillaume	Bonjour! Je m'appelle Guillaume Lejeune. J'ai 21 ans. Je suis étudiant à Paris. Pendant les vacances, pour me faire un peu d'argent, je travaille pour la société Tourama; je sers de guide à des groupes de touristes.

Interviewer   Et vous, Jeanne, pouvez-vous vous présenter?

Jeanne   Avec plaisir! Je m'appelle Jeanne Chouan. Je suis professeur de sciences naturelles. Je suis célibataire.

Interviewer   Où habitez-vous?

Jeanne   J'habite à Luçon. C'est en Vendée, dans l'ouest de la France.

Interviewer   Et vous, Sylvie, d'où êtes-vous?

Sylvie   Moi, je suis de Grasse, en Provence, dans le sud-est de la France. Je suis ouvrière dans une usine de parfums. Je ne suis pas mariée non plus.

Interviewer   Vous avez un petit ami?

Sylvie   Pas en ce moment. Euh . . . mon numéro de téléphone est le 93.35.09.12!

Interviewer   Annick et Yves, est-ce que vous êtes mariés?

Yves   Non, pas encore, mais nous sommes fiancés. Annick est fonctionnaire. Mais moi, je ne travaille pas dans un bureau. Je préfère travailler en plein air; je suis marin-pêcheur. Nous habitons tous les deux à Quimper, en Bretagne, depuis six mois.

Interviewer   Vous, Claire, vous êtes de Normandie, n'est-ce pas?

Claire   C'est exact. J'ai un appartement à Rouen, 160, avenue de Bretagne. Je travaille à temps partiel parce que j'ai deux enfants, un fils de onze ans,

Paul, et une fille de sept ans,
Elisabeth. Ils s'adorent, mais ils
se disputent souvent!

Interviewer	Et vous, Henri, avez-vous des enfants?
Henri	Non, malheureusement. Je suis divorcé et je n'ai pas d'enfants, mais j'ai un chat très affectueux qui s'appelle Moustache.
Interviewer	Où habitez-vous?
Henri	J'ai une petite maison à Nuits-Saint-Georges, près de Dijon, en Bourgogne. Je suis pharmacien, mais naturellement, je préfère le bon vin aux médicaments!

QU'EST-CE QUE ÇA VEUT DIRE?   WHAT DOES THAT MEAN?

se souvenir (de)	*to remember*
(se) présenter	*to introduce (oneself)*
je sers de guide (servir)	*I act as a guide (to serve)*
ne . . . non plus	*not . . . either*
pas encore	*not yet*
depuis	*for, since*
un(e) fonctionnaire	*a civil servant*
malheureusement	*unfortunately*
affectueux(-se)	*affectionate*

The symbol **M** indicates an irregular verb. Please refer to the verb table (on page 382).

Avez-vous compris?   Did you understand?

Relisez les dialogues, puis répondez *vrai* ou *faux*. Si vous le pouvez, corrigez les erreurs. *Re-read the dialogues, then answer **true** or **false**. Correct the mistakes if you can.*

1   Guillaume est jeune.
2   Il est guide de profession.
3   Jeanne habite dans l'est de la France.
4   Elle n'est pas mariée.
5   Grasse est une ville de Vendée.
6   Sylvie travaille dans un magasin.
7   Annick et Yves sont fiancés depuis six mois.
8   Ils habitent dans l'ouest de la France.
9   Yves travaille sur un bateau.

10   Claire a deux enfants.
11   Henri est bourguignon.
12   Il vend du vin.

À VOUS! YOUR GO! _____

Regardez la carte de France ci-dessous. Ecrivez en français les détails concernant chaque personne présentée. *Look at the map of France below. Write in French the details concerning each person introduced.*

exemple

1   **Jeanne** habite à Luçon en Vendée dans l'ouest de la France. Elle est professeur de sciences naturelles. Elle est célibataire.

Complétez les dialogues ci-dessous. *Fill in the gaps in the dialogues below.*

1 – _____ habitez-vous?
   – J'habite _____ Brest, _____ Bretagne, _____ l'ouest de la France.
2 – Vous _____ des enfants?
   – Oui, _____ une fille _____ s'appelle Isabelle.
3 – Quel est votre métier?
   – Je _____ travaille _____. Je suis étudiant.

4   –   Est-ce que vous _____ dans un hôpital?
    –   Non, je _____ ouvrier d'usine.
5   –   Vous _____ bourguignon, n'est-ce pas?
    –   C'est exact. Je suis _____ Dijon.
6   –   Est-ce que vous êtes mariée?
    –   Oui, je suis mariée _____ dix ans.

—— Jeu de rôles   *Rôle play* ——
(PARTENAIRE A)

(**Partenaire B: tournez à la page 19.** *Partner B: turn to page 19.*)

Read the Laurent / Laure dossier, then practise the conversation following it with your partner.

exemple

Dossier de **LAURENT / LAURE**
26 ans
Célibataire   (A)

Vous êtes **LAURENT / LAURE**
25 ans
Célibataire   (B)

A   Vous vous appelez Laurent / Laure.
B   C'est exact.
A   Vous avez 26 ans.
B   Non. J'ai 25 ans.
A   Vous êtes célibataire.
B   C'est exact.

Conseil: Révisez les nombres cardinaux, page 392. *Advice: Revise the cardinal numbers on page 392.*

A1   Now imagine that you have been given some information about Partner B (Christian / Christiane). As you are only double-checking, *do not ask questions*, but make statements instead.

If your information is wrong, your partner will set the record straight so that you can correct his / her file (**son dossier**).

Dossier de **CHRISTIAN / CHRISTIANE**
Age: 43 ans
Ville / Région: Planville, Bretagne
Adresse: 14, rue Victor Hugo
Situation de famille: marié(e)
Enfants: 1 fils, Claude
Travail: bureau

A2   Imagine that you are Jacques / Jacqueline. This time your partner is checking information about you. Set the record straight if he / she makes a mistake.

Vous êtes
JACQUES / JACQUELINE

Age: 31 ans

Ville: Paris

Numéro de téléphone: 48.16.25.96

Situation de famille: célibataire

Animaux: 1 chat, Mimi

Métier: ingénieur

ET VOUS?   AND WHAT ABOUT YOU?

Pouvez-vous vous présenter? Dites votre nom, parlez de votre famille et de votre travail. Expliquez où vous habitez, depuis quand et, si vous voulez, donnez votre adresse et votre numéro de téléphone.

Prenez des notes. *Take notes.* Listen while the other members of the class introduce themselves.

Vérifiez avec le professeur. *Check with the teacher.*

Maintenant, nos amis se décrivent.

Interviewer	Salut, Paul! Tu peux me parler de ta maman?
Paul	Euh . . . Elle s'appelle Claire . . . Elle a les cheveux courts, blonds . . . Elle est petite . . . Elle est très bavarde et très curieuse. C'est l'idéal parce qu'elle est enquêteuse pour la SNES!
Interviewer	La SNES? Qu'est-ce que c'est?
Paul	Je sais pas exactement. Un truc de sondages. Elle pose des questions aux gens dans la rue.
Interviewer	Et qu'est-ce qu'elle fait, quand elle a du temps libre?
Paul	Euh . . . Elle aime bien lire et écouter de la musique. Et elle a toujours la radio dans la voiture et dans la cuisine.
Interviewer	Elle fait bien la cuisine?
Paul	Bof! Comme ci comme ça!

QU'EST-CE QUE ÇA VEUT DIRE?   *WHAT DOES THAT MEAN?*

se décrire	*to describe oneself*
court(e)	*short*
bavard(e)	*talkative*
curieux(-se)	*inquisitive, nosey*
un enquêteur(-euse)	*market researcher*
SNES (Société Nationale d'Enquêtes par Sondages)	*fictitious survey and opinion poll company*
un truc	*a thing, a whatsit*
les gens (m.)	*people*
Bof!	*familiar term expressing lack of interest or enthusiasm; Dunno! / It's OK, I suppose!*

Antoine parle de son frère jumeau, Dominique.

Interviewer	Antoine, pouvez-vous me parler de votre frère?
Antoine	Oui, avec plaisir. Il est cuisinier, comme moi. Nous travaillons dans le même restaurant à Ajaccio, en Corse. Nous nous ressemblons beaucoup. Nous avons les yeux noirs et les cheveux bruns. Nous n'avons pas beaucoup de cheveux mais nous avons une barbe et une moustache tous les deux. La seule différence, c'est que Dominique porte des lunettes.
Interviewer	Vous vous entendez bien?
Antoine	Oui. On va souvent au cinéma ou à des matchs de foot ensemble. Quelquefois, on va dans une discothèque avec des copines, mais moi, je n'aime pas tellement danser.
Interviewer	Quelle est la principale qualité de Dominique?
Antoine	Il est toujours de bonne humeur.
Interviewer	Et vous?
Antoine	Eh bien, moi, je suis beau, intelligent, riche, spirituel, courageux, généreux, honnête . . .
Interviewer	Vous n'oubliez pas quelque chose?
Antoine	Quoi donc?
Interviewer	Modeste, bien sûr!

QU'EST-CE QUE ÇA VEUT DIRE? *WHAT DOES THAT MEAN?*

un frère jumeau	*a twin brother*
se ressembler	*to look alike*
oublier	*to forget*
s'entendre bien	*to get on well*
un copain / une copine	*a friend* (fam.)
pas tellement	*not much*
une qualité	*a (good) quality*
être de bonne humeur	*to be in a good mood*
spirituel(le)	*witty*

Laurent parle de sa petite amie, Chantal, à un ami.

Laurent	Chantal est très douée en anglais.
Ami	Et toi?
Laurent	Moi, je suis nul!
Ami	Et comment est-elle physiquement?
Laurent	Elle est très jolie. Elle est de taille moyenne. Elle est mince. Elle a les yeux bleus et les cheveux blonds. Et elle est toujours élégante. L'idéal, quoi!
Ami	Tu as de la chance, dis donc!
Laurent	Mais, elle aussi, elle a de la chance, non?

QU'EST-CE QUE ÇA VEUT DIRE? *WHAT DOES THAT MEAN?*

doué(e)	*gifted*
nul(le)	*no good, hopeless*
dis donc (fam.)	*aren't you?* (here)

Monsieur Brède, boulanger-pâtissier à Rouen, parle de sa femme à un ami.

Ami	Et votre femme, ça va?
M. Brède	Ah, ma femme! Elle est toujours de mauvaise humeur en ce moment!
Ami	Ah bon, pourquoi?
M. Brède	Eh bien, elle est de mauvaise humeur quand elle mange trop, parce que ça la fait grossir et elle est de mauvaise humeur quand elle est au régime, parce qu'elle a faim.

Ami	Elle est gourmande?
M.Brède	Très! Elle adore faire de bons petits plats, surtout des recettes normandes.
Ami	Qui sont très riches!
M. Brède	C'est vrai! Et en plus, elle mange trop de gâteaux.
Ami	Il faut dire que c'est tentant quand on travaille dans une boulangerie-pâtisserie!
M. Brède	C'est vrai, mais elle n'a pas beaucoup de volonté! Résultat, elle croit qu'elle est malade et elle est toujours fourrée chez le médecin.

QU'EST-CE QUE ÇA VEUT DIRE? *WHAT DOES THAT MEAN?*

être de ⸢ba⸣ mauvaise humeur	*to be in a bad mood*
être au régime	*to be on a diet*
gourmand(e)	*appreciative of ~~good~~ food / greedy*
une recette	*a recipe*
ne pas avoir de volonté	*to lack willpower*
elle est toujours fourrée chez . . .	*She's forever at . . .*

Maintenant, c'est François Muller qui se décrit.

Interviewer	Est-ce que vous pouvez vous décrire, Monsieur Muller?
François	Je vais essayer! Euh . . . J'ai 40 ans. Je mesure 1 mètre 90. J'ai les cheveux bruns et les yeux gris. Je fais du sport pour rester en forme et garder la ligne. Je vais à la piscine toutes les semaines et je joue au badminton. Mes qualités? Je ne sais pas, il faut le demander à ma femme! Mes défauts? Je ne suis pas très patient et je suis têtu.
Interviewer	Parce que vous êtes alsacien?
François	Peut-être!

QU'EST-CE QUE ÇA VEUT DIRE? *WHAT DOES THAT MEAN?*

essayer	*to try*
rester en forme	*to keep fit*
garder la ligne	*to keep one's figure*
têtu(e)	*stubborn, headstrong*
alsacien(ne)	*from Alsace*

Josée Cousin, la Martiniquaise, parle de ses enfants.

Interviewer	Vous avez beaucoup de problèmes avec vos enfants?
Josée	Non, je n'ai pas à me plaindre! Simon est très gentil. A la maison, il fait souvent la vaisselle et il passe l'aspirateur, mais à l'école, il est paresseux.
Interviewer	Il est sportif?
Josée	Oui. Il adore l'athlétisme et il aime jouer au basket.
Interviewer	Et Annette?
Josée	Elle travaille bien à l'école, mais elle est timide. Elle, elle adore la musique. Elle chante toutes les chansons du hit-parade.
Interviewer	Elle chante bien?
Josée	Non, malheureusement. Elle chante faux.

QU'EST-CE QUE ÇA VEUT DIRE?   WHAT DOES THAT MEAN?

Je n'ai pas à me plaindre!	*I've got nothing to complain about!*
gentil(le)	*kind*
paresseux(-se)	*lazy*
elle chante faux	*she can't sing in tune*

Avez-vous compris?   Did you understand?

Relisez les descriptions. *Re-read the descriptions.*
Faites la liste des qualités et des défauts utilisés. *Make a list of the good qualities and faults mentioned.*

Qualités	**Défauts**
beau	bavarde

Qui est-ce? Donnez le nom des personnes décrites. *Who is it? Give the name of the people described.*

1 Ils ont les yeux noirs.
2 Il est grand.
3 Elle est timide.
4 Elle est hypocondriaque.
5 Il est impatient.
6 Elle parle beaucoup.

7   Ils portent la barbe et la moustache.
8   Il est têtu.
9   Elles sont blondes.
10   Elle n'est jamais de bonne humeur.
11   Il est paresseux mais il est gentil.
12   Elle mange trop.
13   Ils ne sont pas très modestes.
14   Elle est bonne en anglais.
15   Elle n'a pas beaucoup de volonté.
16   Elle aime la musique et la lecture.
17   Ils sortent souvent.
18   Il trouve l'anglais difficile.
19   Elle travaille dans un magasin.
20   Elle est satisfaite de ses enfants.

À VOUS!   YOUR GO! _____

Choisissez un adjectif. *Choose an adjective.* Find one that describes each of these characters. (You might need to look some words up. Make sure the adjectives agree in gender and number. If in doubt, refer to the Grammar box on page 21.)

gros   minuscule   petit   jeune   drôle   jaloux   courageux   cruel
fort   gourmand   pauvre   joli   laid   patient   fort   rusé *crafty/cunning*   grand   avare *miserly*

David	Peter Pan	Job
Charlie Chaplin	Blanche-Neige	Harpagon / Scrooge
Tom Pouce	la belle-mère de	Cendrillon
Obélix	Blanche-Neige	les sœurs de Cendrillon
Astérix	Attila	Gargantua
Goliath		

exemple   David = courageux

Cochez seulement les mots et expressions utilisés dans les dialogues.
Tick only the words and expressions used in the dialogues.
• **jouer au** badminton / tennis / golf / foot / basket / volley / squash / ping-pong / Scrabble
• **jouer aux** échecs / cartes / fléchettes
• **faire du** ski / cheval / vélo / yoga / judo / patin à glace
• **faire de la** natation / voile / gymnastique / musculation
• **regarder** la télévision / **écouter** la radio / de la musique / **chanter** / **danser**

lire / **coudre** / **tricoter** / **faire** les mots croisés /
faire collection de . . .
- **sortir** / **aller** au cinéma / à la piscine / **manger** au restaurant
- **faire** le ménage / la vaisselle / la cuisine / la lessive /
les courses / les lits / le jardinage
- **repasser** / **passer l'aspirateur** / **ranger** / **laver**

washing-up *washing*

do the shopping

faire une course – to run an errand.

ET VOUS?   AND WHAT ABOUT YOU?

Travaillez avec un / une partenaire. *Work with a partner.*

First take it in turns to describe yourself. Include one or two obvious inaccuracies for your partner to spot.

Now prepare a series of statements to try to find out more about your partner's tastes. Your conversation should be similar to that in the **Jeu de rôles**. You might like to give some extra information in your answers.

exemple

A   Vous jouez au tennis.
B   Non. Je joue au badminton.
A   Vous aimez faire la cuisine.
B   C'est exact. J'aime bien préparer des plats français.

—— Jeu de rôles   *Rôle play* ——
(PARTENAIRE B)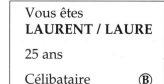

(**Partenaire A: tournez à la page 12.** *Partner A: turn to page 12.*)

Read the Laurent / Laure dossier, then practise the conversation following it with your partner.

exemple

Dossier de **LAURENT / LAURE**	Vous êtes **LAURENT / LAURE**
26 ans	25 ans
Célibataire Ⓐ	Célibataire Ⓑ

Conseil: Révisez les nombres cardinaux, page 392.
Advice: Please revise the cardinal numbers on page 392.

A   Vous vous appelez Laurent / Laure.
B   C'est exact.
A   Vous avez 26 ans.

B   Non. J'ai 25 ans.
A   Vous êtes célibataire.
B   C'est exact.

B1 Now imagine that a civil servant is checking your file (*votre dossier*). If his / her information is wrong, set the record straight.

> Vous êtes
> **CHRISTIAN / CHRISTIANE**
>
> **Age:** 44 ans
>
> **Ville / Région:** Planville, Normandie
>
> **Adresse:** 14, rue Victor Hugo
>
> **Situation de famille:** divorcé(e)
>
> **Enfants:** 1 fille, Claude
>
> **Travail:** magasin

B2 This time you are the civil servant checking a file. Imagine that you have been given some information about Partner A (Jacques / Jacqueline). As you are only double-checking, *do not ask questions*, but make statements instead.

If your information is wrong, your partner will set the record straight so that you can correct his / her file (**son dossier**).

> Dossier de
> **JACQUES / JACQUELINE**
>
> **Age:** 32 ans
>
> **Ville:** Paris
>
> **Numéro de téléphone:** 48.16.25.87
>
> **Situation de famille:** célibataire
>
> **Animaux:** 1 chien, Max
>
> **Métier:** architecte

— Un peu de grammaire —

A little grammar

à ... e.g. je travaille à **Londres**	(+ town) *I work in London*
en ... e.g. j'habite en **Angleterre** j'habite en **Bretagne** j'habite en **Corse**	(+ feminine countries / regions) *I live in England* *I live in Brittany* *I live in Corsica*
but: à la ... e.g. j'habite à **la Martinique**	(+ small island) *I live in Martinique*
au ... e.g. j'habite au **Pays de Galles**	(+ masculine countries) *I live in Wales*

je vais en vacances **au Portugal**	*I go on holiday to Portugal*

depuis — *for, since*

je travaille **depuis 6 mois** — *I've been working for 6 months*

j'habite en France **depuis 1995** — *I've been living in France since 1995*

Agreement of adjectives

il est grand / **elle** est grand**e** — *he / she is tall*

ils sont grand**s** — *they are tall* (masc. or mixed)

elles sont grand**es** — *they are tall* (fem. only)

but:

il est jeune / elle est jeune — *he / she is young*

il est paresseux / elle est paresseuse — *he / she is lazy*

il est spirituel / elle est spirituelle — *he / she is witty*

il est sportif / elle est sportive — *he / she is sporty*

ils sont curieux / elles sont curieuses — *they are inquisitive / nosey*

Verb conjugation

Please refer to the verb table from page 382 onwards.

➪   GRAMMAIRE 1, 2, 3

Exercices   *Exercises*

A   Utilisez les noms et adjectifs ci-dessous de façon différente. *Use the nouns and adjectives below in different ways.*   _usu. abbreviated to "sympa"_

exemples   Un professeur intéressant. Un enfant curieux.

un professeur sympathique	une actrice célèbre
un homme curieux	une voisine bavarde
un problème délicat	une secrétaire bilingue
un appartement moderne	une femme élégante
un enfant paresseux	une voiture rapide
un étudiant timide	une question difficile
un livre ennuyeux	une cliente patiente
un sport dangereux	une histoire intéressante
un père indulgent	une remarque sérieuse
un animal intelligent	une vendeuse aimable

B   Aidez d'autres personnages de *Façon de Parler!* à se présenter. Utilisez les notes ci-dessous. *Help other characters from* **Façon de Parler!** *to introduce themselves. Use the notes below.*

Lucien Cousin: médecin; Fort-de-France, Martinique; marié; 2 enfants (Simon, 12 ans, Annette, 9 ans); natation, tennis, musculation

exemple   Je m'appelle Lucien Cousin. J'habite à Fort-de-France à la Martinique. Je suis marié. J'ai . . .

Marie Muller: appartement; Strasbourg, Alsace; mari, ingénieur; 2 enfants; un cochon d'Inde; infirmière (hôpital: 2 heures – 6 heures); aérobic; promenades

Claude Dupré: fermier (petit village à 15 km de Rouen, Normandie); marié; femme, Liliane, de Grenoble dans les Alpes; 4 enfants (Jean-Pierre, 17 ans, Paul, 15 ans, Colette, 13 ans et Philippe, 11 ans) qui aiden* pendant les vacances; parents à la retraite; mère fait cuisine pour toute la famille

Chantal: 23 ans; célibataire; petit ami (Laurent, 25 ans), vendeuse (magasin: Primono); cours d'anglais; cinéma, discothèque; adore musique

Monsieur Déveine: Dijon, Bourgogne; ami de Henri Boivin; marié; homme d'affaires; au chômage

C   Imaginez que vous venez de rencontrer votre partenaire idéal(e)! Faites une description détaillée. Utilisez le texte suivant. *Imagine that you have just met your ideal partner! Write a detailed description. Use the following text.*

J'ai rencontré mon ami ce matin

Je viens de rencontrer l'homme / la femme de ma vie. Il / Elle
s'appelle (1) _____. Il / Elle a (2) _____ ans. Il / Elle est
(3) _____. Il / Elle mesure (4) _____. Il / Elle a les yeux
(5) _____ et les cheveux (6) _____. Il / Elle aime faire
(7) _____, jouer (8) _____, aller (9) *au cinéma* et
(10) *au théâtre*. Il / Elle a beaucoup de qualités. Il / Elle est
(11) _____. (12) _____ et (13) *toujours de bon humeur*
Malheureusement, il / elle est aussi (14) *têtu (e)* et
(15) *discret* . Personne n'est parfait!
(discrète)   *(Mon ami n'est pas parfait)*

D   Imaginez que vous venez de rencontrer une personne que vous
     n'aimez pas. Ecrivez à votre ami(e) français(e) pour lui en parler.
     Imagine that you have just met a person that you do not like. Write to your
     French friend to tell him / her about it.

E   Faites votre autoportrait et décrivez les membres de votre famille, en
     vue d'un jumelage avec une ville française. Parlez aussi de vos passe-
     temps. *Describe yourself and the members of your family, with a view to a*
     twinning with a French town. Also mention your hobbies.

Écoutez bien! 🎧 *Listen carefully!*

Listen to a civil servant checking the information on a file. Then imagine that
you are the civil servant. Correct the mistakes on the form below.

6528

Numéro de dossier: 6529
LEGRIS   *Marianne*
Nom de famille: LEGROS   **Prénom:** Patricia
Age: 40 ans
Situation de famille: Célibataire   *Marié*
Enfants: *2* ~~0~~ **fils** 0 **fille(s)**   *1*   *2*
Couleur des yeux: ~~Bleus~~ *Bruns*
Taille: 1 m ~~50~~ *80*
Profession: ~~Architecte~~ *Dentiste*
Passe-temps: Voile, ~~bridge~~ *échecs*
178   ave de New York   16ème
Adresse: 64, rue de Nancy, Paris 10ème*

*(10ème = 10th **arrondissement**. Paris is divided into 20 administrative
districts called **arrondissements**.)

Deuxième UNITÉ

Lundi matin, Jeanne demande à ses élèves ce qu'ils ont fait pendant
le week-end.

Laure   Moi, dimanche, j'ai fini mes devoirs et j'ai
aidé ma mère. J'ai fait la vaisselle et j'ai
cassé un verre.

Isabelle   Avant-hier, moi je n'ai rien fait, mais mon frère a perdu sa
montre, ma sœur a acheté une robe et mon chien a mordu le
facteur.   (Mordre)

Michel   Hier, j'ai dormi jusqu'à midi. L'après-midi, mes amis et moi
avons joué au football, et le soir, j'ai écouté les disques de mon
groupe préféré.

Thomas   Et moi, hier, j'ai attendu l'heure du
programme sportif, et j'ai regardé la télé
tout l'après-midi. Ma sœur m'a parlé, mais
je ne lui ai pas répondu!

Michel   Et vous, mademoiselle, avez-vous dormi jusqu'à midi hier?
Jeanne   Non, je n'ai pas dormi jusqu'à midi.
Thomas   Est-ce que vous avez regardé la télé?
Jeanne   Non, je n'ai pas regardé la télévision.
Isabelle   Qu'est-ce que vous avez fait?
Jeanne   J'ai téléphoné à une amie, nous
avons bavardé longtemps, j'ai
oublié mes pommes de terres et
elles ont brûlé.
Laure   Et alors, qu'est-ce que vous avez
fait?
Jeanne   Alors, j'ai mangé au restaurant!

QU'EST-CE QUE ÇA VEUT DIRE?

un(e) élève	*a pupil*
avant-hier	*the day before yesterday*
mordre	*to bite*
préféré(e)	*favourite*
jusqu'à	*until, up to*
brûler	*to burn*

Avez-vous compris?

Répondez *vrai* ou *faux*.

1 Dimanche, Laure a fini ses devoirs.
2 Elle n'a pas aidé sa mère.
3 Elle n'a pas fait la vaisselle.
4 Isabelle n'a rien fait, avant-hier.
5 Elle n'a pas perdu sa montre.
6 Michel n'a pas dormi jusqu'à midi, hier.
7 Le soir, il a écouté des disques.
8 Hier, Thomas a attendu l'heure du programme sportif.
9 Il n'a pas regardé la télé tout l'après-midi.
10 Jeanne Chouan a téléphoné à une amie et elles ont bavardé longtemps.
11 Elle n'a pas oublié ses pommes de terre.
12 Elle n'a pas mangé chez elle.

À VOUS! _____

Choisissez les bons mots pour raconter le week-end désastreux de Marie!

fait		choisi		oublié	fait	cassé	bavardé
	aidé		brûlé				
		téléphoné		mordu	mangé		perdu

Samedi après-midi, j'ai (1) _aidé_ ma mère. J'ai (2) _fait_ la vaisselle, mais malheureusement j'ai (3) _cassé_ trois assiettes. Puis j'ai (4) _fait_ la cuisine. Mon petit ami m'a (5) _téléphoné_ et nous avons (6) _bavardé_ longtemps. J'ai (7) _oublié_ la viande et elle a (8) _brûlé_! Alors, le soir, nous avons (9) _mangé_ au restaurant où j'ai (10) _choisi_ un plat qui n'était pas tellement bon. Pour tout arranger, le chien de la patronne m'a (11) _mordu_ et mon petit ami a (12) _perdu_ son portefeuille!

Et nos touristes, qu'est-ce qu'ils ont fait récemment?

Martin	Tu as ouvert une bonne bouteille hier, hein?
Henri	Ah oui, mais j'ai trop bu et j'ai trop chanté, tu sais!
Martin	Alors aujourd'hui, je suppose que tu as mal à la tête et à la gorge!
Henri	Oui, mais c'était super!

Philippe	Vous avez reçu beaucoup de cadeaux pour votre anniversaire, Sylvie?
Sylvie	Bien sûr! Du parfum, des chocolats, des fleurs . . . Et le soir, j'ai mis une robe neuve et je suis allée au restaurant avec des amis.
Philippe	Vous avez bien mangé?
Sylvie	Oui, c'était délicieux!

Le directeur	Mademoiselle Le Goff, pourquoi avez-vous été en retard au bureau lundi matin?
Annick	Je suis désolée, Monsieur le directeur, mais je n'ai pas entendu le réveil. C'était exceptionnel!
Le directeur	Quelle excuse! Vous avez lu mon rapport et ouvert mes lettres, j'espère!

Annick	Alors, vous avez eu une tempête en mer la semaine dernière?
Yves	Oui, nous avons eu très peur. J'ai vu des éclairs énormes! C'était effrayant!
Annick	Mon pauvre chou! Et vous n'avez pas pris beaucoup de poissons?
Yves	Ah non, évidemment.

Josée	Bonne journée, chéri? Ça va?
Lucien	Comme ci comme ça.
Josée	Qu'est-ce que tu as fait ce matin?
Lucien	Oh, je n'ai rien fait de spécial. J'ai fait des piqûres, j'ai pris la tension de plusieurs malades . . . J'ai regardé des radios aussi. C'était plutôt ennuyeux!

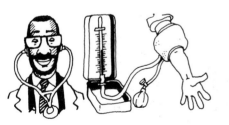  

Client	Est-ce que vous avez travaillé dimanche dernier?
Antoine	Non, nous n'avons pas travaillé. Mais malheureusement, il n'a pas fait beau. Il a plu toute la journée. Alors, Dominique est resté à la maison. Il a écrit une lettre à notre amie Sylvie, et moi, je suis allé au cinéma.
Client	Qu'est-ce que vous avez vu?
Antoine	Un film anglais. C'était très intéressant!

QU'EST-CE QUE ÇA VEUT DIRE?

j'ai bu (boire 🗠)	I drank, I have drunk
c'était	it was
vous avez reçu (recevoir 🗠)	you received, you have received
j'ai mis (mettre 🗠)	I put on, I have put on
être en retard	to be late
j'ai été (être 🗠)	I was, I have been
un rapport	a report
vous avez eu (avoir 🗠)	you had, you have had
une tempête	a storm
mon pauvre chou	my poor love
nous avons vu (voir 🗠)	we saw, we have seen
un éclair	a flash of lightning
faire une piqûre	to give an injection
prendre la tension	to take the blood pressure
j'ai pris (prendre 🗠)	I took, I have taken
une radio	an X-ray
plutôt ennuyeux	rather boring
il a plu (pleuvoir 🗠)	it rained, it has rained
je suis allé(e) (aller 🗠)	I went, I have been
je suis resté(e)	I stayed, I have stayed

Avez-vous compris?

Cochez les bonnes réponses.

1   Henri a mal à la tête / au dos, parce qu'il a trop mangé / bu.
2   Pour son anniversaire, Sylvie a reçu des fleurs / une plante et des gâteaux / des chocolats.
3   Annick a été en retard à l'hôpital / au bureau, parce qu'elle n'a pas entendu la télévision / le réveil. C'était exceptionnel / normal.
4   Pendant la tempête, Yves et ses amis ont eu très faim / peur, et ils n'ont pas pris beaucoup de poissons / vêtements. C'était formidable / effrayant.
5   Lucien a fait des piqûres / radios, et il a pris la température / la tension de plusieurs malades. C'était intéressant / ennuyeux.
6   Dimanche dernier il a plu tout l'après-midi / toute la journée. C'était désagréable / bien. Antoine est allé au cinéma / au stade et Dominique a écrit une carte postale / une lettre à Sylvie.

À VOUS!

Travaillez avec un / une partenaire.

Vous êtes un / une des touristes. Votre partenaire doit deviner qui vous êtes! Répondez simplement oui ou non. Puis changez de rôle.

exemple **A** Vous avez / Est-ce que vous avez / Avez-vous ouvert une bonne bouteille hier?

        B Non.

        A Vous avez / Est-ce que vous avez / Avez-vous reçu beaucoup de cadeaux?

        B Oui.

        A Alors, vous êtes Sylvie.

Monsieur et Madame Brède marient leur fille, Anne. Voici le faire-part qu'ils ont envoyé.

Madame Roger Coquard
Monsieur et Madame Adrien Portais
Monsieur et Madame Charles Brède

Madame André Bérault
Monsieur et Madame Jérôme Viargues

sont heureux de vous faire part du mariage de
leurs petits-enfants et enfants

Anne et Christian

et vous prient d'assister à la Bénédiction Nuptiale
qui leur sera donnée
le Samedi 18 Mai 1996 à 16 heures en l'Église St. Joseph à Rouen

26, rue Jouvenet
76120 Rouen

50, rue Stanislas
76100 Rouen

Certaines personnes ont déjà répondu.

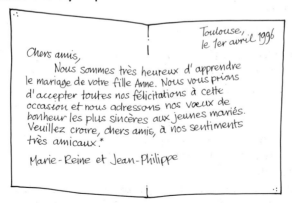

Toulouse,
le 1er avril 1996

Chers amis,
   Nous sommes très heureux d'apprendre le mariage de votre fille Anne. Nous vous prions d'accepter toutes nos félicitations à cette occasion et nous adressons nos vœux de bonheur les plus sincères aux jeunes mariés. Veuillez croire, chers amis, à nos sentiments très amicaux.*

Marie-Reine et Jean-Philippe

*Formal ending

Les membres de la famille et les amis proches ont également reçu l'invitation suivante.

Madame Charles Brède
Madame Jérôme Viargues

recevront en l'honneur de leurs enfants
au restaurant 'La Pergola' à Planville
à partir de 19 heures

26 rue Jouvenet
76120 Rouen

50 rue Stanislas
76100 Rouen

Réponse souhaitée avant le 20 avril 1996

Souhaiter = to wish for

Une autre réponse vient d'arriver chez les Brède.

Paris, le 3 avril 1996

Chers Irène et Charles,
Je suis enchantée d'apprendre le mariage d'Anne et de Christian. Toutes mes félicitations! Je suis très touchée par votre invitation. Je ne pourrai malheureusement assister ni à la cérémonie religieuse ni au repas car je serai aux Etats-Unis à ce moment-là. En effet, je pars chez ma sœur à Boston début mai pour un séjour d'un mois. Transmettez tous mes vœux de bonheur aux jeunes mariés. Mes pensées seront avec vous le 18!
Bien affectueusement,
Gabrielle

QU'EST-CE QUE ÇA VEUT DIRE?

un faire-part (inv.)	an announcement (wedding, birth, etc.)
assister (à)	to attend, to be at
sera / serai / seront* (être)	will be (to be)
félicitations (fem.)	congratulations
un vœu	a wish
le bonheur	happiness
recevront* (recevoir)	will entertain (here)
à partir de . . .	from . . .
enchanté(e)	delighted
pourrai* (pouvoir)	will be able to
ni . . . ni . . .	neither . . . nor . . .
car	for, because

*Future tense

Avez-vous compris?

Répondez en français.

1 Qui sont les grands-parents d'Anne?
2 Quel est le nom de famille de Christian?
3 Où Anne et Christian vont-ils se marier?
4 Quand vont-ils se marier?
5 Qui a déjà envoyé une réponse à l'annonce du mariage?
6 Qui a été invité au restaurant?
7 A quelle heure sont-ils attendus?
8 Les invités doivent répondre avant quelle date?
9 Qui a répondu négativement à l'invitation?
10 Pourquoi?

À VOUS! _____

A quoi correspondent les réponses ci-dessous? Choisissez entre un mariage,
une naissance, un décès, une invitation, ou des vœux pour une personne
malade.

Prier – fian prayer

lemercie,

1

Monsieur Yvon Jossepin

Vous remercie de votre aimable
invitation à laquelle il aura
le grand plaisir de se rendre.

To render himself

2

Madame Jean-Claude Poulain

vous prie d'accepter ses
vœux les meilleurs pour
le rétablissement de
votre santé.

3 ———— **CHRISTOPHE LENORMAND**

adresse ses compliments et
ses félicitations aux parents
et ses vœux de bonheur
aux jeunes époux.

4

IRENE LEVASSEUR

vous adresse ses plus vives
félicitations à l'occasion
de la naissance du
petit Alexandre.

5 **MONSIEUR ET MADAME GERARD LACROIX**

vous prient de bien vouloir
agréer l'expression de leur
douloureuse sympathie et vous
adressent leurs plus sincères
condoléances.

Au mariage d'Anne, certains invités se plaignent . . .

6 6 La robe que j'ai empruntée est à ma sœur,
je n'aime pas la couleur!
Elle ne me va pas! **9 9**

6 6 Aïe! J'ai mal aux pieds! Les chaussures que
mon frère m'a prêtées sont trop petites! **9 9**

6 6 J'ai grossi! Le pantalon que j'ai mis
aujourd'hui est trop étroit! **9 9**

QU'EST-CE QUE ÇA VEUT DIRE?

un(e) invité(e)	*a guest*
se plaindre	*to complain*
emprunter	*to borrow*
elle ne me va pas	*it doesn't suit me*
prêter	*to lend*
étroit(e)	*narrow, tight*

À VOUS!

The wedding guests are still complaining!
Choisissez les bons mots pour compléter les plaintes des invités.
Choose the right words to complete their complaints.

hélicoptère	voiture	chemise	train	sandales	cadeau

1 – La _voiture_ que j'ai achetée récemment n'est pas assez rapide!
2 – J'ai grossi! La _chemise_ que j'ai mise est trop petite!
3 – Les _sandales_ que j'ai empruntées sont trop grandes. Elle sont à
   ma mère, bien sûr!
4 – C'est une vraie catastrophe! Le _cadeau_ que j'ai choisi ne plaît
   pas à la mariée (the bride) (le marié)
5 – Le _train_ que j'ai pris n'était pas direct!
6 – L' _hélicoptère_ que le couple a loué est en retard!

Après le mariage de sa fille, Madame Brède retourne chez le médecin . . .

Le médecin	Alors, Mme Brède, qu'est-ce qui ne va pas cette fois? *Ça ne va pas*
Madame Brède	Ah docteur, j'ai passé un dimanche épouvantable: j'ai été malade comme un chien, j'ai eu mal à la tête, j'ai dû rester au lit et je n'ai rien pu manger de la journée!
Le médecin	Eh bien, ça doit être sérieux! *(it must be serious)*
Madame Brède	Ne plaisantez pas, docteur, je n'ai pas envie de rire ce matin. Il me faut un médicament pour le foie, quelque chose de radical!
Le médecin	Pour le foie! et votre régime alors?
Madame Brède	Aujourd'hui, docteur, j'ai une excuse!
Le médecin	Une excuse?
Madame Brède	Oui, nous avons marié notre fille, Anne, il y a deux jours.
Le médecin	Toutes mes félicitations!
Madame Brède	La cérémonie a été splendide et le repas a été somptueux. Pour commencer, nous avons eu du homard à l'américaine, puis j'ai mangé une belle sole meunière, ensuite du gigot d'agneau avec des flageolets et des haricots verts – j'en ai pris deux fois, et . . . *(I have taken twice of it / I had a 2nd helping)*
Le médecin	Et je suppose que vous avez aussi bien bu?
Madame Brède	Bien sûr! l'apéritif d'abord, puis du vin blanc avec le poisson, du vin rouge avec la viande et du champagne avec une pièce montée magnifique. *a pudding of choux pastry*

Le médecin *Surprised*
Et vous vous étonnez d'être encore malade aujourd'hui?

Madame Brède   Pas du tout, docteur, mais je compte sur vous pour me donner un bon médicament.

Le médecin   Il n'y a pas de remède miracle contre la gourmandise, vous savez!

je m'étonne – I am surprised

QU'EST-CE QUE ÇA VEUT DIRE?

épouvantable	*dreadful*
j'ai dû (devoir ▧)	*I had to, I have had to*
j'ai pu (pouvoir ▧)	*I could, I was / have been able to*
plaisanter	*to joke*
il y a	*ago (here)*
du homard	*lobster*
du gigot d'agneau	*leg of lamb*
des flageolets (m.)	*small kidney beans*
j'en ai pris deux fois *(une fois)*	*I had two helpings*
une pièce montée	*a special cake of choux pastry, served at weddings*
s'étonner	*to be surprised*
il me faut	*I need*
le foie	*liver*

Plusieurs fois – many times

Avez-vous compris?

1   Pourquoi Mme Brède a-t-elle passé un dimanche épouvantable?
2   Où a-t-elle dû rester?
3   A-t-elle pu manger quelque chose?
4   Est-ce qu'elle a vraiment besoin d'un médicament pour le foie?
5   Pourquoi n'a-t-elle pas suivi son régime?
6   Comment a été le mariage de sa fille, Anne?
7   Qu'est-ce qu'on a mangé?
8   Qu'est-ce qu'on a bu?

À VOUS!

Vous êtes malade! Complétez la conversation.

Le médecin	Alors, M . . ., qu'est-ce qui ne va pas aujourd'hui?
Vous	(**1** *Say you spent a dreadful Sunday. You had a headache, you had to stay in bed, and you couldn't eat anything all day.*)
Le médecin	Vous n'avez rien mangé, rien du tout?
Vous	(**2** *Say no. You need some medicine for your liver.*)
Le médecin	Pour le foie? Et votre régime alors?
Vous	(**3** *Say you have an excuse today. You went to a friend's wedding two days ago.*)
Le médecin	Et je suppose que vous avez bien mangé?
Vous	(**4** *Say yes. You ate lobster, then leg of lamb. You had two helpings.*)

Le médecin	Et vous avez aussi bien bu? *D'abord - first Puis du vin rouge*
Vous	(5 *Say of course. An apéritif first, then red wine, and champagne.*)
Le médecin	Et vous vous étonnez d'être malade aujourd'hui?
Vous	(6 *Say not at all, doctor. You're counting on him to give you some good medicine!*)

ET VOUS? _____

Qu'est-ce que vous avez fait le week-end dernier? C'était comment? Cochez les bonnes réponses.
Ajoutez d'autres activités si vous voulez. *Add other activities if you wish.*

exemple   J'ai joué au squash. C'était fatigant!

LOISIRS

J'ai joué au badminton / au squash / au tennis / au football / au ping-pong.
J'ai fait du yoga / de l'aérobic / de la natation / de la voile.
Je n'ai pas fait de sport.
J'ai joué au Scrabble / aux échecs.
J'ai tricoté / fait de la couture.
J'ai écouté des disques / regardé la télé.
J'ai lu le journal / un magazine / un livre / une bande dessinée.

TRAVAUX MÉNAGERS

J'ai fait la cuisine / la vaisselle / la lessive.
J'ai passé l'aspirateur.
J'ai repassé.
Je n'ai pas fait de ménage.
J'ai travaillé dans le jardin.
J'ai lavé la voiture.

SORTIES

J'ai fait les courses / une promenade.
J'ai visité un monument historique.
Je suis allé(e) à la campagne / au bord de la mer.
Je suis allé(e) chez mes parents / mes enfants / des amis.
Je suis allé(e) au cinéma / au concert / au théâtre / à un match de foot / à une conférence.

Jeu de rôles

Fill in your diary for the past week, and ask your partner what he / she did at certain times last week.

exemple   Qu'est-ce que vous avez fait hier soir?
Avez-vous fait les courses lundi matin?

Then answer your partner's questions.

Un peu de grammaire

Le passé composé

The perfect tense

Regular verbs
-er verbs
j'ai joué / je n'ai pas joué

I played, I have played / I didn't play, I haven't played

-re verbs
j'ai perdu / je n'ai pas perdu

I lost, I have lost / I didn't lose, I haven't lost

-ir verbs
j'ai choisi / je n'ai pas choisi

I chose, I have chosen / I didn't choose, I haven't chosen

(For irregular verbs, please consult the verb tables at the back of the book.)

Agreement of the preceding direct object

Le pantalon que j'ai emprunté

The trousers (that) I borrowed

La robe que j'ai achetée
Les chaussures que j'ai mises

The dress (that) I bought
The shoes (that) I put on

  GRAMMAIRE 4, 7, a b c

Handwritten: Homework 19/4

———— Exercices ————

A   Choisissez un des adjectifs ci-dessous pour compléter les phrases.

super	merveilleux	drôle	désagréable
magnifique	formidable	normal	génial *(arduous,)*
désastreux	ennuyeux	exceptionnel	pénible - *painful, difficult*
intéressant	amusant	effrayant - *scary*	moche - *rubbish, dull*
délicieux	agréable	bon	fantastique

1   L'année dernière, j'ai visité le Louvre. C'était *formidable* *(effrayant)*
2   La semaine dernière, nous avons eu une tempête. C'était *désastreux*
3   Il a plu toute la journée. C'était *désagréable*
4   Nous avons vu un film de Charlot (*Charlie Chaplin*). C'était *amusant (drôle)*
5   Mardi matin, elle a été en retard au bureau. C'était *exceptionnel*
6   Hier il a dû rester au lit. C'était *ennuyeux*
7   Jeudi soir, nous sommes allés au concert. C'était *magnifique*
8   Samedi après-midi, j'ai travaillé dans le jardin. C'était *pénible*
9   Cette nuit il a fait très froid. C'était *moche*
10   Dimanche soir ils ont mangé au restaurant chinois. C'était *délicieux*

Maintenant faites vos propres phrases.

Handwritten: elle est à l'heure – she is on time
Handwritten: j'arrive de bonne heure – I arrive early

B   Un(e) jeune français(e) a fait du babysitting dans une famille
     nombreuse. Quelles sont ses plaintes? Expliquez en anglais.

1   Les enfants n'ont pas joué avec les voisins après la classe.
2   Paul n'a pas aidé Marie à ranger ses affaires.   *ranger - tidy, put away* *(things)*
3   Philippe n'a pas attendu Henri devant l'école.
4   Les jumeaux n'ont pas mangé.
5   Le bébé n'a pas dormi.
6   Charlotte n'a pas fini ses devoirs. Elle a téléphoné à son amie.
7   Le chien a cassé le vase chinois.
8   Je n'ai pas pu regarder mon émission favorite. Le téléviseur était
     en panne.
9   J'ai dû faire la vaisselle.
10   Finalement j'ai perdu patience et j'ai téléphoné à leur mère!

C   Envoyez une carte postale à un ami/une amie pour lui raconter   *Handwritten: } Homework*
     quelque chose d'intéressant que vous avez fait récemment.   *26/11.*

D   Complétez la conversation. Utilisez 'tu'.

Alain   (1 *Say 'hello Jean' and ask how he is.*)   *[handwritten: Bonjour Jean, comment ça va ?]*
Jean   Comme ci comme ça, et toi?
Alain   (2 *Say you telephoned him. Ask him where he went yesterday evening.*)   *[handwritten: Je t'ai telephoné. Où es-tu allé hier soir?]*
Jean   Je suis allé chez Michelle. Elle m'a invité à dîner.
Alain   (3 *Say he is lucky. Ask what they ate.*)   *[handwritten: Tu as de la chance. Qu'est ce que vous avez mangé?]*
Jean   Michelle a préparé des soles meunières et moi j'ai apporté
       une bouteille de bordeaux blanc.   *[handwritten: Qu'est ce que vous avez fait après le dîner?]*
Alain   (4 *Ask what they did after the meal.*)
Jean   Nous sommes allés au cinéma pour voir un film anglais qui
       passe au Rex.
Alain   (5 *Ask if they saw any friends there.*)   *[handwritten: Avez vous vu des amis là?]*
Jean   Ah oui, nous en avons *[handwritten: of them]* rencontré plusieurs. *[handwritten: several]*

[handwritten: △ Vous y avez rencontré des amis ?]

———— Écoutez bien! ————

You are about to hear a sample from a survey conducted on a European
scale. The question was: **'Vous avez fait quelque chose d'intéressant
samedi soir?'** Unfortunately, the notes from the French interviewer have not
been translated accurately. Your job is to correct all the mistakes which have
crept in.

1   Went to disco with girlfriend but left after two hours.   *[handwritten: Sister; v. late; 2h du matin.]*
2   Had a shower, put on a new dress and went to a restaurant with a
     girlfriend.   *[handwritten: bath; elegant; boyfriend.]*
3   Phoned a friend who's been living in Spain for six years. Chatted for
     about 30 minutes.   *[handwritten: Months; ✓]*
4   Didn't do anything special. Stayed at home and watched TV all evening:
     a programme about America, then an English film on another channel.   *[handwritten: from 9pm; film; programme on england]*
5   Was very lucky! Managed to borrow 200 francs off a friend met in the
     street and was able to go to a good restaurant for a champagne dinner.
     Afterwards, went to the casino and altogether won 2000 francs!   *[handwritten: but lost 1000.]*
6   Had dinner at her in-laws and had an argument about holidays. Enjoyed
     the food. After the meal, helped her mother-in-law do the washing-up,
     but broke a very expensive glass.   *[handwritten: Didn't; father; favourite; 500 francs in the rd]*

Lecture

Read the magazine article on Jacques Prévert which includes two of his early poems. Imagine you are giving a brief talk in English about him. Give a few biographical details, and explain one of his poems.

Jacques Prévert est né à Neuilly-sur-Seine en 1900. Dans sa jeunesse il a fait partie du mouvement surréaliste, et est devenu poète, et brillant scénariste au cinéma. Dans sa poésie, les choses et les êtres parlent un langage à la fois proche et inattendu. A côté du charmant Prévert, il existe un poète libertaire, dont la passion se tourne en anarchisme virulent. Il s'attaque à tout ce qui relève de l'ordre social établi (famille, armée, police, justice, politique, Eglise), et sa protestation suggère une vision du monde et de la société.

se attaquer à — to attack, tackle

Paroles (1945) a été le premier recueil de sa poésie à paraître. Puis il a publié *Histoires* (1946), *La Pluie et le beau temps* (1955), et *Choses et autres* (1973). Il a aussi écrit des chansons, dont certaines, interprétées par Yves Montand, ont eu beaucoup de succès, par exemple, *Les feuilles mortes* et *Barbara*. Jusqu'en 1946 Prévert a écrit des scénarios et des dialogues de film pour Marcel Carné: *Les Enfants du Paradis* (1945), *Quai des Brumes*, avec Jean Gabin et Michèle Morgan, et *Hôtel du Nord* (1938). Il est mort à Omonville-la-Petite, Manche, en 1977.

Le message

La porte que quelqu'un a ouverte
La porte que quelqu'un a refermée
La chaise où quelqu'un s'est assis
Le chat que quelqu'un a caressé
Le fruit que quelqu'un a mordu
La lettre que quelqu'un a lue
La chaise que quelqu'un a renversée
La porte que quelqu'un a ouverte
La route où quelqu'un court encore
Le bois que quelqu'un traverse
La rivière où quelqu'un se jette
L'hôpital où quelqu'un est mort.

(Jacques Prévert – *Paroles*)

Déjeuner du matin

Il a mis le café
Dans la tasse
Il a mis le lait
Dans la tasse de café
Il a mis le sucre
Dans le café au lait
Avec la petite cuiller
Il a tourné
Il a bu le café au lait
Et il a reposé la tasse
Sans me parler
Il a allumé
Une cigarette
Il a fait des ronds
Avec la fumée
Il a mis les cendres
Dans le cendrier
Sans me parler
Il s'est levé

Il a mis
Son chapeau sur sa tête
Il a mis
Son manteau de pluie
Parce qu'il pleuvait
Et il est parti
Sous la pluie
Sans une parole
Sans me regarder
Et moi j'ai pris
Ma tête dans ma main
Et j'ai pleuré.

(Jacques Prévert – *Paroles*)

Troisième UNITÉ

Henri Boivin a invité son ami Martin, qui est très~~greedy~~gourmand, à déjeuner.
Martin ne connaît pas bien la Bourgogne.

Henri	Moi, je suis né à Dijon. C'est une ville que j'aime beaucoup.
Martin	C'est une ville qui est surtout connue pour sa moutarde, n'est-ce pas?
Henri	Oui, mais aussi pour le pain d'épice, la crème de framboise, la crème de cassis . . .
Martin	Ah, la crème de cassis!
Henri	Alors, vous voulez un kir, Martin?
Martin	Avec plaisir!
Henri	Voilà! . . . Santé!
Martin	Santé! Hmm . . . C'est un apéritif que j'adore!
Henri	Dijon est une ville historique très intéressante. Il faut voir le Palais des Ducs, qui est très célèbre, il faut visiter les musées . . .
Martin	Depuis combien de temps habitez-vous ici, à Nuits-Saint-Georges?
Henri	Depuis deux ans maintenant. Mais vous savez, ce n'est pas loin de Dijon. C'est une ville qui est aussi en Côte d'Or.
Martin	En Côte d'Or?
Henri	Oui. C'est la région qui se trouve à l'est de la Bourgogne. Il y a quatre régions qui s'appellent . . .

Martin	Moi, je m'intéresse surtout à la gastronomie, vous savez! Vous avez une devise . . .
Henri	'Bonne table, bons vins'?
Martin	C'est ça. C'est une devise qui me plaît énormément! . . . Hmm . . . Ça sent bon ici, dites donc! Qu'est-ce que c'est? Un bœuf bourguignon?
Henri	Non. Le bourguignon est un plat qui est très populaire et que j'aime bien manger, mais que je déteste préparer, à cause des oignons.
Martin	Quel dommage!
Henri	Ne vous inquiétez pas! J'ai préparé un poulet de Bresse, une autre spécialité de la région dont nous sommes très fiers. C'est excellent.
Martin	Je le sais!
Henri	Et pour commencer, une douzaine d'escargots à la bourguignonne chacun.
Martin	Et comme vin?
Henri	Eh bien, vous avez la région de Chablis, qui produit de grands vins blancs secs, la Côte-de-Nuits avec ses vins rouges aux noms prestigieux, comme le Gevrey-Chambertin, le beaujolais, et naturellement, le Nuits-Saint-Georges.
Martin	Alors, qu'est-ce que nous allons boire à midi?
Henri	Devinez!
Martin	Une bonne bouteille de Nuits-Saint-Georges?
Henri	Bien sûr, c'est mon vin préféré!

(handwritten annotations: subject, subjective, V)

QU'EST-CE QUE ÇA VEUT DIRE?

Je suis né(e) (naître)	*I was born (to be born)*
le pain d'épice	cake made with honey and spices
la framboise	*raspberry*
le cassis	*blackcurrant*
le kir	white wine with blackcurrant liqueur
Santé!	*Cheers! / Your health!*
Il faut voir	*One must see*
une devise	*a motto*
sentir	*to smell*
Quel dommage!	*What a pity!*
Ne vous inquiétez pas!	*Don't worry!*
dont nous sommes fiers	*of which we are proud*
Devinez!	*Guess!*

(handwritten: que — objective / qui — subjective)

(handwritten: la pomme que j'ai mangé étais très juteuse)

Avez-vous compris?

Relisez le dialogue et trouvez:

1 Une grande ville en Côte d'Or qui est connue pour sa moutarde.
2 Deux liqueurs qui sont aussi des spécialités connues.
3 Un apéritif d'origine bourguignonne.
4 Une des quatre régions de la Bourgogne qui se trouve à l'est.
5 Une devise bourguignonne qui plaît à l'ami d'Henri.
6 Un plat populaire qu'Henri n'aime pas préparer.
7 Une autre spécialité de la région qu'Henri va servir en entrée.
8 Une région de Bourgogne qui produit de bons vins blancs secs.
9 Une ville près de Dijon qui produit un vin rouge célèbre.
10 Le vin qui est le vin favori d'Henri.

À VOUS! ───────────────────

Tourama fait une enquête pour savoir ce qui attire les visiteurs en Bourgogne. *Tourama is doing a survey to find out what attracts visitors to Burgundy.*
Remplissez le questionnaire ci-dessous. *Fill in the questionnaire below.*

─────────────── **Pourquoi la Bourgogne?** ───────────────

Indiquez ce qui vous attire le plus dans cette région, en numérotant de 1 à 6, par ordre de préférence:

☐ le parc naturel du Morvan, qui préserve le charme des forêts et la sauvage beauté des lacs.

☐ les rivières et les lacs qui favorisent les sports nautiques.

☐ les châteaux et les vieilles forteresses qui remontent au Moyen Age.

☐ les nombreuses abbayes et églises qui représentent l'art roman.

☐ le paysage varié, qui vous permet de faire des randonnées en VTT, à cheval et des randonnées pédestres. *Mountain bike rides [Velo tents terrains]*

☐ la cuisine et les vins, qui sont mondialement connus.

Relisez le questionnaire sur la Bourgogne et complétez les listes ci-dessous.

Caractéristiques géographiques	Bâtiments d'intérêt historique	Activités sportives	Autres avantages
forêts	châteaux		

Voici un extrait de la cassette que Colette Dupré a envoyée à sa correspondante anglaise. Ecoutez!

Beauchamp, le 27 octobre

Chère Alison,
Merci de ta cassette. C'est une bonne idée, mais peux-tu parler plus lentement, s'il te plaît? C'était trop difficile pour moi et j'ai dû demander à mon professeur d'anglais de m'aider! Moi aussi, j'habite à la campagne, dans une ferme! Elle est dans un petit village perdu qui s'appelle Beauchamp. Tout près, il y a une rivière et des bois. C'est bien pour mes frères qui aiment aller à la pêche et grimper aux arbres, mais à mon avis, il n'y a rien pour les jeunes ici. Il faut aller à Rouen qui se trouve à 15 kilomètres. Moi non plus, je n'aime pas beaucoup le climat. Chez nous aussi il pleut souvent . . .

QU'EST-CE QUE ÇA VEUT DIRE?

un(e) correspondant(e)	*a penfriend*
perdu	*in the middle of nowhere, lost*
tout près	*very near*
grimper	*to climb*
moi aussi	*me too, so do I*
à mon avis	*in my opinion*
moi non plus	*neither do I*

Simon Cousin a envoyé une lettre de la Martinique au fils Muller.

> '... Si tu es bon en géographie, tu sais que la Martinique est une île des Caraïbes. C'est idéal pour les vacances. Il y fait toujours du soleil et il y a des tas de choses à faire pour les jeunes. Il y a des plages magnifiques et c'est super pour les sports nautiques, la voile, la planche à voile, le ski nautique et la plongée sous-marine. Mais moi, je préfère le jet-ski. C'est vraiment marrant! J'espère que tu aimes le poisson. On en mange beaucoup ici. J'espère que tu vas aimer les spécialités créoles. Sinon, on peut toujours aller au Macdo!...'

QU'EST-CE QUE ÇA VEUT DIRE?

des tas de choses	*lots of things*
la voile	*sailing*
la plongée sous-marine	*deep-sea diving*
C'est marrant!	*it's fun(ny)!*
goûter	*to taste*

Avez-vous compris?

Dites si les phrases ci-dessous correspondent à Colette / à Simon / à quelqu'un d'autre.

1   Habite à la montagne.
2   Habite sur une île.
3   Sa maison se trouve à la campagne.
4   A son avis, il n'y a rien à faire pour les jeunes.
5   Pense qu'il y a beaucoup d'activités pour les jeunes.
6   Mange souvent du poisson.
7   Aime aller à la pêche.
8   Fait beaucoup de sports nautiques.
9   Fait du ski.
10   Dit qu'il fait toujours beau.
11   Aime sa région parce qu'il y a beaucoup de neige l'hiver.
12   Dit qu'il pleut souvent.
13   Va quelquefois manger des fastfoods.
14   Aime faire la cuisine créole.
15   Habite dans un endroit isolé.

À VOUS!

Qu'est-ce qu'on a en commun? Travaillez avec un / une partenaire. *What do we have in common? Work with a partner.* Take it in turns, using the sentences below. If your situation / opinion corresponds to your partner's, say **Moi aussi** or **Moi non plus** accordingly. If not, say what your situation / opinion is.

exemples – Je suis célibataire.
      – Moi aussi. (*same situation*)
   (*or*) Moi, je suis marié(e) depuis 7 ans. (*different situation*)

     – Je n'aime pas le jazz.
     – Moi non plus. (*same opinion*)
   (*or*) Moi, j'adore le jazz, surtout Louis Armstrong. (*different opinion*)

- J'aime bien la région où j'habite.
- Je n'aime pas ma maison / mon appartement.
- Ma région se trouve dans le sud / le nord / l'est / l'ouest / le centre du pays.
- J'habite près / loin du centre-ville.
- Je n'habite pas à la montagne / au bord de la mer.
- Je n'aime pas les sports nautiques / les sports d'hiver.
- Je fais / Je ne fais pas beaucoup de sport.
- Je ne mange jamais de viande / de légumes / d'escargots.
- Je n'ai jamais mangé de lapin.
- Il pleut souvent où j'habite.

Vous pouvez aussi ajouter vos propres idées.

Dominique, lui, a envoyé une lettre d'invitation à Sylvie.

« ... Il faut absolument venir nous voir en Corse. Il y a plein de choses à faire et à voir ici. La Côte est splendide, il y a des criques sauvages, de belles plages de sable, de jolies stations balnéaires, des ports pittoresques. Et puis, il y a aussi des montagnes. C'est idéal pour faire des randonnées. Et toi qui aimes l'histoire, tu vas pouvoir visiter des endroits historiques. Il y a toutes sortes de vieux bâtiments, des forteresses, des musées, de vieilles églises, etc ... Et comme tu es gourmande, je suis sûr que tu vas aimer les spécialités gastronomiques du pays. Le "prisuttu" (du jambon), les "figatelli" (des saucisses), et le brocciu (du fromage de brebis) sont parfaits pour les pique-niques ! Ci-joint un dépliant ... »

LA CORSE!

C'est une île enchanteresse . . .

- qui est tout près de l'Hexagone.

- qui a des plages de sable fin, désertes.

- que les touristes n'ont pas encore découverte.

- qui vous offre des randonnées pédestres, en VTT ou à cheval dans les montagnes.

- qui a une multitude de criques sauvages à visiter en bateau.

- où vous êtes sûr d'avoir beau temps.

- qui est riche en histoire.

- que vous ne voudrez pas quitter.

QU'EST-CE QUE ÇA VEUT DIRE?

plein de choses	*lots of things*
une plage de sable	*a sandy beach*
pas encore	*not yet*
une station balnéaire	*a seaside resort*
un endroit	*a place*
comme	*as*
une brebis	*a ewe*
ci-joint	*enclosed*
un dépliant	*a leaflet*
l'Hexagone	*France* (thus called because of its shape)

Avez-vous compris?

Un/une ami(e) britannique veut partir en vacances avec vous. *A British friend wants to go on holiday with you.* Try to convince him / her that you should go to Corsica. Use the letter and leaflet sent by Dominique to Sylvie for ideas.

À VOUS!

Complétez les renseignements sur la Corse envoyés par Dominique. Utilisez les mots ci-dessous.

population	fiers	située	climat	cher	clients	près	adorent

La Corse est une île qui est (1) _située_ à 170 kilomètres des côtes françaises, qui a une (2) _population_ [weak] relativement faible, qui à un (3) _climat_ chaud et sec l'été et que nous allons te faire visiter quand tu vas venir!

'Les Flots bleus', où nous travaillons depuis cinq ans, est un restaurant qui est
(4) _près_ du port, que les touristes (5) _adorent_, qui ne coûte pas
(6) _cher_, dont le patron accueille chaleureusement [warmly] les
(7) _client_ et dont nous sommes très (8) _fiers = proud_

dont - of which

accueil (noun) = reception area or a welcome

Marie, elle, a écrit à Claire Ouate pour l'inviter à Strasbourg.

«... C'est une ville historique très belle et très intéressante. Comme c'est le siège du Conseil de l'Europe et du Parlement Européen, elle est très cosmopolite. Il y a aussi un grand centre universitaire, un château et des musées. Moi, j'adore la cathédrale qui date du Moyen âge et les vieilles ruelles aux maisons pittoresques merveilleusement fleuries. Malheureusement, c'est toujours plein de touristes. Il y a de nombreux magasins de souvenirs et d'antiquités, des "winstub" où l'on déguste le vin etc... Et comme c'est une grande ville commerciale et industrielle, il y a beaucoup de circulation, de bruit et de pollution. Heureusement que nous avons de nouveau le tramway (il a été inauguré le 25 novembre 1994). Il est aussi rapide qu'un métro mais beaucoup plus pratique car on y entre très facilement, même si on est dans une chaise roulante ou si on a un landau ou une poussette. Le design est très moderne. Il est confortable, climatisé, informatisé et surtout respectueux de l'environnement. De plus, il est transparent, ce qui permet de profiter au maximum de la beauté de Strasbourg...»

QU'EST-CE QUE ÇA VEUT DIRE?

le siège	*the seat*
une ruelle	*a small narrow street*
le bruit	*noise*
fleuri(e)	*full of flowers*
(mal)heureusement	*(un)fortunately*
de nouveau	*again*
nombreux (-se)	*numerous*
une chaise roulante / un fauteuil roulant	*a wheelchair*
un landau	*a pram*
une poussette	*a pushchair*
climatisé(e)	*air-conditioned*
informatisé(e)	*computerised*

Avez-vous compris?

Répondez *vrai* ou *faux*.
1 Strasbourg est une ville où il y a beaucoup d'étrangers.
2 C'est une ville touristique.
3 Il n'y a pas beaucoup de voitures.
4 Il y a une université.
5 Le château date du Moyen Age.
6 Il y a des quartiers pittoresques.
7 Il y a beaucoup de fleurs.
8 Il y a un métro depuis novembre 1994.
9 Les handicappés physiques et les femmes avec de jeunes enfants peuvent se déplacer facilement.
10 Le tramway est peu polluant.

Voici un passage de la réponse de Claire.

"... J'aimerais beaucoup visiter Strasbourg, malgré le bruit, les embouteillages et la pollution ! Ici, à Rouen, c'est la même chose. C'est aussi un grand centre industriel et commercial. Mais la vieille ville vaut la peine d'être visitée. Comme Strasbourg, c'est une ville riche en monuments historiques. (Il y a aussi une université et des maisons très pittoresques. (Ci-joint deux photos, une vue générale avec la cathédrale, et le Gros-Horloge qui date du XVIème siècle.) Depuis le 16 décembre, Rouen a aussi son tramway. On l'appelle le 'Métrobus' car une partie du réseau est souterraine. Il relie le centre de la ville à la banlieue. Nous aussi, nous le trouvons très rapide et très pratique. D'après Laurent Fabius,* "il a fait entrer Rouen dans le XXIème siècle" !

Nous venons de déménager et nous habitons maintenant dans un quartier assez laid, mais nous avons un appartement confortable, dans un immeuble moderne assez loin du centre ville. Il y a un ascenseur, un digicode et un interphone. Fini les concierges qui se mêlent des affaires des autres ! Nous avons de la chance parce qu'il y a une grande salle de séjour et une chambre d'amis ! Naturellement, il y a aussi une cuisine et une salle de bain ..."

*Laurent Fabius: homme politique, né à Paris en 1946, ancien Premier Ministre (de juillet 1984 à mars 1986) et ancien secrétaire général du Parti socialiste (de janvier 1992 à avril 1993).

QU'EST-CE QUE ÇA VEUT DIRE?

malgré	*despite (in spite of)*
un embouteillage	*a traffic jam*
vaut la peine (de) (valoir ⋀)	*is worth (to be worth)*
comme	*like*
une horloge	*a clock* (especially town or church)
un siècle	*a century*
un réseau	*a network*
souterrain(e)	*underground*
relier	*to link*
la banlieue	*the suburb*
nous venons de déménager	*we have just moved*
un immeuble	*a block of flats*
un digicode	*entry code*
un interphone	*intercom*
se mêler des affaires des autres	*to be a busybody, to interfere in someone else's business*
une chambre d'amis	*a guest room*

Avez-vous compris?

1   Qu'est-ce que Rouen et Strasbourg ont en commun? Faites une liste.
2   Décrivez le nouvel appartement de Claire, en anglais.

À VOUS! _____

Reliez les phrases.

1	Il y a une cathédrale . . .	**a**	parce qu'il y a beaucoup de circulation.
2	Nous venons de déménager . . .	**b**	les maisons sont très pittoresques.
3	Nous avons de la chance . . .	**c**	parce que c'est un centre universitaire.
4	Dans le vieux quartier . . .	**d**	parce que c'est une ville historique.
5	Le 'Métrobus' de Rouen . . .	**e**	très moderne.

6	Il y a beaucoup d'étudiants ...	f	qui date du XVIème siècle.
7	Il y a de nombreux magasins de souvenirs ...	g	parce que nous n'aimons pas les concierges!
8	Il y a beaucoup de vieux bâtiments ...	h	parce que c'est une ville touristique.
9	Strasbourg a un tramway ...	i	relie le centre de la ville à la banlieue.
10	Il y a beaucoup d'embouteillages ...	j	parce qu'il y a un ascenseur.

Complétez les phrases ci-dessous avec les mots suivants.

photographiée	regardée	visités	mangé
lu	vu	bue	goûtées

1 A mon avis, ce livre vaut la peine d'être ...
2 A mon avis, ce film vaut la peine d'être ...
3 A mon avis, le musée et le château valent la peine d'être ...
4 A mon avis, cette émission de télévision vaut la peine d'être ...
5 A mon avis, cette bouteille de vin vaut la peine d'être ...
6 A mon avis, ces spécialités valent la peine d'être ...
7 A mon avis, cette vue vaut la peine d'être ...
8 A mon avis, ce plat vaut la peine d'être ...

Pour trouver un nouvel appartement, Claire Ouate a acheté *De Particulier à Particulier*, magazine hebdomadaire spécialiste de l'immobilier. Elle y a trouvé les annonces ci-dessous.

Ventes régions

76 SEINE MARITIME

APPARTEMENTS

• 151 / 4FVR1856 – **DIEPPE (76)** Appartement, 80 m2, face chenal, clair, vue panoramique sur 3 directions. Au 8e et dernier étage. 3 chambres, séjour avec cheminée, salle de bains, cuisine, vide-ordures, Ascenseur, chauffage individuel, 2 balcons, véranda, 2 caves, garage.

• 151 / 6FV1663 – **ROUEN CENTRE (76)** Dans copropriété calme, entre gare (5 mn à pied) et nouvelle préfecture. Appartement grand standing, 6 pièces principales + cave (150 m2), jardin privatif 120 m2. Plein sud. Cuisine, 2 salles de bains, chauffage individuel, placards, balcon. Garage proche (25 m2) 2 voitures + grenier.

- 453 / 3FV801 – **ROUEN (76)**
3 pièces, au 1er, 70 m2 habitables: entrée, cuisine, séjour, 2 chambres, salle de bains, wc, chauffage individuel électrique. Garage + place de parking. Proche centre ville.

- 152 / 2FVN926 – **ROUEN (76)**
Rive droite. 5 mn de la gare et du vieux marché. F2, tout confort, remis entièrement à neuf, 48 m2. Chambre, séjour, cuisine, salle de bains avec wc, entrée. Meublé et agencé à neuf.

Avez-vous compris?

Lisez les annonces et trouvez le français pour les mots et expressions ci-dessous.

1 luxury flat
2 entrance hall
3 renovated
4 furnished

5 parking space
6 rubbish chute
7 fireplace
8 cellar and attic

Par curiosité, Claire a aussi regardé des annonces de maisons.

MAISONS

chaume – stubble, thatch.

thatched cottage

- 153 / MFVN421 – **3 MN ST VALERY EN CAUX (76)** Chaumière restaurée, 18e siècle. Parfait état. 230 m2 habitables, tout confort, toit, chaume neuf, colombages, entrée, séjour, cheminée, cuisine équipée, arrière-cuisine, 6 chambres, plafond cathédrale, bureau, salle de bains, 2 wc, salle d'eau, chauffage central, moquette. Terrain de 1.000 m2, abri. 2 mn mer. Dans village, ligne Paris St-Lazare direct.

- 153 / MFVR1186 – **LE HAVRE (76)** Maison à colombages, 170 m2 habitables, exposition sud. 10 mn à pied centre ville. Sur 500 m2 jardin clos. Salon, salle à manger, cuisine aménagée, 5 chambres, salle de bains, douche, 2 cabinets toilette, 2 wc, studio indépendant 90 m2, garages 3 voitures.

- 151 / MFV1641 – **10 MN GARE DE ROUEN (76)** Maison, quartier résidentiel, 198 m2, exposition sud + jardin 480 m2. Rez-de-chaussée: cuisine, salle à manger, salon (cheminée), bureau, wc. 1er: 4 chambres, salle de bains, cabinet de toilette, wc. 2e: 3 chambres, cabinet de toilette, wc, grenier. Sous-sol, garage 2 voitures.

- 152 / MFVR1495 – **FECAMP CENTRE (76)** Maison ancienne, parfait état, terrasse et jardin paysager

300 m2. Face à l'Abbatiale et aux ruines du château des Ducs Richard. Cuisine aménagée, séjour, salon, bureau, 4 chambres, salle de bains,

cabinet de toilette, salle de jeux. Cave, dépendances, grenier, chauffage gaz. 250 m2 habitables.

moquette -fitted carpets.

Avez-vous compris?

Lisez les annonces et trouvez le français pour les mots et expressions ci-dessous.

1 old house
2 fitted kitchen
3 study
4 playroom
5 patio
6 central heating
7 thatched house
8 garden shed
9 half-timbered house
10 basement
11 ground floor
12 utility room
13 fitted carpet
14 out-building
15 washroom
16 landscaped garden
17 'granny' annexe

Guillaume cherche un nouveau logement à Paris, de préférence dans le 14ème arrondissement. Il a passé la petite annonce ci-dessous.

PARIS LOCATIONS
Demandes

URGENT. Etudiant cherche studio meublé, calme, dans 14e.
Maximum 3000 F / mois.
46.81.15.27 (si absent laisser message répondeur)

Lisez les OFFRES ci-dessous et essayez de trouver un logement pour Guillaume.

PARIS LOCATIONS
Offres

• 153 / 1POL3603 – **14e** Métro Pernéty, près Montparnasse. Studio 13 m2 + mezzanine, kitchenette, salle de bains, chambre. **Meublé**, cuisine équipée, canapé, bureau, lit. 2.300 F/mois toutes charges comprises.

• 153 / 1POL1263 – **14e** Mouton-Duvernet. Chambre **meublée**, bien pour étudiant(e) ou pied-à-terre. 2.200 F/mois charges comprises.

• 153 / IPOLI158 – **14e** Studio: cuisine équipée, réfrigérateur, plaques de cuisson, évier, hotte. Entrée avec placard, salle d'eau, lavabo, wc, baignoire. Pièce principale. Parquet bois, rangements. Fenêtres dans les 3 pièces, vue dégagée. Au 7e sans ascenseur. Cave. Chauffage central compris. 3.500 F / mois provision charges comprise.

Maintenant, décrivez en anglais le logement que vous avez choisi pour lui.

À VOUS!

Imaginez que vous voulez échanger votre maison / appartement avec une maison / un appartement en France. Complétez la petite annonce ci-dessous.

ECHANGES ENTRE PROPRIETAIRES

ECHANGE . . .

CONTRE . . .

— Un peu de grammaire —

Qui et Que / Qu'

C'est une île **qui** a un climat chaud et sec et **que** les touristes adorent.
Une île is the *subject* of **a** (hence **qui**), but the *object* of **adorent** (hence **que**), this time the subject being **les touristes**.

C'est un plat **qui** est très connu mais **qu'**il n'aime pas préparer.
Un plat is the *subject* of **est très connu** (hence **qui**), but the *object* of **n'aime pas préparer** (hence **qu'**), this time the subject being **il**.

Who / Whom / Which / That

It's an island which has a hot and dry climate and that tourists love.

It's a dish which is well known but that he doesn't like to prepare.

Dont

Whose / Of which

C'est une spécialité **dont** je suis
fier.

It's a speciality of which I'm proud.

Dont is frequently used with expressions such as **se servir de** (*to use*),
avoir besoin de (*to need*), **avoir envie de** (*to fancy, to feel like*), etc.

Encore des adjectifs

More adjectives

Il y a **des** ports pittoresques.
Il y a **des** endroits magnifiques.

There are some picturesque harbours.
There are some magnificent places.

but

Il y a **de** belles montagnes.
Il y a **de** vieilles églises.

There are some beautiful mountains.
There are some old churches.

In the plural, when the adjective comes *before* the noun it describes, use
de instead of **des**. Most adjectives in French come after the nouns, but a
few common ones comes before, for instance: beau / belle, vieux /
vieille, petit(e), grand(e).

➪   GRAMMAIRE 3, 9

Exercices

A   Complétez avec **des** ou **de / d'**.

Dans ma ville, il y a (**1**) ___*des*___ monuments historiques et
(**2**) ___*des*___ maisons pittoresques dans (**3**) ___*de*___ petites ruelles
que j'adore. Il y a aussi un château et (**4**) ___*des*___ musées très
intéressants. Il y a (**5**) ___*de*___ vieilles églises et une très belle
cathédrale. Comme il y a beaucoup de touristes, il y a (**6**) ___*de*___
nombreux magasins de souvenirs. Il y a (**7**) ___*d'*___ excellents
restaurants et (**8**) ___*des*___ hôtels très confortables.

B   Complétez avec **qui** ou **que / qu'**.

1   La région _____ je voudrais visiter se trouve dans le centre.
2   Le plat ___*qui*___ coûte 100 francs est une spécialité régionale.
3   L'église _____ date du XIIème siècle vaut la peine d'être visitée.
4   Le vin _____ je préfère est très connu.
5   Le village _____ elle aime est très pittoresque.

6 Le plat _____ il n'aime pas préparer est délicieux.
7 La rivière _____ traverse la région s'appelle *l'Andelle*.
8 Les stations balnéaires _____ sont populaires sont situées sur la côte ouest.

C   Complétez la lettre ci-dessous avec le vocabulaire suivant.

cherchées	des meubles	dormi	en ville	fauteuils
déménagé	la semaine dernière	ma chambre		perdu
	tes nouvelles		trouvées	répondu

Chère Madeleine,
Je t'écris ce petit mot pour te raconter ce que j'ai fait **(1)** _____.
Vendredi dernier j'ai **(2)** _____. Quelle journée! D'abord j'ai
(3) _____ les clés du nouvel appartement. Je les ai **(4)**
_____ partout et je les ai finalement **(5)** _____ dans ma
voiture. Samedi, j'ai été **(6)** _____ pour choisir **(7)** _____.
J'ai acheté une commode que j'ai mise dans **(8)** _____ et deux **(9)**
_____ pour le salon.

Dimanche, j'ai **(10)** _____ jusqu'à midi. Je t'ai téléphoné l'après-
midi mais tu n'as pas **(11)** _____. Ecris ou téléphone bientôt
pour me donner de **(12)** _____. Mon nouveau numéro est le
896.40.73.

Amitiés

Cécile

D   Décrivez en français votre maison / appartement idéal(e) et sa situation.

E   Ecrivez à un(e) ami(e) français(e) pour lui parler de votre région et de votre ville / village. Expliquez pourquoi, à votre avis, ils / elles valent la peine d'être visité(e)s.

——— Écoutez bien! 🎧 ———

A young woman telephones her parents to tell them about the fantastic holiday she is having. Or is she? Listen carefully to what she says and try to identify the advantages and the drawbacks concerning the following points: hotel, beach, sea, weather, food, places of interest and shopping.

───── Faites nos jeux! ─────

Mots croisés: Connaissez-vous les Français célèbres? ─────

Hardy (Françoise)
Colette
Curie (Pierre et Marie)
Pasteur (Louis)
Sagan (Françoise)

Descartes (René)
Braille (Louis)
Lumière (Louis et Auguste)
Debussy (Claude)
Laënnec (René)

VERTICALEMENT

1 L'homme qui a inventé un alphabet pour les aveugles.
2 Le médecin qui a inventé le stéthoscope.
3 La chanteuse qui a chanté «Tous les garçons et les filles».
4 Le philosophe qui a dit «Je pense donc je suis».
5 Le biologiste qui a découvert la pasteurisation.

HORIZONTALEMENT

6 La femme qui a écrit les *Claudine.*
7 La femme qui a écrit *Bonjour Tristesse.*
8 Les frères qui ont inventé le cinéma.
9 Le couple qui a découvert le radium.
10 Le musicien qui a composé *La Mer* et *Children's corner.*

Qu'est-ce que c'est? _____

1   Un animal qui chante et qui vole: _____

2   Quelque chose que l'on porte sur la tête: _____

3   Un animal qui aboie: _____

4   Travail à faire à la maison que le
    professeur donne aux élèves: _____

5   Un animal qui vit dans l'eau et que l'on
    peut manger: _____

6   Une boisson que les Anglais adorent: _____

7   Nourriture que l'on achète à la boucherie: _____

8   Un appareil que l'on porte au bras et
    qui donne l'heure: _____

Devinette: testez vos connaissances générales!

1   Pays dont les habitants
    mangent beaucoup de riz.

2   Animal d'Afrique dont le cou
    est très long, ce qui lui permet
    de manger des feuilles d'arbres.   C _ _ _ _ _ _

3   Personne dont on a besoin
    quand on est malade.

4   Livre dont les traducteurs se   G _ _ _ _ _ _
    servent souvent.

5   Matière dont on fait le papier.   M _ _ _ _ _ _ _
6   Source d'énergie dont on a   D _ _ _ _ _ _ _ _ _ _
    besoin pour faire marcher les   B _ _ _ _
    voitures.

7   Pays dont la capitale s'appelle   E _ _ _ _ _ _ _
    Lisbonne.   P _ _ _ _ _ _
8   Animal familier dont les souris   C _ _ _
    ont peur.

9   Chose dont on a envie quand il   G _ _ _ _ _
    fait très chaud et dont le nom
    est synonyme de miroir.   V _ _ _ _ _ _ _ _ _ _ _
    Mélange dont on a besoin pour
    préparer une salade à la
    française.

Faites le point!
UNITÉS 1–3

La question d'abord
the Q. first.

1   Match these answers with the questions below.

1   Oui, nous l'avons ouverte pour le dîner. ✓
2   Oui, je l'ai reçue ce matin. ✓
3   Oui, je l'ai acheté la semaine dernière. ✓
4   Oui, je l'ai éteinte à minuit. ✓   *I switched it off at midnight*
5   Non, je suis restée à la maison. ✓
6   Non, je les ai trouvées dans mon sac. ✓
7   Oui, et je l'ai déjà lu. ✓
8   Oui, je l'ai visitée hier. ✓
9   Non, je l'ai allumée vers midi et demi. ✓
        switched it on
        (les lumières, la télé, le moteur etc)

a   Est-ce que vous avez pris votre billet? 3
b   Vous avez perdu vos clés? 6
c   Avez-vous écouté la radio hier matin? 9
d   Vous avez acheté une bonne bouteille de vin? 1
e   Est-ce que vous avez vu notre usine? 8
f   Vous avez regardé la télé hier soir? 4
g   Avez-vous acheté le journal aujourd'hui? 7
h   Est-ce que Paul vous a envoyé une carte postale? 2
i   Mireille, vous êtes allée au cinéma samedi soir? 5

2   Tell a friend about your last holiday. First, put the verbs in the perfect tense:

L'année dernière, pour aller en vacances, j' (**vendre**) tous mes bijoux.
Alors, j' (**pouvoir**) aller à l'hôtel, et j' (**manger**) au restaurant midi et soir.
Naturellement, j' (**grossir beaucoup**). J' (**visiter**) la région, et j' (**perdre**)
mon chemin plusieurs fois. Je (**ne pas dormir**) jusqu'à midi tous les
jours.

Now, choose the right past participle:

J'ai reçu / lu / écrit beaucoup de cartes postales. Il n'a pas vu / bu / plu
et je n'ai pas fait / eu / ouvert mon parapluie une seule fois. J'ai pris /
été / mis beaucoup de photos.

3   Choose the correct word:

  a   Où sont mes chaussures? Où les as-tu mis / mises?
  b   Regardez ces belles fleurs que / qui j'ai trouvés / trouvées dans la
       montagne!
  c   Où sont les clés de la voiture? Je ne les ai pas vus / vues.
  d   Rends-moi mes devoirs! Je te les ai déjà rendu / rendus.
  e   L'homme que / qui m'a vendu / vendue sa Mobylette vaut /
       veut / voit acheter une Jaguar.

4   Choose the correct answers, then link them to the pictures.

  a   Voici la boisson qu'Henri Boivin boit tous les jours.
       C'est la boisson qu'il a bu / bue hier.
  b   Voici la tarte que Marie Muller préfère.
       C'est la tarte qu'elle a préparé /
       préparée le week-end dernier.

Le Sylvaner

Le camembert

Les crêpes

  c   Voici le vin blanc que François Muller choisit quand il fait les
       courses. C'est le vin qu'il a choisi / choisie avant-hier.
  d   Voici la spécialité bretonne qu'Yves et Annick font souvent. C'est la
       spécialité qu'ils ont fait / faite récemment.
  e   Voici le fromage que Claire achète
       régulièrement. C'est le fromage
       qu'elle a acheté / achetée ce matin.

La bouillabaisse

La tarte à
l'oignon

Le Nuits-Saint-Georges

  f   Voici le plat que Sylvie adore manger.
       C'est le plat qu'elle a mangé / mangée il y a deux jours.

5   Find the opposites, and give the feminine forms.

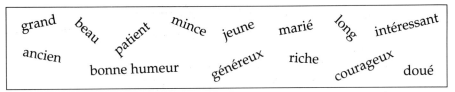

grand   beau   patient   mince   jeune   marié   long   intéressant
ancien   bonne humeur   généreux   riche   courageux   doué

impatient	égoïste
célibataire	laid *ugly*
vieux	mauvaise humeur
timide	pauvre
petit	ennuyeux
nul	gros
moderne	court

6   Match the French phrases to their English equivalents.

une maison ancienne	a	magnificent beaches
une jolie rivière	b	picturesque narrow streets
des ruelles pittoresques	c	a twelfth-century church
un vieux quartier	d	an isolated place
un vieil immeuble	e	an old district
une église du douzième siècle	f	an old block of flats
un endroit isolé	g	a landscape garden
une cuisine aménagée	h	a famous seaside resort
un château du Moyen Age	i	a fitted kitchen
des plages magnifiques	j	a medieval castle
une station balnéaire très connue	k	an old house
un jardin paysager	l	a pretty river

exemple   a = des plages magnifiques

7   How would the following people describe themselves?

a   **Woman:** average height (1m 65); short brown hair; green eyes; very
    jealous; stubborn *têtu(e))*   *jaloux / jalouse*
    Je suis . . . Je mesure . . . J'ai . . ., etc.

b   **Man:** short and fat; appreciates good food; always in a good mood;
    rather lazy.   *des long cheveux blonds*

c   **Woman:** tall; fairly thin; long blond hair; blue eyes; pretty;   *plutôt jolie*
    intelligent; single.

d   **Man:** 18 years old; very tall (2 metres); black hair; brown eyes;
    friendly; fairly shy.

8   Read the advertisements for flats, and answer the questions referring to each one:

a   What are the advantages of these flats?

b   What sports facilities can the owners avail themselves of?

c   What does the firm offer to attract clients?

d   What are the limitations?

e   How does the firm try to ensure it can get in touch with you quickly?

Côte d'Azur

SOLVAC

289 000F

2 pièces plein sud
terrasse
cuisine et salle d'eau équipées
vue sur la mer
accès direct à la plage

8 tennis - 2 piscines -
1 parcours de santé -
ping-pong - pétanque

Existe également en 3 et 4 pièces
Pour vous décider, venez passer 2 jours à SOLVAC.
L'hébergement est gratuit pendant 2 nuits.
Cette offre est valable sous réserve des places disponibles.
Tél. (93) 28 75 17

Bon pour une documentation gratuite.

A retourner à
SOLVAC
B.P. 46
06210 Mandelieu

Nom _____

Adresse _____

_____

Tél. Dom. _____

Tél. Bur. _____

---

f   Since the hall, kitchen and bathroom are not included in the number of rooms in French advertisements, what does '3 pièces' refer to?

g   In what way are these flats well-situated?

h   Is it possible to visit one at any time?

i   How soon could one move in?

j   Why isn't there a cut-out coupon for those who wish to receive more information?

k What rooms are there in the flat?
l On what floor is the flat situated?
m Would it therefore be unsuitable for an elderly person?
n Is the flat in good condition?
o How is it heated?
p What are the other extras?

Quatrième UNITÉ

Chantal et Laurent dînent ensemble dans un nouveau petit restaurant à Rouen.

Serveuse	Bonjour, messieurs-dames!
Laurent	J'ai réservé une table pour deux personnes, par téléphone, ce matin.
Serveuse	Oui monsieur, à quel nom?
Laurent	Darieux.
Serveuse	Ah oui. Par ici, messieurs-dames . . . Voilà.
Laurent	Merci . . . Voyons . . . Deux menus à 140 francs, s'il vous plaît.
Chantal	Attends, Laurent. Tu sais bien que je suis végétarienne maintenant. Avez-vous un menu végétarien, s'il vous plaît?
Serveuse	Non. Je suis désolée, mademoiselle. Mais vous pouvez choisir à la carte.
Chantal	Pourquoi pas? . . . Alors, pour commencer, je prendrai les asperges vinaigrette.
Laurent	Pour moi, l'avocat aux crevettes et puis . . .
Chantal	N'oublie pas que tu es allergique aux crustacés!
Laurent	C'est vrai, mais seulement aux moules.
Serveuse	Et ensuite?
Chantal	Qu'est-ce qu'il y a dans le poivron farci?
Serveuse	Il y a du riz, de l'ail, des oignons, des tomates, des champignons . . .
Chantal	Pas de viande?
Serveuse	Non. C'est parfait pour les végétariens.
Chantal	Alors, je prendrai le poivron farci.
Laurent	Le poulet au curry, c'est une sauce relevée?
Serveurse	Ah oui, monsieur.

Laurent	Dans ce cas, je prendrai le lapin chasseur.
Serveuse	Très bien, monsieur.
Laurent	Et avec quoi le servez-vous?
Serveuse	Avec des pommes vapeur.
Laurent	Très bien.
Serveuse	Et comme boisson?
Chantal	Qu'est-ce que vous recommandez?
Serveuse	Pour accompagner le lapin je vous recommande un bordeaux léger ou même une bouteille de Pouilly-Fuissé.
Laurent	Est-ce que je peux avoir la carte des vins?
Serveuse	Mais certainement, monsieur. Voilà.

What does this want to say?

QU'EST-CE QUE ÇA VEUT DIRE?

je prendrai (prendre ⚠)	*I will have* (lit. *take*)
les asperges (f.) vinaigrette	*asparagus in vinaigrette* *les points d'asperges asp tips.*
l'avocat (m.) aux crevettes (f.)	*avocado with prawns*
les crustacés (m.)	*shellfish*
les moules (f.)	*mussels*
le poivron farci	*stuffed pepper*
une sauce relevée	*a hot sauce* spicy
le lapin chasseur	*rabbit in white wine, with tomatoes and mushrooms*
des pommes (f.) vapeur	*steamed potatoes*
léger (légère)	*light*
en ce cas / dans ce cas	*in that case*

un recipient – a receptacle (for cooking things in)
un casserole – the dish in which casserole is cooked (NOT the food)
Purée de pomme de terre (pomme purée) – mash

Avez-vous compris?

Vous Dites si les phrases ci-dessous correspondent à Chantal ou à Laurent.

1 a réservé une table pour deux personnes par téléphone.
2 a pris le menu à 140 francs.
3 est végétarienne.
4 a pris les asperges vinaigrette, pour commencer.
5 a commandé l'avocat aux crevettes.
6 n'a pas pris le lapin chasseur.
7 est allergique aux moules.
8 a choisi le poivron farci.
9 n'a pas mangé de viande.
10 a demandé la carte des vins.

C'est accompagné de quoi?   C'est servi avec quoi?
— quelle légumes?

À VOUS!

Travaillez avec un / une partenaire. Complétez le dialogue.

Serveur / serveuse	Bonjour messieurs-dames.
Client(e)	(**1** *Say you reserved a table for two people, by telephone, this morning.*)
Serveur / serveuse	C'est à quel nom?
Client(e)	_____.
Serveur / serveuse	Ah oui. Par ici, messieurs-dames . . . Voilà.
Client(e)	(**2** *Say thank you, and ask for two menus at 130 francs.*)
Serveur / serveuse	Oui, M_____. Qu'est-ce que vous prendrez pour commencer?
Client(e)	(**3** *Say you'll have avocado with prawns.*)
Serveur / serveuse	Et pour monsieur / madame aussi?
Client(e)	(**4** *Say no, asparagus in vinaigrette. He / she is allergic to prawns.*
Serveur / serveuse	Et ensuite? Poulet rôti, steak, lapin chasseur, omelette aux champignons?
Client(e)	(**5** *Choose what you would like.*)
Serveur / serveuse	Et comme boisson?
Client(e)	(**6** *Ask what he / she recommends.*)

Les Brède ont choisi le même restaurant et ils n'en sont pas satisfaits.

Mme Brède	Quel service! Ça fait une demi-heure au moins que nous attendons le dessert!
M. Brède	Patience, chérie, il y a du monde.
Mme Brède	Il n'y avait presque personne quand nous sommes arrivés, mais nous avons dû attendre quand même! Jeune homme, s'il vous plaît!
Serveur	Messieurs-dames?
Mme Brède	Jeune homme, les crêpes Suzette que j'ai commandées, elles sont prêtes?
Serveur	Je crois bien, madame. Je vais vérifier.
M. Brède	Ne t'inquiète pas, mon chou. Ils sont en train de les préparer, j'en suis sûr.

collected, gathered

Mme Brède	Je me demande s'ils ont déjà ramassé les œufs!
Serveur	Je suis désolé, madame, mais nous n'avons plus de zeste de mandarine. Je peux vous proposer des crêpes au beurre, au sucre, au chocolat, aux pommes. . .
Mme Brède	Ah non! Qu'est-ce qu'il y a d'autre?
Serveur	Citron givré, moka, mousse au chocolat, gâteau norvégien. . . .
M. Brède	Qu'est-ce que c'est exactement, le gâteau norvégien?
Serveur	C'est une génoise, avec de la glace à la vanille recouverte de meringue.
Mme Brède	Alors, deux gâteaux norvégiens.
Serveur	C'est en supplément, madame.
M. Brède	En ce cas, moi, je prendrai autre chose. Qu'est-ce que vous avez comme glaces?
Mme Brède	Que tu es radin, Charles!
Serveur	Vanille, café, praliné, chocolat, fraise, framboise, pistache . . .
M. Brède	Alors, une glace vanille-fraise et un gâteau norvégien.
Mme Brède	Attends, Charles! Regarde la dame à la table d'à côté! Elle a un dessert bien appétissant! Je préfère celui-là!
Serveur	C'est du moka, madame.
Mme Brède	Très bien!
M. Brède	Alors, un moka et une glace vanille-fraise. Oh . . . Et pouvez-vous me donner une autre cuillère? Celle-ci est sale.

QU'EST-CE QUE ÇA VEUT DIRE?

il y a du monde	*there are a lot of people*
il y avait	*there was / there were*
quand même	*all the same, even so*
en train de	*in the process of*
le zeste	*zest, thin rind* (of citrus fruit)
la mandarine	*mandarin orange*
citron givré	*lemon sorbet (served in the lemon skin)*
une génoise	*a sponge cake*
le moka	*coffee cream cake*
en supplément	*extra*
Qu'est-ce que vous avez comme . . . ?	*What sort of . . . have you got?*
radin(e)	*mean*
d'à côté	*next to us, next door*
celui-là (m.) celle-là (f.)	*that one*
celui-ci (m.) celle-ci (f.)	*this one*
une cuillère / cuiller	*a spoon*

Avez-vous compris?

Répondez en français.

1   Les Brède, ont-ils dû attendre longtemps au restaurant?
2   Est-ce qu'il y avait du monde ce soir-là?
3   Qu'est-ce que Mme Brède a commandé?
4   A part les crêpes, qu'est-ce qu'il y avait comme dessert?
5   Pourquoi M. Brède a-t-il préféré une glace au gâteau norvégien?
6   Pourquoi Mme Brède a-t-elle aussi changé d'avis?

À VOUS! _____

D'autres clients du restaurant se plaignent. Qu'est-ce qu'il faut changer et pourquoi?

1   Pouvez-vous me donner une autre , s'il vous plaît, celle-ci est sale.

2   Pouvez-vous me donner un autre , s'il vous plaît, celui-ci est fêlé.

3   Pouvez-vous me donner une autre , s'il vous plaît, celle-ci est ébréchée.

4   Pouvez-vous me donner une autre , s'il vous plaît, celle-ci est tachée.

5   Pouvez-vous me donner un autre , s'il vous plaît, celui-ci ne coupe pas bien.

6   Pouvez-vous me donner une autre , s'il vous plaît, celle-ci n'est pas repassée.

nappe

7   Pouvez-vous me donner d'autres , s'il vous plaît, celles-ci
sont fanées.
      wilted

8   Pouvez-vous me donner une autre , s'il vous plaît, celle-ci
n'est pas fraîche.

9   Pouvez-vous me donner une autre , s'il vous plaît, celle-ci
est rassise.
      Stale

10   Pouvez-vous me donner une autre , s'il vous plaît, celle-ci
est vide.

Comprenez-vous les menus? Reliez les plats et leur description.

1   Ananas Surprise
2   Gâteau Norvégien
3   Folie au Chocolat
4   Plateau de Fruits de Mer
5   Melon Antillais
6   Potage Crécy
7   Terrine du chef
8   Couscous
9   Bêtise de Banane
10   Lapin chasseur
11   Poivron Farci
12   Coq au vin
13   Tarte 'maison'

a   une soupe de carottes.
b   du lapin, des champignons et des tomates dans une sauce au vin blanc.
c   du pâté 'maison'.
d   des huîtres, des crevettes, des langoustines, des crabes, des oursins.
e   du poulet, du lard fumé, des oignons, de l'ail, des champignons et du vin rouge.
f   un plat nord-africain à base de semoule, de viande et de légumes, servi avec une sauce relevée.
g   un poivron, du riz, des champignons, de la viande hâchée et de l'ail.
h   du melon rempli de fruits exotiques arrosés de rhum.
i   une tarte aux prunes.
j   une banane flambée à l'armagnac, servie avec de la glace à la vanille et du sirop d'érable.
k   une génoise et de la glace à la vanille couvertes de meringue.
l   de l'ananas et de la salade de fruits arrosés de Grand Marnier.
m   des poires, de la meringue, du sorbet cassis, de la sauce au chocolat et de la crème Chantilly.

Les Normands connaissent-ils bien leur région? Claire Ouate enquête:

Claire	Pardon, madame, vous êtes de Rouen?
Mme Brède	Oui, je suis rouennaise.
Claire	Connaissez-vous bien la ville?
Mme Brède	Oui, assez bien.
Claire	Connaissez-vous les monuments historiques?
Mme Brède	Oui, bien sûr.
Claire	Lequel préférez-vous, personnellement?
Mme Brède	C'est difficile à dire, il y en a beaucoup, vous savez! Il faut plus d'une journée pour faire le tour des admirables monuments de Rouen. Mais il faut voir le palais de justice et la place du Vieux-Marché, où Jeanne d'Arc a été brûlée vive en 1431. Moi, j'aime particulièrement la cathédrale et le Gros-Horloge.
Claire	Aimez-vous les spécialités gastronomiques de la région?
Mme Brède	Oui, je suis plutôt gourmande!
Claire	Lesquelles préférez-vous?
Mme Brède	Je crois que j'aime tout, vous savez! J'utilise beaucoup la sauce normande avec le poisson, et j'adore les soles de Dieppe et les crustacés. Mon mari, lui, préfère les tripes à la mode de Caen, et le calvados, naturellement!
Claire	Aimez-vous les fromages normands?
Mme Brède	Oui, beaucoup.
Claire	Lesquels préférez-vous?
Mme Brède	Je les aime bien tous: le camembert, le livarot et le pont-l'évêque. Mais malgré mes origines normandes, mon fromage préféré est le fromage de chèvre!
Claire	Connaissez-vous d'autres régions de France?
Mme Brède	Oui, car en général nous passons nos vacances en France.
Claire	Laquelle préférez-vous, à part la Normandie?
Mme Brède	Je ne sais pas, elles sont toutes très différentes, chacune a son charme, mais je crois que la Normandie reste ma région favorite.
Claire	Eh bien, je vous remercie, madame.
Mme Brède	Je vous en prie!

QU'EST-CE QUE ÇA VEUT DIRE?

il faut	*it is necessary, one must*
il faut plus d'une journée	*you need more than a day*
les tripes (f.)	*tripe*
le fromage de chèvre	*goat's cheese*
chacun(e)	*each one*
favori (favorite)	*favourite*

Plutôt *vation*

Avez-vous compris?

Répondez en français.

1   Citez quelques monuments historiques de Rouen.
2   Lesquels Mme Brède préfère-t-elle?
3   Quelle est la sauce dont elle se sert?
4   Quels plats aime-t-elle?
5   Quelle spécialité gastronomique son mari préfère-t-il?
6   Laquelle des boissons normandes préfère-t-il?
7   Nommez des fromages de Normandie.
8   Quel fromage Mme Brède préfère-t-elle?
9   Va-t-elle en vacances à l'étranger?
10   Quelle région française aime-t-elle le mieux?

À VOUS! _____

Trouvez l'intrus. *Find the odd one out.*

1 Lequel de ces fruits ne se mange pas?
un ananas   une pomme de pin   une cerise   une groseille   une framboise
curvant a *gooseberry*

2 Laquelle de ces plantes est une fleur?
un champignon   un oignon   un sapin   un brin d'herbe   un œillet *carnation*
fir tree *blade of grass*

3 Lesquels de ces hommes ne parlent pas français dans leur pays?
les Québécois   les Belges   les Maltais   les Martiniquais
les Luxembourgeois

4 Lesquelles de ces chaussures ont leur origine chez les Indiens d'Amérique?
les mocassins   les sandales   les bottes   les pantoufles   les espadrilles
slippers

5 Laquelle de ces boissons ne provient pas du raisin?
le cognac   le porto   le vin   le champagne   l'eau d'Evian
provenir - come from

6 Les premières lettres de ces intrus vous donnent le nom d'un fruit. Lequel?

pomme

.ire Ouate fait maintenant une enquête sur les Français et la nourriture.

Claire	Pardon, mademoiselle. Je fais une enquête sur les Français et la nourriture. Qu'est-ce que cela veut dire pour vous 'bien manger'?
Chantal	Moi, je suis végétarienne maintenant. 'Bien manger' veut dire avoir un régime équilibré, pour la santé, et varié, pour le plaisir, mais pas au détriment des animaux!
Claire	Vous êtes végétarienne depuis longtemps?
Chantal	Non, mais depuis que je mange de la nourriture plus saine, je me porte mieux.
Claire	Je suppose que vous n'êtes pas une fan des fastfoods, alors!
Chantal	Je suis tout à fait contre. D'abord, il n'y a presque rien pour les végétariens. Ensuite, je n'aime pas l'ambiance de ce genre de restaurant, c'est trop froid, trop impersonnel. Et puis, c'est mauvais pour l'environnement. Les emballages sont un véritable fléau! Malheureusement, les jeunes adorent ça.

QU'EST-CE QUE ÇA VEUT DIRE?

la nourriture	*food*
équilibré(e)	*balanced*
sain(e)	*healthy, wholesome*
se porter mieux	*to feel better*
il n'y a presque rien	*there's virtually nothing*
l'emballage (m.)	*packaging, wrapping materials*
un fléau	*a scourge*

Claire	Pardon, monsieur. Je fais une enquête sur la nourriture.
Homme	Ça tombe bien, je suis traiteur!
Claire	Alors vous êtes bien placé pour expliquer ce que veut dire 'bien manger'.
Homme	'Bien manger' est de plus en plus difficile, parce qu'on utilise de moins en moins de produits frais, de produits de qualité.
Claire	Pourquoi pas?
Homme	Pour des raisons d'argent et d'hygiène. Les produits frais, par exemple, coûtent deux fois plus cher que les produits surgelés. Beaucoup de restaurateurs utilisent aussi des conserves, les haricots verts par exemple, parce qu'ouvrir une boîte de conserve, c'est moins cher et c'est plus rapide. La bonne vieille gastronomie française est menacée.
Claire	Pourtant, il y a encore de bons restaurants en France!
Homme	Bien sûr. Mais, de nos jours, les clients attachent autant d'importance au décor, au service et à l'addition qu'à ce qu'il y a dans leur assiette.

QU'EST-CE QUE ÇA VEUT DIRE?

Ça tombe bien!	*That's lucky!*
un traiteur	*an outside caterer*
de plus en plus	*more and more*
de moins en moins	*fewer and fewer / less and less*
être bien placé(e) pour (faire quelque chose)	*to be in a good position to (do something)*
surgelé(e)	*(deep) frozen*
les conserves (f.)	*tinned food*
une boîte de conserve	*a tin, a can*
autant de / d'... que / qu'...	*as much / many ... as ...*

pourtant – yet

Claire	Pardon, madame. Qu'est-ce que c'est pour vous 'bien manger'?
Grand-mère	Pour moi, ça veut dire manger les plats traditionnels, préparés avec des produits de qualité et surtout, avec amour.
Claire	Vous êtes bonne cuisinière?
Grand-mère	Sans me vanter, je peux dire que mes amis et ma famille apprécient les petits plats que je leur prépare! Il n'y a rien de plus agréable que de passer une heure ou deux, ou plus quelquefois, à table avec ses proches. On bavarde, on plaisante, on prend son temps. Chez moi, les repas, c'est sacré!
Claire	Que pensez-vous des fastfoods?
Grand-mère	Des quoi?

QU'EST-CE QUE ÇA VEUT DIRE?

se vanter	*to boast*
un petit plat	*a delicacy, a special dish*
ses proches (m.)	*one's nearest and dearest*

Claire	Pardon, mademoiselle. Qu'est-ce que c'est pour vous 'bien manger'?
Etudiante	La nourriture ne m'intéresse pas beaucoup. Mais j'aime bien me retrouver avec des copains à Macdo. J'adore les hamburgers et les frites.
Claire	Et à la maison?
Etudiante	Ma mère travaille et elle rentre tard le soir, alors elle n'a pas le temps de faire la cuisine. La plupart du temps, elle achète des plats cuisinés qu'on fait réchauffer au micro-ondes.

Claire	Ça vous plaît?
Etudiante	C'est pas mauvais, c'est très pratique et il y a beaucoup de recettes basses calories. C'est bon pour la ligne.
Claire	Vous savez faire la mayonnaise?
Etudiante	Rien de plus facile. J'ouvre le pot qui est dans le frigo!

QU'EST-CE QUE ÇA VEUT DIRE?

les plats cuisinés (m.)	*ready-made meals, convenience food*
un (four) micro-ondes	*a microwave (oven)*
(faire) réchauffer	*to heat / warm up*
une recette	*a recipe*
un pot	*a jar* (here)
Ça vous plaît? (plaire ⋀)	*Do you like that?*

Avez-vous compris?

Qui est-ce? Chantal, le traiteur, la grand-mère, l'étudiante ou la mère de l'étudiante?

1   Aime bien les fastfoods.
2   Ne connaît pas les fastfoods.
3   Est végétarienne.
4   Ne veut pas grossir.
5   Prépare des plats traditionnels.
6   Dit que la gastronomie est en danger.
7   Achète beaucoup de plats cuisinés.
8   Dit que l'emballage des fastfoods menace l'environnement.
9   Ne sait pas faire la mayonnaise.
10   Est tout à fait contre les fastfoods.
11   Dit que les produits frais coûtent très cher.
12   Utilise régulièrement un four micro-ondes.
13   N'aime pas l'ambiance des restaurants comme les Macdo.
14   Adore les repas en famille ou avec des amis.
15   N'a pas le temps de faire la cuisine.
16   Pense qu'il faut avoir un régime équilibré et varié.

17 Prépare des petits plats avec amour.
18 Ne s'intéresse pas à la nourriture.
19 Dit que les conserves sont pratiques et bon marché.
20 Se porte mieux depuis qu'elle mange plus sainement.

À VOUS!

Reliez.

une bonne . . .	plats
des plats . . .	d'argent et d'hygiène
ouvrir . . .	son temps
faire réchauffer . . .	cuisinière
c'est bon . . .	surgelés
faire . . .	pour la ligne
pour des raisons . . .	basses calories
un régime . . .	au micro-ondes
des recettes . . .	équilibré
prendre . . .	la cuisine
des produits . . .	une boîte de conserve
des petits . . .	cuisinés

Maintenant, faites des phrases en utilisant certaines de ces expressions.

ET VOUS?

Est-ce que la nourriture est importante pour vous? Expliquez.
Que pensez-vous des fastfoods?
Aimez-vous aller au restaurant? Expliquez.
Aimez-vous les longs repas en famille ou entre amis?
Utilisez-vous beaucoup de plats cuisinés/de produits surgelés/de
    conserves? Pourquoi?
A votre avis, faut-il 'manger pour vivre et non vivre pour manger'?
Qu'est-ce que c'est pour vous 'bien manger'?

Un peu de grammaire

Les pronoms relatifs

lequel / laquelle / lesquels / lesquelles?
lequel de ces monumentspréférez-
    vous?

Relative pronouns

which one / which ones?
which (one) of these monuments do you
    prefer?

lesquelles de ces spécialités préférez-vous?	which (ones) of these specialities do you prefer?

Les pronoms démonstratifs   Demonstrative pronouns

celui-ci (m.) / celle-ci (f.)	*this one*
ceux-ci (m.) / celles-ci (f.)	*these ones*
celui-là (m.) / celle-là (f.)	*that one*
ceux-là (m.) / celles-là (f.)	*those ones*

 GRAMMAIRE 8, 9d, 10

Exercices

A   Faites le bon choix.

1   <u>Lequel</u> / Laquelle de ces deux hommes est votre ami?
Celle / <u>Celui</u> qui porte un costume gris.

2   La jeune fille que / <u>dont</u> j'ai oublié le nom est fonctionnaire en Bretagne.

3   La région qui / <u>que</u> je voudrais visiter se trouve au centre de la France.

4   Le livre que / <u>dont</u> j'ai besoin est à la maison.

5   Le gâteau <u>qui</u> / que m'a beaucoup plu est une spécialité alsacienne.

6   La robe que / <u>dont</u> j'ai envie coûte trop cher.

7   Lesquelles / <u>Lesquels</u> de ces jeunes gens sont corses?
<u>Ceux-ci.</u> / Celles-ci.

8   L'île que / <u>qui</u> vous offre des plages de sable et des montagnes est un paradis touristique.

B   Utilisez les mots ci-dessous pour compléter les mini-dialogues:

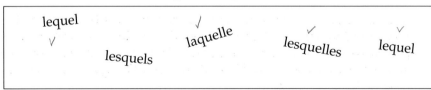

lequel   laquelle   lesquelles   lequel

lesquels

1 – *Laquelle* des boissons normandes préférez-vous?
   – Le calvados, bien sûr!

2 – *Lequel* de ces fromages voulez-vous?
   – Celui-ci, c'est mon préféré!

3 – *Lesquels* de ces fruits prenez-vous?
   – Ceux-ci.
   – Vous avez raison; ces fruits exotiques sont bien appétissants!

4 – *Lequel* des vins alsaciens avez-vous choisi?
   – Celui-ci.
   – Le Sylvaner? Ah oui, il est frais et léger!

5 – *Lesquelles* de ces boissons alcoolisées avez-vous déjà goûtées?
   – Celles-ci. C'est-à-dire, le cointreau, la liqueur de fraises et l'armagnac.

C   Complétez la conversation.

Serveur / serveuse	Vous avez choisi, messieurs-dames?
Client(e)	(1 *Ask for two menus at 180 francs.*)
Serveur / serveuse	Alors, qu'est-ce que vous prenez pour commencer?
Client(e)	(2 *Ask what the soup of the day is.*) *La soupe du jour, c'est quoi?*
Serveur / serveuse	C'est de la soupe de tomates.
Client(e)	(3 *Order a soup and a melon with port [au porto].*)
Serveur / serveuse	Et ensuite, l'escalope de veau, le poulet rôti, ou le lapin chasseur?
Client(e)	(4 *Order the rabbit for your partner, and the chicken for yourself. Ask what it's served with.*)
Serveur / serveuse	Avec des pâtes fraîches et des légumes. Et comme boisson?
Client(e)	(5 *Ask what the waiter / waitress recommends to go with the chicken.*)
Serveur / serveuse	Je vous recommande un vin blanc sec comme le Chablis ou le Pouilly-Fuissé.)
Client(e)	(6 *Order a bottle of Chablis.*)
Serveur / serveuse	Qu'est-ce que vous prenez comme dessert, la mousse au chocolat, le baba au rhum, les fraises à la crème, la crème caramel?)
Client(e)	(7 *Order two sweets.*)

D   Lisez *L'addition* (The bill) de Jacques Prévert. **Ensuite faites une liste de choses impossibles à additionner. Relisez le texte avec un /une partenaire en substituant votre vocabulaire.** *Draw up your own list of items which would be impossible to add up. Read through the scene again, substituting your own list.*

―――――――――――――― *L'addition* ――――――――――――――

LE CLIENT

Garçon, l'addition!

LE GARÇON

Voilà. (*Il sort son crayon et note.*) Vous avez . . . deux œufs durs, un veau, un petit pois, une asperge, un fromage avec beurre, une amande verte, un café filtre, un téléphone.

LE CLIENT

Et puis des cigarettes!

LE GARÇON
(Il commence à compter.)

C'est ça même . . . des cigarettes . . .
. . . Alors ça fait . . .

LE CLIENT

N'insistez pas, mon ami, c'est inutile, vous ne réussirez jamais.

LE GARÇON

!!!

LE CLIENT

On ne vous a donc pas appris à l'école que c'est ma-thé-ma-ti-que-ment impossible d'additionner des choses d'espèce différente!

LE GARÇON

!!!

LE CLIENT
(élevant la voix)

Enfin, tout de même, de qui se moque-t-on? . . . Il faut réellement être insensé pour oser essayer de tenter d' «additionner» un veau avec des cigarettes, des cigarettes avec un café filtre, un café filtre avec une amande verte et des œufs durs avec des petits pois, des petits pois avec un téléphone . . . Pourquoi pas un petit pois avec un grand officier de la Légion d'Honneur, pendant que vous y êtes! (*Il se lève.*)

Non, mon ami, croyez-moi, n'insistez pas, ne vous fatiguez pas, ça ne donnerait rien, vous entendez, rien, absolument rien . . . pas même le pourboire!

(*Et il sort en emportant le rond de serviette à titre gracieux.*)

Jacques Prévert, **Histoires**, Editions Gallimard.

E Bien manger, qu'est-ce que c'est exactement? Complétez le texte pour savoir ce que Chantal en pense.

emballage
végétarienne
frais
conserves
recettes
ligne
micro-ondes
produits
régime
cuisinés

66 Depuis que je suis (**1**) _____, je n'ai plus besoin de (**2**) _____ basses calories. J'ai un (**3**) _____ équilibré qui est bon pour la santé et pour la (**4**) _____. Je n'achète plus de plats (**5**) _____ que l'on fait réchauffer au (**6**) _____. Je préfère les produits (**7**) _____ aux (**8**) _____ et je me sers très peu des (**9**) _____ surgelés avec tout leur (**10**) _____ qui est mauvais pour l'environnement! 99

F Lisez les publicités ci-dessous.

1 Recommandez un restaurant aux personnes suivantes.

   a Marielle s'est levée tard parce que c'est dimanche. Elle a faim mais son frigo est vide. Elle a envie d'écouter de la musique.

   b Philippe a dépensé beaucoup d'argent pour acheter des billets pour l'Opéra Bastille, mais il veut emmener sa petite amie au restaurant après le spectacle. Ils aiment bien la bière tous les deux.

   c Ces touristes étrangers veulent découvrir la cuisine typiquement française.

   d C'est lundi. Anne-Marie et Simon n'ont pas de chance. Ils veulent manger un plateau de fruits de mer, mais le restaurant que des amis leur ont recommandé est fermé.

   e Jean-Luc a travaillé chez lui toute la matinée. Il est fatigué. Il n'a rien à manger chez lui, mais il n'aime pas manger au restaurant.

   f Un groupe d'amis a décidé de passer une bonne soirée. Ils veulent manger, mais aussi s'amuser. Ils aiment bien chanter.

La Bonne Fourchette
Un 'must' du quartier latin
Restaurant   Brunches
Salon de thé   Vente à Emporter
Tous les jours à partir de 11h - Fermé le dimanche

LE PUB IRLANDAIS
Déjeuner, dîner et brunch le dimanche
Musiciens irlandais et jazz
Tous les jours 12h – 1h30

La BONNE TAVERNE

Au cœur du quartier de la Bastille, dans un décor pittoresque, LA BONNE TAVERNE vous propose une formule steak-frites ou moules-frites à 80F et un menu complet à 120F

Très grande variété de bières

SERVICE EN CONTINU DE MIDI À 2h DU MATIN

HAPPY HOUR

RESTAURANT DE SPÉCIALITÉS AMÉRICAINES
☆☆ ☆☆☆

Un 'must' pour les amateurs de karaoké (plus de 2000 titres!)

MENUS 100 et 150F, à la carte le week-end

7/7 jusqu'à 2h du matin

Le panier de coquillages

A deux pas de la gare Montparnasse, nous avons une excellente réputation.

SPÉCIALITÉS DE LA MER

Huîtres et crustacés de qualité

NOTRE SPÉCIALITÉ :

la bouillabaisse

Fermé le lundi

Chez Bébert

CUISINE FRANÇAISE TRADITIONNELLE

FORMULE à 200F. Apéritif, vin et café compris

Ouv. ma-sa & di. midi

2   Relisez les publicités et trouvez les équivalents français.

   a until 2 in the morning
   b every day
   c non-stop service / uninterrupted service
   d from 11 o'clock
   e a stone's throw from . . .
   f in the heart of the city
   g wine and coffee included

——— Écoutez bien! ———

Listen to the **télérecette** for **Mousse au Chocolat**. Phone as often as you need to get the complete list of ingredients and instructions. Then complete the notes below.

Ingrédients:
1   _4_   œufs
2   _100_   g. de sucre en poudre
3   $\frac{1}{2}$ _Verre_ de crème fraîche
4   _150_   g. de chocolat noir en tablette

Marche à suivre: On fait fondre le chocolat dans **(5)** _deux_ ou
(6) _trois_ cuillerées de **(7)** _café_ très fort. On casse les
(8) _oeufs_, et on sépare les **(9)** _jaunes_ et les **(10)** _blancs_. On
incorpore les jaunes, le **(11)** _sucre_, le chocolat et la **(12)** _crème fraiche_ On
ajoute les blancs d'œufs battus en neige très ferme. On met le dessert au
(13) _frigidaire_ plusieurs **(14)** _heures_ avant de servir.

Au Restaurant

Now listen in to a conversation between a waiter and a rather fussy
customer. First, fill in the price of the menu and the dishes available. Then
note the four reasons the customer gives for not choosing that particular
menu and explain why she doesn't want the ratatouille. _Too much to pay for_
just the ratatouille

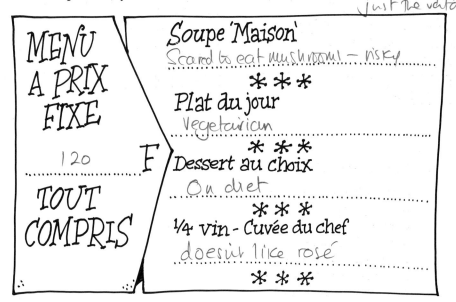

MENU
A PRIX
FIXE

120 F

TOUT
COMPRIS

Soupe 'Maison'
Scared to eat mushrooms – risky

* * *

Plat du jour
Vegetarian

* * *

Dessert au choix
On diet

* * *

¼ vin - Cuvée du chef
doesn't like rosé

* * *

Lecture

1   According to the text, what will you get on your plates, as well as food,
    if you use the Italian-style sauce?
2   With what are you advised to use the sauce?
3   To make it up, how much water is used, and is it hot or cold?
4   How long does the mixture have to simmer?
5   What does one have to do before that stage?
6   What is the recipe for?
7   What do you first do with the fish?
8   What is the sauce made up with this time?
9   What is the finishing touch to this dish?
10 What other information is given to the consumers about the product?

LE SAVIEZ-VOUS?

Qu'est-ce que c'est?

1   On l'a découvert en Chine. Des voyageurs portugais et hollandais l'ont apporté en Europe. Il a été très populaire à Londres dès 1640.
2   On l'utilise à table pour ne pas se salir les doigts. C'est le roi Henri III qui l'a introduite en France, mais elle a été inventée à Venise, en Italie.
3   On le trouve dans toutes les pâtisseries françaises, mais c'est le roi de Pologne, Stanislas Leczinski, qui l'a inventé. Il a eu l'idée d'arroser d'alcool un gâteau appelé 'kugelhof' parce qu'il était trop sec.
4   C'est une boisson que l'on fabrique en Normandie et en Bretagne. A l'origine, au douzième siècle, elle était faite par des moines.

[Les réponses: **1** le thé, **2** la fourchette, **3** le baba au rhum, **4** le cidre]

Ça sent mauvais. – that smells bad
Ça sent bon – that smells good

Cinquième UNITÉ

une grande chose –
a big thing
pas grand-chose –
negative only
not a lot

Une dame âgée essaie de faire ses commissions dans un hypermarché.

Cliente	Pardon, mademoiselle. Je ne connais pas du tout cette grande surface et je me sens un peu désorientée. Pourriez-vous m'indiquer le rayon charcuterie, s'il vous plaît?
Vendeuse	C'est facile, regardez. Tout est écrit au-dessus des rayons.
Cliente	C'est que j'ai oublié mes lunettes à la maison et je n'y vois <u>pas grand-chose</u>!
Vendeuse	Ah, je comprends. Moi, je suis myope, mais maintenant je porte des verres de contact. Alors, l'alimentation est là-bas, au fond du magasin. Prenez la deuxième à gauche, puis continuez le long de l'allée centrale. Allez jusqu'au bout et le rayon charcuterie est sur votre droite, à côté du rayon boucherie.
Cliente	Je vous remercie, mademoiselle.
Vendeuse	Je vous en prie, madame.

QU'EST-CE QUE ÇA VEUT DIRE?

faire les commissions / courses	*to do the shopping*
une grande surface / un hypermarché	*a hypermarket*
Pourriez-vous m'indiquer . . . ?	*Could you show me . . . ?*
le rayon	*department, counter (lit. shelf)*
au dessus (de)	*above*
l'alimentation (f.)	*food*
là-bas	*over there*
au fond (de)	*at the end/bottom (of)*
une allée	*an aisle (here)*
jusqu'au bout	*to the end*

il est aveugle   *he is blind*

Nous retrouvons la dame qui attend au rayon boucherie.

Vendeur	C'est à qui le tour? *Whose turn is it?*
Cliente	J'espère bien que c'est à moi cette fois, ça fait dix minutes que je fais la queue! Je voudrais un saucisson sec et des rillettes d'oie, s'il vous plaît. Vous en avez?
Vendeur	Euh . . . non, madame, je regrette mais . . . .
Cliente	Une grande surface comme la vôtre et vous n'avez pas de rillettes d'oie, ça c'est un comble!
Vendeur	C'est que . . .
Cliente	Donnez-moi une tranche de pâté de campagne, alors. C'est bien du pâté que vous avez là?
Vendeur	Non, madame, c'est de la chair à saucisse. Ici, c'est le rayon boucherie, le rayon charcuterie est juste à côté, sur votre gauche.
Cliente	Même sans mes lunettes, je vois qu'il y a aussi la queue!
Vendeur	Si vous ne voulez pas faire la queue, vous pouvez acheter des produits préemballés, là, à côté des surgelés.

QU'EST-CE QUE ÇA VEUT DIRE?

un saucisson sec	*a type of salami*
des rillettes (f.) d'oie (f.)	*potted goose meat for spreading*
C'est un comble!	*That takes the biscuit!*
une tranche	*a slice*
de la chair à saucisse	*sausage meat*
des produits préemballés	*pre-packed goods*

La dame continue son périple.

Cliente	Pardon, madame. Je voudrais acheter des savonnettes et du shampooing.
Vendeuse	Eh bien, vous trouverez ça de l'autre côté de l'hypermarché, aux cosmétiques, en face des produits d'entretien.
Cliente	Oh là là!
Vendeuse	Vous voyez, là, devant les appareils électro-ménagers . . .
Cliente	Oh, ben, ça me fait penser que j'ai besoin d'ampoules!
Vendeuse	C'est près de l'entrée.
Cliente	Alors, je dois revenir sur mes pas?
Vendeuse	Oui. Vous voulez que je vous accompagne?
Cliente	Non, vous êtes très aimable, mais ce ne sera pas nécessaire.

devant / derrière

abbattve - to fell, slay (abbattre)
(beait, Née etc)

QU'EST-CE QUE ÇA VEUT DIRE?

un périple	*an expedition, a tour, a trip*
une savonnette	*a bar of toilet soap*
vous trouverez	*you will find*
les produits d'entretien	*cleaning materials*
les appareils électro-ménagers	*electrical appliances*
une ampoule	*an electric bulb* (here)
revenir sur ses pas	*to retrace one's footsteps*

La dame âgée est maintenant à la caisse.

Cliente	Je vous dois combien, madame?
Caissière	475 francs 50.
Cliente	Trois cents, quatre cents . . . Je suis désolée, mais je n'ai plus de billets. Attendez, j'ai peut-être de la monnaie dans mon autre porte-monnaie . . . Ah, voilà! Est-ce que j'ai assez d'argent maintenant? Je ne vois pas bien aujourd'hui, j'ai oublié mes lunettes.
Caissière	Il manque sept francs.
Cliente	Mon Dieu! Qu'est-ce que je vais faire?
Caissière	Il faut remettre quelque chose dont vous n'avez pas vraiment besoin.
Cliente	Ah non! J'ai besoin de tout ça! Mais ma fille doit venir me chercher dans quelques minutes. Je vais l'attendre.

QU'EST-CE QUE ÇA VEUT DIRE?

la caisse	*the till, the cashdesk*
un billet	*a banknote* (here)
l'argent (m.)	*money*
la monnaie	*change*
il manque sept francs	*you are short of seven francs* (lit. *seven francs are missing*)
aller / venir chercher	*to fetch / to collect*
remettre	*to put back*

Avez-vous compris?

Cochez les bonnes réponses.

1   D'abord la dame âgée cherche le rayon boulangerie / pâtisserie / boucherie / charcuterie.

2 Elle est myope / a perdu ses lunettes / porte des verres de contact / a oublié ses lunettes.

3 Le rayon charcuterie se trouve au fond du magasin / à côté des surgelés / près de l'entrée / en face du rayon boucherie.

4 La dame veut acheter du shampooing / du dentifrice / une brosse à dents / des savonnettes.

5 Elle a aussi besoin de produits d'entretien / d'ampoules / de surgelés / de lessive.

6 A la caisse, la dame a trop d'argent / a assez d'argent / n'a pas assez d'argent / n'a pas de monnaie.

7 Elle va attendre sa fille / aller chercher sa fille / téléphoner à sa fille / remettre quelque chose dont elle n'a pas besoin.

À VOUS! _Homework 11/2/97_

Vous travaillez dans une grande surface. Vous devez remettre dans les rayons les articles abandonnés par les clients. Faites des listes pour éviter les voyages inutiles.

Les articles abandonnés:

1 raquette de tennis *sport*	1 poivron *fruit et legumes*
1 botte d'asperges *épicerie*	10 yaourts nature *crémerie*
2 baguettes *boulangerie*	1 robot ménager *électro-ménager*
1 chemise *vêtements-hommes*	1 paquet de petits pois surgelés *surgelés*
1 sac de pommes de terre *fruit et legumes*	3 savonnettes *cosmétiques*
1 grand paquet de croissants *boulangerie*	1 kilo de sucre semoule *épicerie*
1 œuf de Pâques *confiserie*	6 côtelettes d'agneau *boucherie*
1 paquet de bonbons *confiserie*	1 jupe *vêtement-femmes*
12 boîtes de bière *boissons*	1 pot de crème fraîche *crémerie*
1 boîte de céréales *épicerie*	3 paires de collants *vêtements-femmes*
1 saucisson sec *charcuterie*	1 pot de glace au chocolat *surgelés*
1 kilo de pêches *fruit et legumes*	1 tube de dentifrice *cosmétiques*
1 journal *librarie-papeterie*	1 demi-livre de beurre *crémerie*
2 paquets de café *épicerie*	2 ampoules *produits d'entretien*
1 litre de lait demi-écrémé *crémerie*	1 boîte de lessive *produits d'entretien*
1 paire de baskets *sport*	1 paquet d'enveloppes *librarie-papeterie*
1 douzaine d'œufs *crémerie*	1 camembert *crémerie*
1 bouteille de vin *boissons*	4 tranches de jambon *charcuterie*

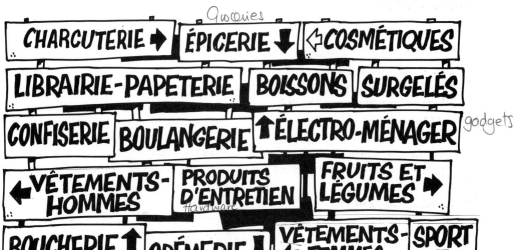

Travaillez avec un / une partenaire. Préparez trois ou quatre phrases.
Utilisez **devant, au bout de, au fond de, à droite (de), à gauche (de), près
de, à côté de, en face de** ou **au-dessus de**. A tour de rôle, lisez vos
descriptions. Votre partenaire écrit ou dessine ce qu'il / elle entend.

Aujourd'hui, Claire Ouate fait une enquête sur les Français et le shopping. Tout d'abord, nous la retrouvons au marché.

[handwritten: First of all, in the first place] *[handwritten: we find her]*

Claire	Pardon, madame. Je fais une enquête sur les Français et le shopping. Je peux vous poser quelques questions?
Femme	Oui, si vous voulez.
Claire	Vous venez souvent au marché?
Femme	Je fais mon marché deux fois par semaine. Je ne peux pas porter trop de choses à la fois, c'est lourd!
Claire	Vous préférez aller au marché ou au supermarché?
Femme	Au marché, bien sûr! C'est plus sympathique. J'y rencontre des amies. Et puis, je connais beaucoup de commerçants, maintenant. On bavarde, on plaisante . . .
Claire	Oui, c'est très animé ici!
Femme	Il y a des marchands qui sont très drôles. Ils font toutes sortes de choses pour attirer la clientèle.
Claire	Et la marchandise?
Femme	Il y a un très grand choix. Euh . . . C'est moins cher qu'au supermarché. Et on peut même goûter avant d'acheter.
Claire	Mais ça prend plus de temps.
Femme	Peut-être, mais c'est bien plus agréable. Personnellement, je déteste faire la queue à la caisse.
Claire	Et quand il pleut?
Femme	Je mets un imper avec une capuche et des bottes en caoutchouc. Je suis irrésistible!

QU'EST-CE QUE ÇA VEUT DIRE?

faire son marché	*to do one's shopping*
lourd(e)	*heavy*
un commerçant, un marchand	*a trader*
animé	*lively*
attirer	*to attract*
la marchandise	*the goods*
mettre (⋀)	*to put (on)*
un imper(méable)	*a mac(kintosh)*
une capuche	*a hood*
des bottes (f.) en caoutchouc (m.)	*Wellington boots (lit. rubber boots)*

Avez-vous compris?

Répondez en français.

1 Combien de fois par semaine la dame fait-elle son marché?
2 Qu'est-ce qu'elle aime en particulier au marché?
3 Avec qui bavarde-t-elle?
4 Que pense-t-elle de la marchandise?
5 Est-ce qu'elle trouve les prix raisonnables?
6 Qu'est-ce qu'elle aime faire avant d'acheter?
7 Qu'est-ce qu'elle déteste au supermarché?
8 Comment s'habille-t-elle quand il pleut?

Maintenant, Claire se trouve à l'entrée d'un supermarché.

Claire	Pardon, monsieur. Vous venez souvent au supermarché?
Client	Je viens tous les samedis. C'est moi qui fais les courses. Ma femme travaille, alors nous partageons les tâches.
Claire	Oui, comme beaucoup de gens de nos jours. Mais dites-moi, est-ce que vous aimez faire vos courses ici?
Client	Oui. Je trouve qu'il y a beaucoup d'avantages.
Claire	Par exemple?
Client	Eh bien, d'abord, on peut se garer sans problème. On trouve tout ce dont on a besoin sous le même toit et on met tout dans le caddie, même les jeunes enfants!
Claire	Mais quelquefois, ils sont difficiles à diriger, ces chariots!
Client	C'est vrai. Ça arrive.
Claire	Et que pensez-vous de la marchandise?
Client	On trouve tout ce qu'on veut. Il n'y a que des produits de bonne qualité. Tout est propre et emballé. C'est très pratique.
Claire	Et point de vue prix?
Client	C'est meilleur marché que les petits magasins et comme il y a beaucoup de concurrence, il y a souvent des offres spéciales très intéressantes.
Claire	Mais il faut faire la queue à la caisse.
Client	Ça, c'est l'inconvénient, mais l'avantage, c'est qu'on n'est pas obligé d'avoir d'argent liquide sur soi. On peut payer tout en même temps par chèque ou avec une carte de crédit.

QU'EST-CE QUE ÇA VEUT DIRE?

partager	*to share*
une tâche	*a task, job*
se garer	*to park one's car*
sous le même toit	*under one roof*
un caddie, un chariot	*a trolley*
la marchandise	*the goods*
ne/n' . . . que	*only*
propre	*clean*
bon marché / meilleur marché (inv.)	*cheap / better value, cheaper*
la concurrence	*competition*
un inconvénient	*a disadvantage*
l'argent (m.) liquide	*cash*
avoir . . . sur soi	*to carry, have on one*

Avez-vous compris?

Quels sont les avantages des supermarchés selon ce client?

À VOUS! _____

Relisez les dialogues puis complétez les phrases ci-dessous.

1   Je déteste faire _____ à la caisse.
2   On met tout dans _____.
3   Quand _____, je mets un imperméable.
4   On trouve tout ce dont on a _____ sous le même toit.
5   Je fais _____ sur les Français et le shopping.
6   On peut _____ sans problème.
7   Vous venez _____ au marché?
8   Ma femme travaille, alors nous _____ les tâches.
9   Je _____ beaucoup de marchands.
10 Comme il y a beaucoup de _____, il y a souvent des offres spéciales.
11 Je fais mon marché deux fois _____.
12 On n'est pas obligé d'avoir d'_____ sur soi.
13 On peut _____ avant d'acheter.
14 _____ sont quelquefois difficiles à diriger.
15 Je _____ tous les samedis.

ET VOUS?

Aimez-vous faire les courses?
Quand faites-vous votre shopping?
Où allez-vous? Pourquoi?

Chantal a emballé le livre qu'elle vient d'acheter pour sa correspondante anglaise. Maintenant elle va à la poste pour l'expédier, et pour acheter des timbres.

[handwritten annotations:]
to send
Plier - to fold   déplier - unfold   un dépliant - a leaflet
un pli - a fold
Coller le timbre - stick on the stamp

> **Les timbres à validité per-manente sont valables, quelle que soit l'évolution des tarifs, pour une lettre de 20 grammes pour la FRANCE, les DOM-TOM, la CEE, l'AUTRICHE, le LIECHTENSTEIN et la SUISSE.**
>
> # LA POSTE ✈
>
> ## 10 TIMBRES-POSTE
> ## A
> ## VALIDITÉ PERMANENTE
> ## AUTOCOLLANTS

[handwritten:] glisser dans la boîte aux lettres - post in post box

[handwritten:] Une machine à écrire - a typewriter

L'employé	Vous désirez?
Chantal	C'est combien pour envoyer une lettre en Angleterre?
L'employé	C'est le même tarif que chez nous.
Chantal	Alors, un carnet de timbres, s'il vous plaît. Ils sont autocollants?
L'employé	Oui.
Chantal	Très bien. C'est plus pratique.
L'employé	Voilà! *[handwritten: Can I use it?]*
Chantal	Merci. Je peux m'en servir aussi pour envoyer des lettres aux Etats-Unis?
L'employé	Je regrette, mademoiselle. Les timbres à validité permanente ne sont valables que *[handwritten: only]* pour les lettres de 20 grammes pour l'Europe, c'est-à-dire la Communauté Européenne et quelques autres pays, comme le Liechtenstein par exemple.

[handwritten:] glisser - slippery   glissant(e) - slippery
verglas - black ice   pelure de banane - banana peel

Chantal	Et pour la Guadeloupe? J'ai une amie là-bas.
L'employé	Oui, c'est le même tarif pour les DOM-TOM.
Chantal	Bien. Je voudrais aussi envoyer ce colis en Angleterre.
L'employé	En recommandé ou ordinaire?
Chantal	Ordinaire. C'est seulement un petit cadeau pour ma correspondante. C'est un livre de recettes normandes. Elle s'intéresse beaucoup à la cuisine française.
L'employé	Donnez . . . Ça fait quarante francs cinquante en économique.
Chantal	C'est aussi cher que le livre!
L'employé	Ça vient d'augmenter. Et puis, vous savez, les livres sont très lourds. Il vaut mieux choisir quelque chose de plus léger comme cadeau.
Chantal	Je sais. Est-ce que je dois remplir une fiche pour la douane?
L'employé	Non, ce n'est plus nécessaire maintenant.

QU'EST-CE QUE ÇA VEUT DIRE?

expédier / envoyer	*to send*
un carnet de timbres	*a book of stamps*
autocollant	*self-adhesive*
à validité permanente	*permanently valid* (like stamps marked first class)
les DOM-TOM (les Départements et les Territoires d'Outre-Mer)	*Overseas Departments and Territories*
un colis	*a parcel*
recommandé	*recorded delivery / registered*
Ça vient d'augmenter	*It's just gone up*
il vaut mieux	*it is better*
une fiche	*a form*
la douane	*the customs*
ne . . . plus	*no more, no longer*

Avez-vous compris?

Choisissez la bonne réponse.

1   Chantal a acheté deux timbres / un carnet de timbres.
2   Elle peut s'en servir pour envoyer une lettre en Australie / en Belgique.
3   Elle dit qu'elle a une amie à la Martinique / à la Guadeloupe.
4   Elle veut envoyer un colis en recommandé / ordinaire.

5   Chantal envoie un livre de recettes normandes / bretonnes à sa correspondante.
6   Les livres sont lourds / légers.

À VOUS!

Travaillez avec un / une partenaire. Vous êtes à la poste.

L'employé(e)	Vous désirez, M . . . ?
Client(e)	(1 *Ask how much it is to send a letter to England.*)
L'employé(e)	C'est le même tarif qu'en France.
Client(e)	(2 *Say fine. You'd like a book of stamps.*)
L'employé(e)	Vous désirez autre chose?
Client(e)	(3 *Say you'd like to send a parcel to your mother.*)
L'employé(e)	En recommandé ou ordinaire?
Client(e)	(4 *Say ordinary. It's a book of Breton recipes.*) de recettes bretonnes
L'employé(e)	Donnez . . . Alors, ça fait cinquante francs.
Client(e)	(5 *Say that it's as expensive as the book.*) C'est aussi cher que le livre
L'employé(e)	Oui, ça vient d'augmenter.

Au guichet d'à côté, une dame voulait envoyer un mandat.

Une dame	Je voudrais envoyer un mandat à ma fille. Elle habite à Londres. Elle est au pair, la pauvre chérie.
L'employé	Voilà la fiche pour un mandat international.
La dame	Mon Dieu, j'ai oublié mes lunettes! Pouvez-vous m'aider à la remplir, jeune homme?
L'employé	Vous avez de la chance, il n'y a personne qui attend. Voyons . . . Nom et adresse du destinataire.
La dame	Ma fille s'appelle Catherine Juverre et . . .
L'employé	Pouvez vous épeler, s'il vous plaît?
La dame	Catherine, C-A-T-H-E-R-I-N-E plus loin J-U-V-E deux R, E.
L'employé	Deux R, E. Adresse?
La dame	250, Chandos avenue, Whetstone.
L'employé	Oh là là! Epelez, épelez!
La dame	C majuscule H-A-N-D-O-S, avenue comme en français, Whetstone W majuscule, H-E-T-S-T-O-N-E. Vous parlez anglais?
L'employé	Pas un mot, et après ça, je n'ai pas l'intention d'essayer! Le montant du mandat? The amount
La dame	Je veux lui envoyer deux mille francs.
L'employé	Deux mille francs. Voilà!
La dame	Le mandat va arriver quand?
L'employé	Je ne sais pas, moi!

QU'EST-CE QUE ÇA VEUT DIRE?

voulait* (vouloir)	*wanted*
un guichet	*a position, a window*
un mandat	*a money order*
remplir	*to fill (in)*
le destinataire	*recipient*
épeler	*to spell*
majuscule	*capital* (letter)
le montant	*the sum, the amount*

* Imperfect tense (see Unit 12)

Avez-vous compris?

Répondez *vrai* ou *faux*.

1   Mme Juverre voulait envoyer un mandat à sa fille.
2   L'employé lui a donné de l'argent.
3   Mme Juverre a oublié ses lunettes.
4   L'employé l'a aidée à remplir la fiche.
5   Mme Juverre voulait envoyer deux cents francs à sa fille.

À VOUS!

Vous êtes en France. Vous voulez envoyer de l'argent à l'étranger.
Remplissez le mandat-poste international, page 95.

A un autre guichet, une jeune étudiante a besoin d'appeler sa mère en PCV.

L'étudiante	Je voudrais appeler ma mère à Boston en PCV, s'il vous plaît.
L'employée	Boston aux Etats-Unis?
L'étudiante	Oui, dans le Massachussetts.
L'employée	Quel est le numéro de votre correspondante?
L'étudiante	C'est le 375.06.98.
L'employée	Oui. Et quel est le nom de votre correspondante?
L'étudiante	Elle s'appelle madame Wheelbarrow maintenant. Elle est remariée à un Américain.
L'employée	Ça s'écrit comment?
L'étudiante	Alors, W comme William, H comme Henri, deux E . . .
L'employée	Ah, madame Brouette!
L'étudiante	Oui, c'est ça. Vous parlez anglais?

L'employée	Un peu seulement! Et quel est votre nom?
L'étudiante	Mademoiselle Béranger.
L'employée	Très bien. Un instant, s'il vous plaît.

COUPON
(Peut être détaché par le bénéficiaire)

Montant en monnaie étrangère
(en chiffres)

Date d'émission

Nom et adresse de l'expéditeur

ADMINISTRATION DES POSTES DE FRANCE

MANDAT DE POSTE INTERNATIONAL

MP 1

Cours du change ¹

Somme payée ¹

Montant en monnaie étrangère (en chiffres)

(En toutes lettres)

Nom du bénéficiaire

Rue et n°

Lieu de destination

Pays de destination

S'il y a lieu application des timbres-poste ou indication de la taxe perçue

¹ A porter par l'Administration de paiement lorsqu'elle opère la conversion.

Timbre du bureau d'émission

Timbre du bureau d'émission

Indications du bureau d'émission

N° du mandat

Bureau

Signature de l'agent

Somme versée

FRF

Date

N° 1485

DESTINATAIRE

EXPÉDITEUR

MONTANT

FRF   Destination

QU'EST-CE QUE ÇA VEUT DIRE?

en PCV	reversing charges (possevay)
le / la correspondant(e)	person you are telephoning

Avez-vous compris?

Répondez en français.

1 Où habite la mère de l'étudiante?
2 Comment s'appelle-t-elle? Pourquoi?

3 Pourquoi l'étudiante doit-elle épeler le nom de sa mère?

4 Qu'est-ce que ça veut dire en français?

À VOUS! _____

Vous êtes seul(e) en France, et vous n'avez pas d'argent! Allez à la poste et expliquez que vous devez appeler quelqu'un en Grande-Bretagne.

appeler l'Angleterre au
appeler en Angleterre

L'employé(e)	Vous désirez?
Vous	(**1** *Greet him / her and explain that you wish to call Britain, reversing the charges.*)
L'employé(e)	Quel est le numéro de votre correspondant?
Vous	(**2** *Say it's London 368 1675.*)
L'employé(e)	Oui, et quel est le nom de votre correspondant?
Vous	(**3** *Say it's Wellington.*)
L'employé(e)	Pouvez-vous épeler, s'il vous plaît?
Vous	(**4** *Do as requested.*)
L'employé(e)	Et comment vous appelez-vous?
Vous	(**5** *Tell him / her, and spell it.*)
L'employé(e)	Très bien. Un instant, s'il vous plaît.

Dans la banque où il travaille, Laurent s'occupe d'une jeune cliente.

Laurent	Bonjour, mademoiselle, qu'y a-t-il pour votre service?
Cliente	Je vais bientôt partir à l'étranger, et je voudrais quelques renseignements.
Laurent	Oui. Vous voulez acheter des devises étrangères?
Cliente	Justement, je ne sais pas. Pouvez-vous me conseiller?
Laurent	Où allez-vous?
Cliente	En Angleterre.
Laurent	Alors, vous voulez des livres Sterling. Vous pouvez aussi utiliser des eurochèques, ou bien des chèques de voyage.
Cliente	Mais je ne pars pas en vacances, je vais travailler là-bas. Je vais faire un stage d'un an, dans une entreprise, dans l'espoir d'améliorer mon anglais.
Laurent	Si vous êtes salariée, je vous conseille d'ouvrir un compte courant sur place, pour faire virer votre salaire directement sur votre compte.
Cliente	Est-ce que je peux garder ma carte de crédit, ou est-ce que je dois en obtenir une autre?
Laurent	Qu'est-ce que vous avez comme carte, la Carte Bleue, la Carte Visa?
Cliente	J'ai une Mastercard.

Laurent	Alors, aucun problème. Vous pouvez l'utiliser de la même manière qu'ici, c'est-à-dire pour régler vos achats, pour retirer de l'argent aux distributeurs de billets . . .
Cliente	Ah bon, je peux m'en servir aux billetteries, ça c'est pratique, 24 heures sur 24, même le dimanche.
Laurent	Vous voulez changer un peu d'argent, pour avoir des livres Sterling avant votre départ?
Cliente	Oui, c'est une bonne idée! Quel est le taux de change aujourd'hui? Mais . . . Qu'est-ce qu'il y a! Qu'est-ce qui se passe! Ah non!
Cambrioleur	Haut les mains! Que personne ne bouge!

QU'EST-CE QUE ÇA VEUT DIRE?

s'occuper (de)	*to look after, to serve a customer*
les renseignements (m.)	*information*
les devises étrangères	*foreign currency*
là-bas	*over there!*
un stage	*a training course*
une entreprise	*a business / company*
faire virer le salaire	*to have the salary paid in*
régler	*to pay, to settle up*
retirer de l'argent	*to withdraw money*
un distributeur de billets / une billetterie	*a cash / ticket dispenser*
le taux de change	*the exchange rate*
un cambrioleur	*a robber / a burglar*
Qu'est-ce qui se passe?	*What's happening?*
Haut les mains!	*Put your hands up!*
Que personne ne bouge!	*Nobody move!*

Avez-vous compris?

Répondez *vrai* ou *faux*.

1   La cliente voudrait des renseignements sur le franc français.
2   Elle voudrait changer ses chèques de voyages.
3   Elle va travailler en Angleterre.
4   Elle ne sait pas si elle veut acheter des devises étrangères.
5   Elle peut utiliser sa carte Mastercard pour régler ses achats, et pour retirer de l'argent.
6   Laurent lui conseille d'ouvrir un compte bancaire en Angleterre.
7   La cliente n'est pas salariée.
8   Il y a un hold-up à la banque.

À VOUS! _____

Imaginez que vous êtes Laurent. Posez les questions à un(e) client(e).

Laurent	(1 *Say, how can I help?*)
Client(e)	Je voudrais des renseignements sur les devises étrangères.
Laurent	(2 *Ask where he / she is going.*)
Client(e)	En Allemagne. Je veux changer de l'argent.
Laurent	(3 *Say, fine. You can also use Eurocheques or travellers' cheques.*)
Client(e)	Est-ce qu'on peut utiliser des cartes de crédit françaises en Allemagne?
Laurent	(4 *Say, what kind of cards have you got?*)
Client(e)	J'ai une carte Visa.
Laurent	(5 *Say, you can use it to pay for all your purchases, and to withdraw money at cash dispensers.*)
Client(e)	Ah, très bien! Il y a des billetteries en Allemagne. Ça, c'est très pratique!
Laurent	(6 *Say yes, then advise him / her to open a current account when he / she gets there.*)
Client(e)	Merci, monsieur!

Maintenant l'inspecteur Mars interroge deux témoins. Le premier témoin était dans la rue au moment du hold-up.

Le témoin	Les cambrioleurs sont arrivés en voiture . . .
L'inspecteur Mars	Quelle voiture?
Le témoin	Une Citroën, je crois.
L'inspecteur Mars	Oui, et après?
Le témoin	Trois hommes sont descendus, le quatrième est resté au volant . . . ils sont entrés dans la banque . . . ils sont

sortis en courant, ils sont montés dans la voiture et ils sont partis à toute vitesse.

L'inspecteur Mars	Combien de personnes sont arrivées en voiture?
Le témoin	Quatre, en tout.
L'inspecteur Mars	A quelle heure sont-ils entrés dans la banque?
Le témoin	Euh, je ne sais pas, à onze heures et demie peut-être.
L'inspecteur Mars	Et ils sont sortis . . . ?
Le témoin	Environ cinq minutes plus tard.
L'inspecteur Mars	Et ils sont repartis tous ensemble?
Le témoin	Oui, ils sont partis par là, — *That way!*
L'inspecteur Mars	Et vous n'avez rien fait!
Le témoin	Qu'est-ce que vous croyez! Je ne suis pas James Bond, moi!

QU'EST-CE QUE ÇA VEUT DIRE?

interroger	*to question*
un témoin	*a witness* (male or female)
le volant	*the steering-wheel*
ils sont sortis en courant (courir ⋁)	*they ran out (to run)*
à toute vitesse	*at top speed*

Avez-vous compris?

Répondez en français.

1 Comment les cambrioleurs sont-ils arrivés?
2 Combien d'hommes sont descendus de la voiture?
3 Où est resté le quatrième?
4 A quelle heure sont-ils entrés dans la banque?
5 Quand en sont-ils sortis?
6 Sont-ils repartis tous ensemble?
7 Pourquoi le témoin n'a-t-il rien fait?

Le deuxième témoin, c'est la jeune cliente qui était au guichet de Laurent.

L'inspecteur Mars	Mademoiselle, quelle heure était-il quand les cambrioleurs sont entrés dans la banque?
Cliente	Euh . . . Moi, je suis arrivée peu après onze heures. Donc il était environ onze heures et quart.
L'inspecteur Mars	Et où étiez-vous exactement?
Cliente	Eh bien, j'étais à un guichet . . . C'était vraiment effrayant! J'ai entendu du bruit derrière moi, j'ai regardé, et j'ai vu trois hommes . . .

L'inspecteur Mars	Qu'est-ce qu'ils ont fait, ces hommes?
Cliente	Ils ont sorti leur revolver. Ensuite, l'un d'eux, le gros aux cheveux noirs, a dit 'Haut les mains! Que personne ne bouge!' Tout le monde a eu très peur! Quelqu'un a crié . . .
L'inspecteur Mars	Et après?
Cliente	Ils sont allés droit à la caisse, à côté de moi. J'étais folle de terreur!
L'inspecteur Mars	Ils ont menacé quelqu'un?
Cliente	Oui, la caissière. Ils lui ont demandé de vider le coffre-fort, et de mettre tout l'argent dans de grands sacs.
L'inspecteur Mars	Et ils étaient comment, ces cambrioleurs?
Cliente	Je ne m'en souviens pas très bien . . . Il y en avait un gros aux cheveux noirs, et un jeune qui portait un bonnet en laine jaune, et un pull à rayures rouge et blanc . . .
L'inspecteur Mars	Vous vous moquez de moi, mademoiselle!
Cliente	Ah non, monsieur l'inspecteur! C'est la vérité, je vous assure!

QU'EST-CE QUE ÇA VEUT DIRE?

Où étiez-vous?	*Where were you?*
fou / folle de terreur	*terrified* (lit. *mad with terror*)
menacer	*to threaten*
vider	*to empty*
le coffre-fort	*the safe*
il portait	*he was wearing*
se moquer de	*to make fun of*
la vérité	*the truth*

Avez-vous compris?

Un jeune policier a pris des notes, mais il a fait quinze erreurs. Aidez-le à les corriger.

La jeune cliente était à l'école. Elle a entendu de la musique derrière elle, et quand elle a regardé, elle a vu quatre hommes. L'un d'eux a dit, 'Haut les yeux! Que personne ne parle!' Ensuite ils sont allés droit au bureau, où ils ont menacé le professeur. Ils lui ont demandé de vider ses poches, et de mettre tous les bonbons dans de petits sacs. Le gros cambrioleur avait les cheveux gris, et le vieux portait un bonnet en coton vert et un pull à fleurs.

À VOUS!

Imaginez que vous aussi, vous étiez à la banque au moment du cambriolage.
L'inspecteur Mars vous interroge. Répondez à ses questions:

L'inspecteur Mars	Comment vous appelez-vous?
Vous	1 _____
L'inspecteur Mars	A quelle heure êtes-vous arrivé(e) à la banque?
Vous	2 _____
L'inspecteur Mars	Combien d'hommes sont entrés dans la banque?
Vous	3 _____
L'inspecteur Mars	A quelle heure sont-ils arrivés?
Vous	4 _____
L'inspecteur Mars	Est-ce qu'ils ont sorti leur revolver?
Vous	5 _____
L'inspecteur Mars	Est-ce qu'ils sont allés au guichet?
Vous	6 _____
L'inspecteur Mars	Et qu'est-ce qu'ils ont dit à la caissière?
Vous	7 _____
L'inspecteur Mars	Et qu'est-ce que vous avez fait?
Vous	8 _____

—— Un peu de grammaire ——

The perfect tense with 'être'

A number of verbs in this unit are conjugated with **être** instead of **avoir**:

aller	*to go*
Il est allé à la poste.	*He went to the post office.*
arriver	*to arrive*
Je suis arrivé(e) à 11 heures.	*I arrived at 11 o'clock.*
partir	*to leave*
Ils sont partis.	*They left.*
entrer	*to enter, go in*
Ils sont entrés.	*They went in.*
sortir	*to go out*
Ils sont sortis.	*They went out.*
descendre	*to get off / out, go / come down(stairs)*
Trois hommes sont descendus.	*Three men got off / out.*

rester	***to stay***
Il est resté au volant.	*He stayed at the wheel.*

Note that:

1 The past participle agrees with the subject.

2 There are some verbs based on the verbs above. These are also conjugated with **être**, eg **repartir** (*to leave again*) and **ressortir** (*to come out again*).

3 Some of these verbs can have a direct object, in which case they are conjugated with **avoir**, eg Ils **ont** sorti leur revolver. (*They took out their guns.*)

  GRAMMAIRE 5, 7

——————— Exercices ———————

A   Vous êtes dans un hypermarché. Reliez ce que disent les clients et les réponses des vendeurs.

Clients:

1 Je voudrais acheter une raquette de tennis et des baskets.
2 Pardon, mademoiselle. Je cherche la viande.
3 Vous avez des œufs de Pâques?
4 Excusez-moi, monsieur. Le pain, s'il vous plaît?
5 Je dois acheter à manger pour mon chat.
6 Où se trouvent les jus de fruits, s'il vous plaît?
7 Je cherche des bottes en caoutchouc pour ma fille.
8 Je dois acheter des bananes pour les enfants.
9 J'ai besoin de paprika pour une nouvelle recette.
10 Pardon, madame. Je cherche la semoule.
11 Vous vendez des parasols?
12 Où sont les caisses, s'il vous plaît?

Vendeurs:

a   Regardez au rayon enfants.
b   Le rayon boulangerie est à côté des conserves.
c   Les épices sont à côté des plats cuisinés.
d   Là-bas. Vous voyez, il y a la queue!
e   Regardez. C'est juste là, avec les autres boissons, à côté de l'eau minérale.
f   Le rayon boucherie se trouve à gauche, juste après le rayon charcuterie.

g   Oui, les meubles de jardin sont là-bas.

h   Allez au rayon sport. Il est au fond, à droite.

i   Vous allez la trouver avec les pâtes et le riz.

j   Oui. Le rayon confiserie est tout de suite à droite, après les biscuits.

k   Le rayon fruits et légumes est à côté de l'entrée.

l   Allez au rayon des aliments pour animaux, qui se trouve après les surgelés.

B   Vous êtes à la poste en France. Complétez la conversation.

Employé(e)	Vous désirez?
Vous	(**1** *Ask how much it is to send a letter to England.*)
Employé(e)	C'est le même tarif qu'en France.
Vous	(**2** *Ask for ten stamps. Add that you want self-adhesive ones.*)
Employé(e)	Alors, voilà un carnet de timbres à validité permanente.
Vous	(**3** *Thank him / her. Say you would also like to send a parcel recorded delivery.*)
Employé(e)	Pour l'Angleterre? la bonne fiche
Vous	(**4** *Say no, for France. Ask if you have the right form.*)
Employé(e)	Oui, c'est ça.
Vous	(**5** *Say that you have to call Great Britain, reversing the charges.*) J'ai besoin d'appeler Je dois appeler
Employé(e)	Oui. Quel est le numéro de votre correspondant?
Vous	(**6** *Give your own number, including the code.*)

C   Mettez les phrases dans le bon ordre pour raconter l'histoire.
La première est correcte.

1   Je suis arrivé(e) au supermarché vers sept heures du soir.

2   Comme il y avait beaucoup de circulation, je suis resté(e) plus d'une heure dans les embouteillages.

3   Finalement, je suis allé(e) aux surgelés pour acheter un pot de glace pour le dessert.

4   Heureusement, elles n'étaient pas cassées.

5   J'ai eu des difficultés à trouver une bonne place au parking parce qu'il y avait beaucoup de monde.

6   Je suis finalement rentré(e) à la maison à neuf heures.

7   Naturellement, j'ai fait la queue à la caisse, comme d'habitude.

8   Naturellement, ma glace était fondue!

9   Puis j'ai choisi un plat cuisiné pour le dîner.

10   Quand je suis descendu(e) de voiture, j'ai fait tomber mes lunettes.

11   Quand je suis sorti(e) du magasin, il était huit heures moins le quart.

12   Tout d'abord, je suis allé(e) au rayon épicerie pour acheter du café.

D   Vous venez de recevoir un cadeau de votre ami(e) français(e). Ecrivez-
lui une lettre de remerciements.

──────── Écoutez bien! 🎧 ────────

First listen to the store announcements, then fill in the gaps.

1   At the garden department you can get ___20%___ per cent off
    garden furniture

2   Today _Camemberts_ are on offer at the ___dairy___ counter.

3   Michael is waiting for his _parents_ at the _info. office_ near the exit.

4   You can get five T-shirts for the price of ___3___, because the shop
    is celebrating its _2nd anniversary_

5   The shop closes in ___10___ minutes. You are asked to go to the
    checkout. ?
    la caisse de sortie

Now listen to 15 short extracts and say in French where the conversations
are taking place.

Finally, listen to the conversation and add the missing places in this street.

1 Au bar.
2 La piscine
3 La syndicat d'initiative
4 La pharmacie
5 Au bureau

6 À l'aeroport
7 Une galleue
8 Une feme
9 Une libraire.
10 Bureau des objets trouvés

11 La boulangerie/patisserie
12 La poste
13 Au marché
14 An grand surface
15 À la banque

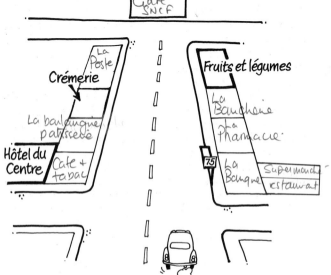

Sixième UNITÉ

Pendant les vacances de Pâques, Jean-Pierre et Paul Dupré ont décidé de visiter leur région, la Normandie. Voici quelques épisodes de leur périple.

trip / tour

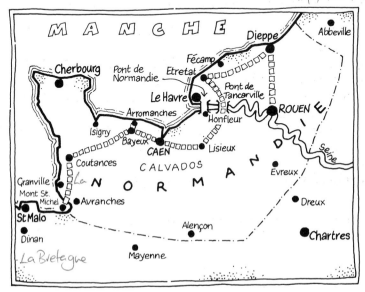

le car – coach, bus.

amis

Etretat, le 18 avril

Chers ~~tous~~,

   Nous sommes arrivés à Dieppe sans difficultés. Comme promis, nous n'avons pas fait d'auto-stop. Au début, nous avons eu de la chance parce que nous avons pris le car. Mais entre Dieppe et Etretat nous avons dû marcher pendant plusieurs kilomètres et Paul a attrapé des ampoules aux pieds!

   Heureusement il a fait très beau toute la journée et nous avons décidé de camper. Nous sommes allés au Syndicat d'Initiative où on nous a indiqué un fermier très sympa qui nous a prêté son champ. Paul a fait du feu et j'ai monté la tente. Nous avons grillé des saucisses pour le dîner. Nous n'avons pas très bien dormi parce que nous avons eu froid. Je vous écris d'un café où nous venons de prendre le petit déjeuner. Maintenant, visite d'Etretat.

   Gros baisers à tous,

Jean-Pierre   Salut! Paul

j'ai été – I have been, was
j'ai eu – I have had, had

il fait beau toute la journée .

QU'EST-CE QUE ÇA VEUT DIRE?

faire de l'auto-stop	*to hitch-hike*
une ampoule	*a blister* (here)
un champ	*a field*
le feu	*fire*
un baiser / une bise	*a kiss*
gros baisers / grosses bises	*love,* (at the end of a letter)

Avez-vous compris?

Répondez en français.

1 Comment Jean-Pierre et Paul sont-ils arrivés à Dieppe? *en car*
2 Pourquoi Paul a-t-il attrapé des ampoules aux pieds?
3 Quel temps a-t-il fait?
4 Où ont-ils campé?
5 Qui a monté la tente?
6 Pourquoi ont-ils fait du feu? *Ils ont fait du feu pour faire cuire / préparer le dîner*
7 Ont-ils passé une bonne nuit?
8 Pourquoi les deux frères sont-ils dans un café?

Ils ont eu très froid   ou Il a fait très froid (it was v. cold)

Les falaises sont splendides mais il n'y a qu'une plage de galets. Le sac à dos de Paul est encore plus lourd maintenant. Il a décidé de faire collection de galets! Nous avons rencontré des Anglais en vacances ici. Inutile de vous dire que nous avons surtout parlé par gestes!
Grosses bises à tous.
Jean-Pierre

Useless

Famille Dupré
Ferme du Pommier
Beauchamp

Normandie

Nous avons traversé le
pont de Tancarville
suspendu au-dessus de
l'estuaire de la Seine.

Il a plu toute la journée.
Nos sacs de couchage
sont mouillés et la pile de
la lampe de poche est à
plat. Ce soir nous allons
coucher à l'auberge de
jeunesse.
Je vous embrasse Jean-Pierre

Famille Dupré
Ferme du Pommier
Beauchamp

Normandie

QU'EST-CE QUE ÇA VEUT DIRE?

une falaise	*a cliff*
une plage de galets	*a shingle beach* une plage de sable
un sac à dos	*a rucksack*
un sac de couchage	*a sleeping bag*
mouillé	*wet*
une pile	*a battery*
une lampe de poche	*a torch*
à plat	*flat* mes pneus sont à plat
une auberge de jeunesse	*a youth hostel*
embrasser	*to kiss*
inutile	*useless, needless*

une collection
collectionner

– la collection
– to collect

Avez-vous compris?

C'est sur la côte. Il y a des falaises

1 Qu'apprenons-nous sur Etretat? splendides.
2 Qu'est-ce que Paul a mis dans son sac à dos?
3 Pourquoi?
4 Qui ont-ils rencontré?
5 Comment ont-ils communiqué avec eux?
6 Quel pont ont-ils traversé?
7 Où est-il situé?
8 Quel temps a-t-il fait?
9 Quelles sont les conséquences du mauvais temps? Leurs sacs de couchage était mouillé et la pile de lampe de poche a eu plat
10 Où les garçons vont-ils passer la nuit?

À VOUS! _____

Complétez avec les mots suivants.

> **sac à dos**   **les piles**
> **sac de couchage**   **l'auberge de jeunesse**
> **une tente**   **la lampe de poche**

1   J'ai bien dormi. Mon _Sac de couchage_ est très confortable.
2   Il fait noir. On ne voit rien. Allume _la lampe de poche_
3   Mon walkman ne marche plus. Il faut changer _les piles_ .
4   Tu as de la chance, ton _Sac à dos_ n'est pas lourd.
5   C'est la première fois que je fais du camping. Je ne sais pas monter
   une tente .
6   Il pleut. Allons à _l'auberge de jeunesse_ ce soir.

Relisez la lettre et les cartes postales. Complétez le texte ci-dessous.

Entre Dieppe et Etretat, ils n'ont pas fait d' **(1)** _auto-stop_ , et ils ont
(2) _dû_ marcher, et Paul a **(3)** _attrapé_ des ampoules aux pieds.
Un fermier leur a **(4)** _prêté_ son champ pour camper. A Etretat, ils ont
vu les **(5)** _falaises_ et Paul a **(6)** _mis_ des galets dans son
(7) _sac à dos_ .

Ils ont **(8)** _rencontré_ des Anglais. Ils ont **(9)** _vu_ le
(10) _pont_ de Tancarville. Malheureusement, il a **(11)** _plu_
toute la **(12)** _journée_ . Résultat, les **(13)** _sacs à coucher_ sont mouillés et la
(14) _pile_ de la lampe de poche est **(15)** _à plat_ !

Paul n'aime pas écrire, mais il adore téléphoner. Il appelle sa famille.

❝Allô! . . . C'est toi, Colette? . . . Salut, c'est Paul! . . . Oui, ça va . . . Nous
sommes arrivés à Coutances . . . Un temps épouvantable! . . . Non! On a
couché à l'auberge de jeunesse et comme nos sacs de couchage étaient
encore humides, il a fallu louer des draps . . . On a bavardé, on a joué au
tennis de table, au baby-foot . . . Oui, c'est très sympa . . . Oui, il y a
beaucoup d'étrangers, des Anglais, des Belges, des Hollandais, des
Allemands . . . Non, on n'a pas vu le pont de Normandie . . . On n'est pas
restés sur la côte . . . Oui, on est allés à Bayeux . . . Bien sûr, on a vu la
tapisserie de la reine Mathilde . . . C'est génial, c'est comme une bande
dessinée . . . Oui, il y avait un monde fou, de toutes nationalités . . . Les
plages du débarquement? On est allés à Gold beach . . . C'est à
Arromanches, ignorante! . . . On a visité le musée du débarquement . . . Oui,
très intéressant . . . Naturellement, il y a des cimetières militaires partout . . .
On a l'intention d'aller jusqu'au Mont-Saint-Michel . . . Après? Dis donc, je
crois qu'on a assez bavardé, je n'ai plus de monnaie! . . . Une télécarte? Oui,
c'est une bonne idée . . . Au revoir. ❞

QU'EST-CE QUE ÇA VEUT DIRE?

épouvantable	*dreadful*
il a fallu	*we had to*
louer	*to hire*
un drap	*a sheet*
génial	*great*
il y avait un monde fou	*it was very crowded*
les plages du débarquement	*the landing beaches*
une télécarte	*a phone card*

Avez-vous compris?

Répondez en français.

1 Qui a décroché le téléphone?
2 Dans quelle ville les garçons sont-ils arrivés?
3 Pourquoi n'ont-ils pas fait de camping récemment?
4 Pourquoi ont-ils été obligés de louer des draps?
5 Qu'est-ce qu'ils ont fait à l'auberge de jeunesse?
6 Est-ce qu'ils aiment les auberges de jeunesse? Pourquoi?
7 Pourquoi n'ont-ils pas vu le pont de Normandie?
8 Qu'est-ce qui attire beaucoup de monde à Bayeux?
9 A quoi Paul compare-t-il la tapisserie de la reine Mathilde?
10 Pourquoi sont-ils allés à Arromanches?
11 Qu'est-ce qu'ils ont visité?
12 Qu'est-ce qu'on voit partout dans cette région de Normandie?
13 Où est-ce que Jean-Pierre et Paul ont l'intention d'aller maintenant?
14 Pourquoi Paul interrompt-il la conversation?
15 Qu'est-ce que Colette lui suggère?

À VOUS! _____

Travaillez avec un / une partenaire. Complétez la conversation
téléphonique entre Paul et Colette.

Paul	– Allô!
Colette	– Allô!
Paul	– C'est toi, Colette?
Colette	– Oui.
Paul	– Salut, c'est Paul!
Colette	– Salut, Paul! Ça va?
Paul	– Oui, ça va.
Colette	– Où êtes-vous?
Paul	– Nous sommes arrivés à Coutances. . .

ET VOUS?

Décrivez une visite intéressante que vous avez faite. Dites:

- où vous êtes allé(e)
- quand
- avec qui
- comment vous avez voyagé
- ce que vous avez vu
- quel temps il a fait
- où vous avez couché
- qui vous avez rencontré
- ce que vous avez fait le soir, etc.

Les Muller sont allés en vacances en Corse. Nous les retrouvons quand ils arrivent au terrain de camping-caravaning 'La Vetta', à 3 kilomètres de Porto-Vecchio. Ils n'ont pas de réservation. Marie va au bureau d'accueil pour voir s'il y a de la place.

Marie	Bonjour, monsieur.
Propriétaire	Bonjour, madame.
Marie	Est-ce que vous avez de la place pour une caravane?
Propriétaire	Oui. Vous êtes combien de personnes?
Marie	Deux adultes et deux enfants.
Propriétaire	Vous voulez un branchement électrique?
Marie	Oui, si c'est possible, mais nous voulons surtout un emplacement ombragé.
Propriétaire	Pas de problème. Vous comptez rester combien de temps?
Marie	Qu'est-ce qu'il y a pour les enfants?
Propriétaire	Nous avons une piscine et une aire de jeux. Il y a aussi une table de ping-pong et une table de billard. Et il y a un centre équestre tout près.
Marie	Et qu'est-ce qu'il y a comme équipements?
Propriétaire	Eh bien, il y a des blocs sanitaires avec douches, lavabos, prises-rasoir, des points d'eau chaude, des bacs pour la vaisselle, et nous avons même une machine à laver.
Marie	Très bien. Et il y a des magasins?
Propriétaire	Non, mais il y a un bar-restaurant où on peut acheter du pain, des croissants. Nous avons aussi un dépôt de glace.
Marie	Vous faites des plats à emporter?
Propriétaire	Non, mais nous servons des sandwichs, des salades et des repas chauds, steak-frites, omelettes . . .
Marie	La plage est loin d'ici?

Plage de St Cyprien

Propriétaire	Il y a une belle plage de sable à Saint Cyprien, à environ 5 kilomètres.
Marie	Et qu'est-ce qu'il y a d'intéressant à voir et à faire dans les environs?
Propriétaire	Il faut aller à Porto-Vecchio, naturellement. Je vous recommande aussi de visiter Bonifacio qui est une très vieille ville, très pittoresque, avec sa citadelle et son enceinte fortifiée. Et puis il faut voir la forêt de l'Ospédale.
Marie	C'est parfait! Est-ce que nous pouvons rester une semaine?
Propriétaire	Oui. Je vous donne l'emplacement numéro 35. Alors, prenez cette allée jusqu'au bloc sanitaire et là, tournez à gauche . . .

QU'EST-CE QUE ÇA VEUT DIRE?

le bureau d'accueil	*reception*
de la place	*room, vacancies, space*
un branchement électrique	*an electric power-point*
un emplacement	*a pitch*
ombragé	*shaded*
une aire de jeux	*an outdoor play area*
un centre équestre	*a riding school*
un bloc sanitaire	*a toilet block*
un lavabo	*a washbasin*
une prise-rasoir	*a shaving-point*
un bac	*a tub* (here)
un dépôt de glace	*place where ice can be purchased*
des plats (m.) à emporter	*take-away food*
proche	*near*
à environ	*at about*
dans les environs	*in the neighbourhood*
une allée	*a lane*
une enceinte fortifiée	*a fortified surrounding wall*

Avez-vous compris?

Qu'est-ce qu'il y a à *La Vetta*? **Relisez le dialogue et complétez les listes ci-dessous.**

Shopping / Nourriture	Les équipements du terrain	Ce qu'il y a pour les jeunes	Les environs
bar-restaurant	emplacements ombragés	piscine	plage de sable

À VOUS!

Qu'est-ce qu'il y a au terrain de camping? Reliez les symboles et les phrases.

1 Ombragé 2 Piscine 3 Bar / Buvette 4 Location de tentes
5 Alimentation 6 Dépôt de glace 7 Aménagements pour handicappés
8 Laverie automatique 9 Réductions enfants 10 Garderie
11 Animations 12 Chiens en laisse acceptés

Maintenant, aidez la propriétaire à répondre à la demande de renseignements d'une éventuelle cliente. Complétez sa lettre avec les mots ci-dessous.

magasins	terrain de camping	dépôts
vaisselle	bar-restaurant	machine à laver
emplacements	aire de jeux	centre équestre
plats à emporter	blocs sanitaires	prises-rasoir
plages	piscine	branchements

Madame,

J'ai bien reçu votre correspondance du 15 avril par laquelle vous me demandez certaines informations sur mon **1** _____.

Tous les **2** _____ sont ombragés et il y a des **3** _____ électriques pour les caravanes et pour les tentes. Il y a deux **4** _____ modernes avec toilettes, douches et **5** _____. Nous avons une **6** _____ et des bacs pour la **7** _____. Il n'y a pas de **8** _____, mais nous avons des **9** _____ de pain et de glace. Nous ne vendons pas de **10** _____, mais nous avons un **11** _____. Il y a une grande **12** _____ et une **13** _____ pour les enfants. Il y a plusieurs **14** _____ de sable et un **15** _____ à quelques kilomètres du terrain.

Demeurant à votre disposition pour tous renseignements complémentaires, je vous prie d'agréer, Madame, l'expression de mes sentiments distingués.

Liliane Dupré a téléphoné à un terrain de camping en Bretagne pour obtenir des renseignements supplémentaires avant de réserver. Le propriétaire lui a envoyé la lettre suivante.

[handwritten top margin: Porter – to carry, to wear / apporter – to bring / emporter – to take away]

CAMPING DE LA PLAGE
Route de la Mer
56009 Etel

Tél. 96.53.87.25
Fax. 96.44.13.31

Etel, le 20 mars

Madame,
    Suite à votre appel téléphonique de ce matin, j'ai le plaisir de pouvoir vous réserver un emplacement pour une voiture et deux tentes du 8 au 15 juillet inclus.
    L'emplacement est de 50F par jour, et la redevance campeur est de 20F par adulte et 10F par enfant. (Enfants de moins de 3 ans - gratuit.) Il faut y ajouter une taxe de séjour de 5F par nuitée et par personne à partir de 10 ans. *[handwritten: to add]*
    Nous regrettons de vous informer qu'il n'y a pas de cafétéria dans le centre, mais nous avons un excellent service de plats cuisinés à emporter, midi et soir, tous les jours. En ce qui concerne la lessive, les campeurs ont à leur disposition une laverie automatique équipée de machines à laver et de séchoirs.
    Nous ne serons en mesure de confirmer votre réservation que lorsque vous nous ferez parvenir des arrhes, c'est-à-dire la somme de 200F. Veuillez trouver ci-joint un formulaire à remplir pour confirmer votre réservation. Les conditions de réservation, d'annulation et de remboursement figurent au dos de la confirmation de réservation. *[handwritten: We will only be in a position to ... until]*
    Dans l'attente de vous lire, je vous prie de croire, Madame, à mes sentiments les meilleurs.

P. Nazot

P. Nazot
SERVICE DE LOCATION
P.J.

[handwritten: polite – please / would you...]

[handwritten notes: remplir – to fill out (rempli – full) / un appel – call (a appeal cf: Charity) / aucune idée. / un corvé – chore / faire les courses – do the shopping / les courses – errands]

QU'EST-CE QUE ÇA VEUT DIRE?

Suite à . . .	*Following . . .*
du . . . au . . .	*from the . . . to the . . .*
une redevance	*a fee*
une taxe de séjour	*a visitor's / tourist tax*
un sèche-linge (inv.) / un séchoir à linge	*a tumble-dryer*
faire parvenir	*to send*
des arrhes (f.)	*a deposit*
Veuillez trouver ci-joint . . .	*Please find enclosed . . .*
un formulaire	*a form*
une annulation	*a cancellation*
. . . figurent au dos	*. . . are shown on the back*
Je vous prie de croire, . . ., à mes sentiments les meilleurs	*Yours faithfully*
P.J. (Pièces Jointes)	*Encs*

Avez-vous compris?

Corrigez toutes les erreurs.

1   La famille Dupré veut aller faire du camping pendant quinze jours
    à Pâques. 7 days in July.
2   Si on ne veut pas faire la cuisine, on peut aller manger à la cafétéria
    du terrain. No cafeteria but excellent take away food every
3   On peut acheter à manger tous les soirs, sauf le dimanche. every day
    day
4   Des lave-vaisselle et des séchoirs à linge sont à la disposition des
    dishwasher
    campeurs.   No.
5   En plus de l'emplacement, il faut payer la redevance télévision et
    une place de parking. No
6   Si vous voulez réserver, vous devez lire un formulaire et recevoir
    des arrhes.   No
7   Les pièces jointes figurent au dos de la confirmation de réservation. No.

À VOUS!

un demande - a request, application.
demande d'emploi   - job application

Complétez la conversation téléphonique avec Liliane Dupré mentionnée
dans la lettre du propriétaire du *Camping de la Plage.*

Le propriétaire	Allô, Camping de la Plage!
Mme Dupré	Allô! Bonjour, monsieur. Je voudrais réserver
	(1) _____ au mois de juillet. C'est possible?
Le propriétaire	Oui. A quelle date exactement?
Mme Dupré	Pour une semaine, du **(2)** _____ juillet inclus.
Le propriétaire	Pas de problème, madame.
Mme Dupré	Est-ce qu'il y a un restaurant ou une cafétéria?
Le propriétaire	Non, mais nous avons un excellent **(3)** _____.
Mme Dupré	Tous les jours?
Le propriétaire	Oui, madame, Tous les jours, **(4)** _____.
Mme Dupré	Et est-ce qu'on peut faire la lessive?
Le propriétaire	Oui, nous avons une laverie automatique équipée de
	machines à laver et de **(5)** _____.
Mme Dupré	Et quels sont vos tarifs?
Le propriétaire	Alors, un emplacement coûte **(6)** _____.
	(7) _____ est de 20 francs pour les adultes et de 10
	francs pour les enfants.
Mme Dupré	Jusqu'à quel âge?
Le propriétaire	Dix ans. Et c'est gratuit pour **(8)** _____. Il y a aussi
	une taxe de séjour de 5 francs par nuit et par personne.
Mme Dupré	C'est bien compliqué! Et que dois-je faire pour réserver?
Le propriétaire	Il suffit de remplir **(9)** _____ et d'envoyer 200

francs **(10)** _____. Donnez-moi votre nom et votre adresse et je vais vous faire parvenir un formulaire immédiatement.

Mme Dupré   Alors, je suis madame Dupré, D-U-P-R-E accent aigu. J'habite . . .

Jeu de rôles

(PARTENAIRE A)

(Partenaire B: tournez à la page 121.)

A1 First, answer your partner's questions about the *Camping les Mimosas*. Use the leaflet below.

CAMPING LES MIMOSAS ★★

ACCÈS

Route N. 165 sortie Concarneau vers D. 44
S.N.C.F. Gare de Quimper - Correspondance par autobus
Aéroport de Pluguffan

ÉQUIPEMENTS ET LOISIRS

Ce camp est situé à moins d' 1 Km de la plage du Cap-Coz et du Centre Ville, dans un cadre calme et verdoyant avec le bénéfice des plaisirs de la mer et du soleil.
1,3 ha - 100 emplacements - 300 personnes
Installations sanitaires modernes : Lavabos individuels et en cabines W.C. - Bacs à laver le linge et la vaisselle, équipés d'eau chaude - Douches chaudes gratuites - Tables de repassage - Branchements électriques - Terrain de Volley-ball - Tennis de table - Aire de jeux pour enfants.

SERVICES

Le ravitaillement se fait en ville à 1 Km, mais certains commerces ambulants sont à disposition sur le camp pour les produits de première nécessité.
Vente permanente de produits fermiers.

ENVIRONNEMENT

A 500 mètres du camp:
– Complexe sportif ultra-moderne
  avec Piscine ludique
– Ferme Équestre
– Centre Culturel
– Centre Nautique

A2 You have been recommended the *Camping de Brallac'h* near Fouesnant in Brittany. Your partner has all the details. Ask him / her about the following points and make some notes when you get the information.

- Exact situation?
- Beach?
- Hot showers?
- Shops / food?
- Caravans for hire?
- Electricity points?
- What's nearby?
- Does it close at night?
- Opening date?

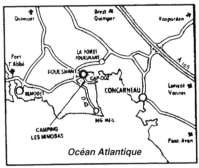

— Un peu de grammaire —

Le passé composé avec 'être'

The perfect tense with 'être'

Here is the full list of verbs conjugated with **être**. Most of them go in pairs. Some of them have appeared already in Unit 5.

aller
Je suis allé(e) au cinéma.

to go
I went to the cinema.

venir
Il n'est pas venu.

to come
He didn't come.

arriver
Ils ne sont pas encore arrivés.

to arrive
They have not arrived yet.

partir
Ils sont partis à 8 heures.

to leave
They left at 8 o'clock.

entrer
Elle n'est pas entrée.

to enter, go in
She didn't come in.

sortir
Vous êtes sorti(es) hier soir?

to go out
Did you go out last night?

monter
Nous sommes monté(e)s au premier.

to go up(stairs)
We went up to the first floor.

descendre

to go / come down(stairs) / to get off / out

Il est descendu de bonne heure.
Je suis descendu(e) à 'Odéon'.

He came down early.
I got off at 'Odéon' station.

rester
On est resté(e)s à la maison.

to stay
We stayed at home.

tomber
Elle est tombée de vélo.

to fall
She fell off her bicycle.

naître
Prévert est né en 1900.

to be born
Prévert was born in 1900.

mourir
Il est mort en 1977.

to die
He died in 1977.

retourner
Tu es retourné(e) en Corse?

to go back
Did you go back to Corsica?

passer
Je suis passé(e) par Calais.

to go past / by / through / via
I went via Calais.

Remember that some of these verbs can be used with a direct object and often have a different meaning, in which case they are conjugated with **avoir**:

Il a monté la tente.	*He put the tent up.*
J'ai passé de bonnes vacances.	*I had a good holiday.* (lit. *spent*)

On   We

When **on** is used to make generalisations, its English equivalent is *one*, *they* or *you*. But it is also a familiar way of saying *we*.

On a couché à l'auberge de jeunesse.	*We spent the night at the youth hostel.*
On est allé(e)s à Bayeux.	*We went to Bayeux.*

Note that when **on** = **nous**, the verb is always singular but (the past with même participle agrees with the subject in gender and number. (Adjectives and possessive pronouns agree in the same way.) For example: **On est parties contentes de notre visite.**

   GRAMMAIRE 5, 7, 8

Exercices

A   Reliez les questions et les réponses.

1   Vous êtes allé à la piscine?
2   Est-ce que Jacques Prévert est né au XIXième siècle?
3   Edith Piaf est morte en quelle année?
4   Pourquoi ne sont-ils pas venus?
5   A quelle heure êtes-vous partie?
6   Combien de personnes sont entrées?
7   Est-ce que vous êtes sortis samedi soir?

a   En 1963, je crois.
b   A sept heures, et je suis arrivée à neuf heures.
c   Je ne suis jamais allé à Paris!
d   Nous sommes allés au cinéma.
e   Je ne sais pas!
f   Non. Je suis resté au lit jusqu'à midi.
g   Non. Je ne sais pas nager!

8	Tu es sorti hier matin?	h	Je n'ai pas pris le métro. J'ai pris un taxi.
9	Etes-vous déjà monté à la tour Eiffel?	i	Deux hommes et une femme.
10	A quelle station êtes-vous descendu?	j	Non. En 1900, à Neuilly-sur-Seine.

B   Complétez le dialogue. Utilisez **'je'** et **'on'**.

Collègue	Qu'est-ce que vous avez fait pendant le week-end?
Vous	**(1)** *Say you went to Brittany with some friends. You arrived on Friday evening.*
Collègue	Il a fait beau?
Vous	**(2)** *Say that it rained all day on Saturday.*
Collègue	Vous avez fait quelque chose d'intéressant?
Vous	**(3)** *In the morning, you went to the swimming-pool and in the afternoon, you visited a castle.*
Collègue	Vous êtes sortis le soir?
Vous	**(4)** *No, you stayed in the hotel.*
Collègue	Et dimanche?
Vous	**(5)** *You did some sailing.*
Collègue	Quand êtes-vous rentrés?
Vous	**(6)** *You left at 4 pm and you arrived home at 8.*
Collègue	C'était bien?
Vous	**(7)** *It was great!*

C   Jean-Pierre Dupré téléphone à un copain pour lui raconter son périple. Aidez-le!

. . . Oui, on **1** (**revenir**) . . . Oui, on **2** (**passer**) de très bonnes vacances . . . On **3** (**camper**) et on **4** (**coucher**) dans des auberges de jeunesse parce qu'il **5** (**faire**) un temps épouvantable . . . Oui, mais on **6** (**devoir**) louer des draps . . . Non, on **7** (**ne pas faire**) de stop . . . Oui, on **8** (**voir**) les falaises d'Etretat où on **9** (**rencontrer**) des Anglais très sympa . . . On **10** (**parler**) par gestes! . . . Oui, on **11** (**traverser**) le pont de Tancarville . . . Non, on **12** (**ne pas voir**) le pont de Normandie . . . On **13** (**passer**) par Lisieux et par Caen . . . On **14** (**visiter**) Bayeux . . . Bien sûr, on **15** (**voir**) la tapisserie et plusieurs plages du débarquement . . . On **16** (**aller**) jusqu'au Mont-Saint-Michel . . . En tout, on **17** (**partir**) une semaine . . . On **18** (**rentrer**) à la maison avant-hier . . .

D   Ecrivez une lettre au propriétaire d'un terrain de camping où vous espérez séjourner, pour obtenir des renseignements. (Donnez les dates de la visite. Posez des questions sur les facilités du terrain. Demandez les tarifs et comment réserver.)

la pluie - the rain.

Un temoin - a witness

E   Choisissez les bonnes solutions pour raconter l'histoire de Nicole et Daniel.

Par un beau matin ensoleillé / par un après-midi pluvieux, Nicole et Daniel sont partis en vacances / pour affaires. Après avoir dit au revoir à leur mère / leur chef, ils sont montés en voiture / à vélo. Dans le coffre / sur leur porte-bagages, il y avait une tente / une valise et un portefeuille / des sacs de couchage.

Tout à coup, il a commencé à neiger / pleuvoir. Alors ils ont décidé de descendre à l'hôtel / chercher une auberge de jeunesse. Une heure / un jour plus tard, ils sont enfin arrivés à un rond-point / un croisement où ils ont dû décider quel chemin prendre.

Ils sont enfin arrivés au centre-ville / dans la banlieue, où ils ont passé la nuit / la journée. Le lendemain matin, ils ont acheté des provisions / des piles pour le dictaphone. Ils sont repartis vers 11 heures du matin / à 7 heures du soir et ils ont pris la direction du camping municipal / du centre des affaires.

En arrivant, ils ont demandé au gardien / à la réceptionniste s'il y avait un emplacement / des chambres pour deux nuits / pour une tente. Ensuite ils sont descendus à la plage / à la salle de conférence où ils ont rencontré des amis / des collègues.

Plus tard, Daniel a monté la tente / est allé à un séminaire tandis que Nicole a pris un bain de soleil / une douche. Puis il a <u>fait cuire</u> des brochettes et des saucisses / il a déjeuné avec des camarades.

Se bronzer *un bronzage – a tan.* *Sunstroke*
to tan

Il a fait beau / mauvais toute la journée et Nicole a attrapé un coup de soleil / un rhume. Elle a mis de la crème calmante / a pris de l'aspirine et elle est allée au lit tôt / tard. Daniel a ri / a pleuré et il lui a dit 'C'est bien fait pour toi!' / 'Pauvre Nicole!'

a cold

... poing – punch
Coup de pied – a kick
Coup d'état –
Coup de bâton – a blow with a stick.
Coup d'oeil. – glance
un rhume de cerveau – head cold   *un cerveau.*

BuT Coup de main –
a helping hand

Jeu de rôles

(PARTENAIRE B)

(Partenaire A: tournez à la page 116.)

B1   You have been recommended the *Camping les Mimosas* near Fouesnant in Brittany. Your partner has all the details. Ask him / her about the following points and make some notes when you get the information.

- Nearest town?
- Nearest beach?
- Size of site?
- Hot showers?
- Washing and washing-up facilities?
- Shops / food?
- Electricity points?
- What there is for youngsters?
- Places of interest nearby?

B2 Now answer your partner's questions about the *Camping de Brallac'h*. Use the leaflet below.

Camping de Brallac'h ★★

ꟿousterlin

Après travaux
le 1ᵉʳ Mai
Nouveaux Gérants

- Camping situé à 300 m d'une plage de sable fin
- Face aux îles Glénan
- Bar, Alimentation, Poissons, Pain, Frites
- Douches chaudes gratuites
- Point d'eau chaude
- 2 Blocs Sanitaires
- Branchements électriques
- Location de Caravanes
- Camping surveillé et fermé de 22 h à 8 h.

Proximité Restaurants et Discothèques
Tarif Spécial famille nombreuse

| CLEUT-ROUZ - MOUSTERLIN |
| FOUESNANT - Tél. 98 56 00 60 |

Imp Diascorn - Fouesnant

──────── Écoutez bien! ────────

You are about to listen to Jacques Vauquer's radio programme. As it is quite long, it has been divided into two parts and split into sections. Tackle one section at a time.

Première partie

Vocabulaire: les fanas (fam.) du vélo = *cycling enthusiasts*; à l'égard de = *regarding*; incroyable = *incredible*

Answer in English.

SECTION A

1   What is Jacques Vauquer's programme about? *Holidays*
2   How often does it take place, at what time does it start and how long
    does it last? *Weekly, 4.30pm One hour*
3   Why does he have a guest with him? *As usual, to present a region of France*
4   Who is Marlène Marin? *Popular actress*
5   How long was her tour of Corsica? *Une semaine*
6   Has Marlène been to Corsica before? *Yes, often (she has family there)*
7   According to Marlène, what is Corsica ideal for? *Holidays*

SECTION B

8   Is it advisable to go to Corsica for a seaside holiday? Why? *Weather, water sport. Varied sandy beaches, creeks, cliffs. Splendid coast*
9   What can holidaymakers do inland? *Mountains, forests. Walking, horse riding*
10 Would you go to Corsica if you were interested in history and
    architecture? Why? *Something in each town/village of interest. Fascinating history*
11 How do the Corsicans behave towards tourists? *V. kind to tourists + hospitable*
12 What food and drink should one sample in Corsica? *Fish + seafood, charcuterie + local cheese, wines.*

Deuxième partie

Vocabulaire: flâner = *to stroll*; un édifice = *a building*; longer la côte = *to
follow the coast*; aménagé = *set.up*; tirer à sa fin = *to draw to its close*

Listen to the description of the tour and link the things to do and see in the
various places below.

exemple   Ajaccio = 3

SECTION A

   Ajaccio Porto Evisa Calvi
1   Plage, visiter forteresse. *Calvi*
2   Pêche, alpinisme, promenades. *Evisa*
3   Flâner sur le port, visiter la vieille ville (cathédrale, maison Bonaparte,
    hôtel de ville et musée napoléonien). *Ajaccio.*
4   Falaises. *Porto*

Section B

Saint-Florent Bastia Asco Cervione Aléria

1 Sports d'hiver. *Asco*
2 Voir ruines grecques et romaines, visiter musée (vieux fort). *Aléria*
3 Visiter cathédrale. *Cervione*
4 Visiter citadelle, vieux port, musées, églises. *Bastia*
5 Sports nautiques, excursions. *Saint-Florent*

Section C

Porto-Vecchio Bonifacio Plateau de Cauria Propriano

1 Voir mégalithes. *Plateau de Cauria*
2 Plage, sports nautiques. *Propriano.*
3 Visiter citadelle. *Bonifacio.*

LE SAVIEZ-VOUS?

C'est quel pont?

C'est un pont à haubans sur l'estuaire de la Seine. Avec 214 mètres de hauteur, il est aussi haut que la tour Montparnasse. Un système de lumières clignotantes bleues indique de loin aux automobilistes l'état de la circulation (peu de clignotement, peu de trafic). Il a été inauguré en 1995 et relie Le Havre à Honfleur.

Qu'est-ce que c'est?

Cette bande dessinée géante est composée de 58 scènes. Elle mesure soixante-dix mètres de longueur et cinquante centimètres de hauteur. C'est le document le plus vivant des mœurs du Moyen Age.

[Les réponses: Le pont de Normandie / La tapisserie de Bayeux]

Lecture

You are telling a friend about your plans to stay at the *La Pointe-Marin* camp site, near the village of Sainte-Anne in Martinique. Explain the following:

1 Whereabouts in Martinique Sainte-Anne is situated.
2 How many people the camp site can cater for.
3 What facilities it offers.
4 What sports activities can be enjoyed.
5 What local attractions can be visited.
6 What different types of camping are available.

Camping de Sainte-Anne

Saint-Anne à la Martinique est synonyme de belles plages et de farniente : 22 Kms de littoral.

C'est un sympathique village situé à 20 Kms à l'extrème sud de l'île et à 40 Kms de l'aéroport.

Le camping de la Pointe-Marin est situé à 20 mètres de l'une des plus belles plages de la Martinique.

C'est un camping très ombragé. Sa capacité est de 150 places. L'accueil est très chaleureux et l'ambiance "bon enfant".

De nombreuses prestations sont offertes sur place : douches chaudes, restaurants "Les Pieds dans l'Eau", jeux d'enfants, locations de tentes et de matériels de camping, locations V.T.T..

La proximité de la plage permet de s'adonner dans de très bonnes conditions aux sports nautiques tels : planches à voiles, plongées subaquatiques, jet-ski, hobby-cat.

De juin à septembre, de nombreuses animations sont organisées sur le camping et permettent de découvrir les curiosités locales : ruines, distilleries, savane des pétrifications, ilets ...

A noter que la fête patronale de Saint-Anne se déroule du 26 juillet au 15 août, avec comme attraction un départ et une arrivée des courses de Yoles Rondes.

Vous pourrez jouer au tennis, au volley-ball, à la pétanque ou simplement vous allongez sur le sable blond après avoir dégusté un cocktail du fameux "Ti-Punch".

Le Camping de la Pointe-Marin esr recommandé par le GUIDE du ROUTARD.

- EMPLACEMENT NU :
Location de l'emaplcement seul.

- EMPLACEMENT AVEC TENTE :
Location de l'emplacement et d'une tente * de votre choix (2 à 8 places).
* La tente est livrée sans équipement.

- TENTE ÉQUIPÉE :
Location de l'emplacement et d'une tente équipée de votre choix (2 à 8 places) avec table, chaises. couverts, réchaud, couchages, glacière ...)

- CARAVANE

- FORMULE WEEK-END :
Location de tente équipée du vendredi 16h00 au dimanche 13h00.

A noter que "Vivre et Camper à Saint-Anne"" vous offre la possibilité de location de petit matériel de camping et de plage (chaises longues, tapis de sol ...)

RENSEIGNEZ-VOUS au
76.72.79 ou au 76.95.52
Fax : 76.97.82

Faites le point!
UNITÉS 4–6

1 Find the odd one out.

a le lapin chasseur
le poulet rôti
✓la sole meunière
le gigot d'agneau
l'escalope de veau

b la pharmacie
la papeterie
la charcuterie
la librairie
✓la bibliothèque

c un télégramme
✓du dentifrice
un mandat
un colis
un timbre

d des conserves
des produits surgelés
✓l'emballage
des plats cuisinés
des produits laitiers

e des rillettes
de la chair à saucisse
✓de la lessive
du saucisson
des côtelettes

f ✓le rayon confiserie (sweets)
le rayon produits
d'entretien
le rayon électro-ménager
le rayon ameublement
le rayon sport

2 Link the French sentences to their English equivalents and correct the mistakes which have cropped up in the latter.

1 J'ai réservé une table pour trois par téléphone.
2 Vous avez choisi, messieurs-dames?
3 Qu'est-ce que vous recommandez?
4 Avec quoi le servez-vous?
5 Je prendrai le menu à 140 francs.
6 Je suis allergique aux crustacés.
7 Pour commencer, je prendrai la soupe de poissons.
8 Nous sommes végétariens.
9 Le gâteau est bien appétissant!

7a *To start with, I'll have the ~~asparagus~~ fish soup.*
8b N~~They~~ are vegetarians.
2c *Are you ready to order, gentlemen?* + ladies
9d *The ~~flan~~ cake is really appetising!*
6e *I am allergic to ~~fish.~~ seafood*
4f *What do you serve th~~em~~ it with?*
1g *I reserved a table for ~~two~~ three by telephone.*
3h *What does ~~he~~ ya recommend?*
5i *We'll have the 140-franc menu.*

3 Complete the following conversation in a bank, using the cues given.

Employé	Qu'y a-t-il pour votre service?
Vous	(**a** *Say you'd like some information on foreign currency.*)
Employé	Où allez-vous?
Vous	(**b** *To Italy. You want to change some money.*)
Employé	Très bien. Vous pouvez utiliser les Eurochèques ou des chèques de voyage.
Vous	(**c** *Ask if one can use French credit cards.*)
Employé	Qu'est-ce que vous avez comme carte?
Vous	(**d** *Say you have a Carte Bleue.*)
Employé	Vous pouvez l'utiliser dans les grandes surfaces, à la station-service, dans les hôtels, . . .
Vous	(**e** *Say fine. Ask if there are any cash dispensers in Italy. That's very convenient / practical.*)
Employé	Mais certainement, M. . .

Handwritten annotations:
(a) Je voudrais des renseignement des devises étrangères
(b) En Italie. Je voudrais changer de l'argent
(c) On peut utiliser des cartes de credits?
(d) J'ai une Carte Blue
(e) D'accord. Il y a des billeteries en Italie. Ça c'est très convenient, pratique

4 Choose the right verb:

Quand elle est allée / est allé / sont allés en Normandie, elle a fait / a essayé / a découvert du camping. Elle a monté / est monté / est montée sa tente toute seule. Elle a dû / a eu / a pu de la chance, car il a plu / a été / a fait très beau. Elle est rentrée / est repartie / est arrivée début juin, et elle est devenue / est revenue / est restée trois semaines. Elle a pris / a découvert / a attrapé / des ampoules parce qu'elle a beaucoup marché / bu / mangé. Mais elle a passé / est passé / est passée de très bonnes vacances, et elle a plu / a pleuré / a voulu quand elle est reparti / est rentrée / a quitté chez elle.

5 A friend is asking you about your holiday. Answer him / her using the cues given.

Ami(e)	Où êtes-vous allé(e) en vacances cette année?
Vous	(**a**) *Say that you went to France.*
Ami(e)	Avec qui êtes-vous parti(e)?
Vous	(**b**) *Say that you went there on your own.*
Ami(e)	Vous êtes allé(e) au bord de la mer?
Vous	(**c**) *Say no. You went near Tours.*
Ami(e)	Vous avez fait du camping?
Vous	(**d**) *No, you stayed in a hotel.*
Ami(e)	Combien de temps êtes-vous resté(e) là-bas?
Vous	(**e**) *You stayed one week there, and then spent two days in Paris.*
Ami(e)	Qu'est-ce que vous avez fait dans la journée?
Vous	(**f**) *You visited a lot of castles and you played golf.*
Ami(e)	Et le soir, vous êtes sorti(e)?

Handwritten annotations:
(b) J'y suis allée seule
(d) J'ai logé? Je suis resté?
(e) J'ai passé

Vous	**(g)** *Of course. You went to the cinema, to concerts and to the restaurant.*
Ami(e)	Vous voulez y retourner?
Vous	**(h)** *Say you had a good holiday but you'd like to visit another region.* J'ai passé de bons vacances

― " ― " ― des vacances formidable .

6   You work in a tourist office and have been asked to choose suitable camp sites for the following families. Look at the brochure and justify your choice for each family.

   a   'Nous cherchons un terrain pour les grandes vacances. Nous avons trois enfants, de 13, 15, et 17 ans . . .'

   b   'Nous avons deux enfants, de 8 et 10 ans. Toute la famille adore faire de la voile . . .'

   c   'Nous sommes à la retraite. Nous détestons faire la cuisine et nous détestons les chiens . . .'

   d   'Nous préférons un petit terrain de camping à l'ambiance familiale, et nous avons un chien . . .'

LA MARÉE   Accès direct à la mer, sanitaires chauffés hors saison, eau chaude gratuite. Juillet et août plats cuisinés, libre service, tabacs, journaux, bar, télévision, jeux, piscine, animation, chiens en laisse tolérés. 600 emplacements, dont 380 avec branchement électrique. Pas de réservation. 28 mars au 30 septembre

LA MOTTE   Municipal. En bordure de mer, demi-ombragé, douches chaudes, rampe d'accès à la mer pour bateaux, laverie automatique, location de fer à repasser, aire de jeux et de sports. 800 emplacements dont 200 avec branchement électrique. Réservations pour juillet, août. Vacances de Pâques au 30 septembre

LES PINS   Boisé douches chaudes. Pêche à pied. Chiens en laisse tolérés. 40 emplacements dont 30 avec prises de courant. Assurance camping délivrée sur place. 1er mai au 30 octobre

LE CLAIR DE LUNE   Municipal. Site exceptionnel aux $\frac{3}{4}$ entouré de mer, proximité port. Plats cuisinés. 100 emplacements. Chiens non admis. Pas de réservations. Vacances de Pâques au 30 octobre

Septième UNITÉ

Chantal téléphone à Laurent.

Chantal	Allô, **Laurent**. C'est **Chantal!** Dis donc, tu es libre **ce soir**? Tu as envie de sortir?
Laurent	Oui, bonne idée! Où veux-tu aller?
Chantal	Si on allait au cinéma?
Laurent	Oui. Qu'est-ce qu'on joue en ce moment?
Chantal	**Le dernier film de Spielberg.** C'est en version originale **à l'UGC**.
Laurent	Ah oui, j'en ai entendu parler. Il paraît que c'est **très bien**.
Chantal	La séance est à **huit heures** et le film commence à **huit heures et quart**.
Laurent	Pas de problème. Où est-ce qu'on se retrouve?
Chantal	**Devant le cinéma?**
Laurent	D'accord. A quelle heure?
Chantal	A **huit heures moins le quart**, ça va?
Laurent	Parfait. Alors, à **ce soir**!

QU'EST-CE QUE ÇA VEUT DIRE?

Tu as envie de sortir?	*Do you fancy going out?*
Si on allait au cinéma?	*What about going to the cinema?*
Qu'est-ce qu'on joue?	*What's on?*
le dernier film	*the latest film*
en version originale (v.o.)	*shown in the original language*
UGC	*a chain of cinemas*
la séance	*the programme*
J'en ai entendu parler	*I've heard of it*
Où est-ce qu'on se retrouve?	*Where shall we meet?*
D'accord	*OK*

Avez-vous compris?

Reliez pour faire des phrases complètes.

1 La séance est . . .	a en ce moment?
2 On se retrouve . . .	b à huit heures et quart.
3 Tu as envie . . .	c au cinéma?
4 Qu'est-ce qu'on joue . . .	d à huit heures.

5 Le film commence . . .   e de sortir ce soir?
6 Si on allait . . .   f devant le cinéma?

À vous! _____

Travaillez avec un / une partenaire.
Relisez la conversation téléphonique entre Chantal et Laurent. Changez les
mots et expressions en **caractères gras** (**bold type**) pour faire d'autres
dialogues semblables.

exemple   – Allô, **Christine**. C'est **Paul**! Dis donc, tu as envie de sortir
            samedi?

Maintenant, à tour de rôle, demandez à votre partenaire s'il / si elle veut
sortir avec vous. Proposez la piscine, le restaurant, le marché, le centre
commercial, le concert, l'opéra, la discothèque, un musée, un match sportif,
le zoo, le bord de la mer, etc. Acceptez ou refusez, mais donnez aussi une
raison valable. Utilisez vos idées ou les suggestions ci-dessous.

Je suis / Je ne suis pas libre.   Il pleut.
Je n'ai rien d'autre à faire.   J'ai besoin de _____ / Je n'ai besoin
Je n'ai pas le temps.   de rien.
Je ne sais pas nager.   Je suis fatigué(e).
J'adore / Je déteste _____   J'aime / Je n'aime pas _____
Je n'ai pas d'argent.   Il y a trop de monde.
_____ m'intéresse(nt) beaucoup /   C'est trop cher.
  ne m'intéresse(nt) pas.   Je n'ai pas faim.
Il fait trop froid.   Je n'aime pas / Je préfère la cuisine
Il fait très beau.   chinoise / indienne / italienne.

exemples
– Si on allait à l'exposition Picasso?   – Si on allait à l'exposition Picasso?
– Bonne idée. J'adore Picasso!   – Désolé(e), je ne suis pas libre.

Chantal et Laurent se sont retrouvés devant le cinéma. Il y avait beaucoup de
monde. Après avoir fait la queue, ils sont arrivés au guichet pour prendre leurs
billets.

Laurent	Deux places pour le film de Spielberg, s'il vous plaît.
La caissière	Je suis désolée, monsieur. C'est complet!
Laurent	Ce n'est pas possible! Nous faisons la queue depuis . . .
La caissière	*Muguet et l'actrice* commence dans quelques minutes, salle 2. C'est un bon policier.
Laurent	Oui, mais ce n'est pas en anglais! Qu'est-ce que tu en penses, Chantal, on y va?

Chantal	Oui, allons-y, pourquoi pas! Les critiques sont bonnes, et puis moi, j'aime bien les films policiers.

QU'EST-CE QUE ÇA VEUT DIRE?

après avoir fait la queue	*after queuing*
une place	*a ticket* (lit. *a seat*)
complet	*full*
un (film) policier	*a detective film*
on y va?	*shall we go?*
Allons-y!	*Let's go!*

Avez-vous compris?

Répondez *vrai* ou *faux*, ou *on ne sait pas*.

1   Il n'y a plus de place pour le film de Spielberg.
2   Le film de Spielberg est un policier.
3   Laurent veut voir le film de Spielberg parce que les critiques sont bonnes.
4   Chantal aime les films policiers.
5   *Muguet et l'actrice* passe salle 2.
6   Le film a déjà commencé.

À VOUS! ─────────────────────────

Travaillez avec un / une partenaire. Consultez UN PEU DE GRAMMAIRE (Après avoir / être . . .) avant de commencer.

D'abord, demandez à Laurent ce qu'il a fait après avoir quitté son travail.

Laurent	Aujourd'hui, j'ai quitté le bureau à six heures.
Vous	**Qu'est-ce que vous avez fait après avoir quitté le bureau?**
Laurent	Je suis allé à la boulangerie pour acheter du pain.
Vous	**Qu'est-ce que vous avez fait après être allé à la boulangerie?**
Laurent	Je suis rentré à la maison.
Vous	(1) _____
Laurent	J'ai teléphoné à mes parents.
Vous	(2) _____
Laurent	Je suis allé à la station-service.
Vous	(3) _____
Laurent	J'ai garé la voiture dans une petite rue pas loin d'ici.

Maintenant, demandez à Chantal ce qu'elle a fait.

Chantal	Moi, j'ai quitté le magasin à sept heures et demie.
Vous	**Qu'est-ce que vous avez fait après avoir quitté le magasin?**
Chantal	Je suis allée à la billetterie pour retirer de l'argent.
Vous	**Qu'est-ce que vous avez fait après être allée à la billetterie?**
Chantal	J'ai rencontré une amie et j'ai bavardé avec elle.
Vous	**(4)** _____
Chantal	Je suis allée au supermarché.
Vous	**(5)** _____
Chantal	A la maison, j'ai pris une douche.
Vous	**(6)** _____
Chantal	J'ai lu les critiques des derniers films dans le journal.

Les lumières se sont éteintes. Le film commence. Après le générique, la première image est un article de journal.

Paris-Soir
ACTRICE CÉLÈBRE – MYSTÈRE!
HOMICIDE OU SUICIDE?

On a trouvé le corps d'Anna Belle dans sa villa 'Bella Vista' hier soir. Selon son mari elle s'est réveillée tôt et comme d'habitude, elle s'est levée tout de suite, elle a mis son maillot de bain et est allée faire sa séance de natation quotidienne. Une heure plus tard son mari Jean s'est inquiété. Il s'est levé à son tour et s'est rendu en toute hâte à la piscine. Mais l'actrice était déjà morte.

«Évidemment, elle a plongé» a-t-il dit.

«Elle s'est évanouie, puis elle s'est noyée. Elle a dû prendre trop de somnifères hier soir». Mais Jean n'a pas pu expliquer les marques autour du cou de sa femme. Ses sentiments devant la tragédie? «Je suis bouleversé!» A-t-il dit. C'est le commissaire Muguet de la police judiciaire qui est chargé de l'enquête.

allumer — switch on (the lights).

QU'EST-CE QUE ÇA VEUT DIRE?

éteindre	*to switch off*
le générique	*the credits*
selon	*according to*
comme d'habitude	*as usual*
quotidien(ne)	*daily*
s'inquiéter	*to worry*
se rendre (à)	*to go / make one's way (to)*
en toute hâte	*hurriedly*
plonger	*to dive*
s'évanouir	*to faint*
se noyer	*to drown*
un somnifère	*a sleeping pill*
bouleversé	*devastated*

Avez-vous compris?

Voici la liste des activités de l'actrice Anna Belle, selon son mari.
Mettez-les dans l'ordre chronologique.

1   Elle a mis son maillot de bain.
2   Elle s'est évanouie.
3   Elle s'est levée tout de suite.
4   Elle s'est rendue à la piscine.
5   Elle a pris des somnifères.
6   Elle s'est noyée.
7   Elle s'est réveillée tôt.
8   Elle a plongé.

ET VOUS?

Voici une liste des différentes sortes de films que l'on peut voir. Quelles
catégories de films préférez-vous? Citez des films que vous aimez
particulièrement dans ces catégories.

Les comédies musicales.
Les dessins animés.
Les documentaires.
Les films d'aventure.
Les films comiques.
Les films d'épouvante.
Les films érotiques.

Les films de guerre.
Les films historiques.
Les films policiers.
Les films de science-fiction.
Les films à sujet politique.
Les histoires d'amour.
Les westerns.

Quel est le dernier film que vous avez vu? C'était quelle sorte de film? Ça vous a plu?

À VOUS! _____

Cette jeune fille a de la chance. Dites ce qu'elle a fait ce matin.

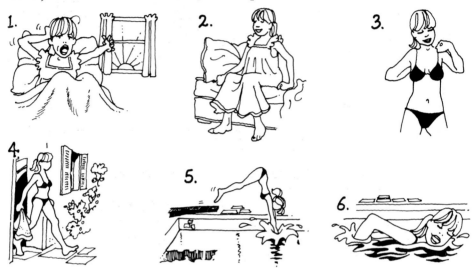

Le commissaire Muguet interroge Véronique, la femme de chambre d'Anna Belle.

Le commissaire Muguet	Votre patronne s'est couchée à quelle heure?
Véronique	Elle s'est disputée avec son mari, alors elle s'est couchée de bonne heure.
Le commissaire Muguet	Et vous?
Véronique	J'ai regardé un film à la télé. Je me suis couchée vers onze heures.
Le commissaire Muguet	Et Jean?
Véronique	Il est sorti. J'ai entendu la voiture.
Le commissaire Muguet	Il est rentré à quelle heure?
Véronique	Je ne sais pas. Demandez à Guy, le jardinier.
Le commissaire Muguet	Et le jour de l'accident?
Véronique	Je me suis levée à six heures, comme d'habitude. J'ai préparé le petit déjeuner pour huit heures, pour Anna, mais elle n'est pas venue. Je ne me suis pas inquiétée parce qu'elle n'est pas très ponctuelle.
Le commissaire Muguet	Qui a découvert l'accident?
Véronique	Vous êtes sûr que c'est un accident? Demandez à Monsieur Jean. C'est lui qui l'a trouvée.

QU'EST-CE QUE ÇA VEUT DIRE?

une femme de chambre	*a chambermaid*
un patron / une patronne	*a boss*
se disputer	*to argue*
se coucher	*to go to bed*
un jardinier	*a gardener*
s'inquiéter	*to worry / to be worried*
trouver	*to find*

se réveiller   *to wake up*

Avez-vous compris?

Un jeune inspecteur a pris des notes pendant l'interrogatoire, mais il a fait quelques erreurs. Corrigez-les.

1   Anna Belle s'est disputée avec sa femme de chambre.
2   Anna s'est couchée tôt.
3   Véronique s'est couchée après avoir regardé la télévision.
4   Elle a entendu la voiture de Jean quand il est rentré.
5   Le jour de l'accident, elle s'est levée à six heures.
6   Anna n'a pas pris de petit déjeuner.
7   C'est Guy, le jardinier, qui a découvert l'accident.

se souvenir (from venir – to come)
je me souviens

Le commissaire Muguet interroge Jean, le mari de l'actrice.

Muguet	Vous souvenez-vous à quelle heure vous vous êtes couchés la veille de l'accident?
Jean	Moi, je me suis couché vers minuit.
Muguet	Et votre femme?
Jean	Anna était fatiguée et elle s'est couchée à dix heures.
Muguet	Qu'a-t-elle fait avant de s'endormir?
Jean	Elle a pris des somnifères comme tous les soirs.
Muguet	Néanmoins, elle s'est réveillée tôt?
Jean	Comme d'habitude. Elle s'est levée tout de suite et puis elle est descendue se baigner. Elle fait vingt longueurs tous les matins avant le petit déjeuner.
Muguet	Pourquoi vous êtes-vous disputés avant de vous coucher?
Jean	Nous ne nous sommes pas disputés!
Muguet	Inutile de le nier, j'ai un témoin. *(← always masculine)*
Jean	La femme de chambre, je parie. Elle m'a toujours détesté!

parier – to bet on.

QU'EST-CE QUE ÇA VEUT DIRE?

se souvenir	*to remember*
la veille	*the day before*
néanmoins	*nevertheless*
avant de s'endormir	*before going to sleep*
se baigner	*to have a swim*
une longueur	*a length*
avant de vous coucher	*before going to bed*
nier	*to deny*
je parie	*I bet*

Avez-vous compris?

Choisissez la bonne réponse.

1 Anna s'est couchée vers minuit / à dix heures.
2 Avant de s'endormir, elle a pris des somnifères / le petit déjeuner.
3 Elle s'est réveillée tôt comme tous les soirs / d'habitude.
4 Elle a fait le petit déjeuner / vingt longueurs.
5 Jean et Anna se sont disputés avant de se coucher / après s'être couchés.
6 Jean nie / déteste la dispute avec sa femme.

À VOUS!

Travaillez avec un / une partenaire. Consultez UN PEU DE GRAMMAIRE (Avant de / d' + inf.) avant de commencer.

D'abord, demandez à Laurent ce qu'il a fait avant de sortir.

Vous	**Qu'est-ce que vous avez fait avant de sortir?**
Laurent	Je me suis changé.
Vous	**(1)** _____
Laurent	J'ai téléphoné à mes parents.
Vous	**(2)** _____
Laurent	J'ai bu un café.
Vous	**(3)** _____
Laurent	J'ai ouvert mes lettres.

Maintenant vous interrogez Chantal.

Chantal	Moi, j'ai lu les critiques des derniers films dans le journal.

Vous	**Qu'est-ce que vous avez fait avant de lire le journal?**
Chantal	J'ai pris une douche.
Vous	(4) _____
Chantal	Je me suis reposée.
Vous	(5) Qu'est-ce que vous avant fait avant de vous reposer
Chantal	J'ai mangé une pomme.
Vous	(6) _____
Chantal	J'ai enlevé mon manteau et mes chaussures.

ET VOUS? _____

Demandez à votre partenaire ce qu'il / elle a fait avant de venir au cours de français. Posez trois ou quatre questions chacun(e).

exemple   **Qu'est-ce que vous avez fait avant de venir au cours de français? Et avant de / d'. . . ?**

Maintenant le commissaire interroge Guy, le jardinier.

Muguet	Qu'est-ce que vos patrons ont fait la veille de l'accident?
Guy	Ils se sont disputés.
Muguet	Vous savez pourquoi?
Guy	Monsieur Jean était très jaloux.
Muguet	Qu'est-ce qui s'est passé après la dispute?
Guy	Anna s'est couchée et Monsieur Jean est sorti.
Muguet	A quelle heure est-il rentré?
Guy	Vers six heures, le lendemain matin. Il n'est pas rentré dans la maison, mais il s'est dirigé vers la piscine.
Muguet	Il s'est baigné?
Guy	Je ne pense pas.
Muguet	Il est resté longtemps dehors?
Guy	Je ne sais pas. Je ne l'ai pas vu rentrer.
Muguet	Je vous remercie. C'est tout pour l'instant.

QU'EST-CE QUE ÇA VEUT DIRE?

se diriger vers	*to take the direction of, to go towards*
le lendemain matin	*the following morning*
dehors	*outside*

Le commissaire Muguet continue l'interrogatoire de Jean.

Muguet	Vous connaissez votre femme depuis longtemps?
Jean	Nous nous sommes rencontrés il y a six mois. Je suis tout de suite tombé amoureux d'elle et nous nous sommes mariés peu de temps après, le 18 mai exactement.
Muguet	Votre femme était jeune et belle, n'est-ce pas?
Jean	Oui. Trop jeune et trop belle!
Muguet	Vous voulez dire qu'elle avait des amants?
Jean	Un amant.
Muguet	Comment le savez-vous?
Jean	Un matin, je me suis levé tôt, moi aussi. J'ai suivi Anna et je me suis caché derrière un arbre. Il est arrivé à la piscine quelques minutes plus tard . . . C'était Guy!
Muguet	Alors, qu'est-ce que vous avez fait?
Jean	Rien, mais l'autre soir, j'en ai parlé à Anna.
Muguet	Et vous vous êtes disputés?
Jean	J'étais en colère, mais je ne l'ai pas tuée! Demandez plutôt à la femme de Guy. C'est elle qui était jalouse!
Muguet	Guy est marié?
Jean	Bien sûr! Avec Véronique, la femme de chambre.

QU'EST-CE QUE ÇA VEUT DIRE?

se rencontrer	*to meet*
se marier	*to get married*
un amant	*a lover*
suivre ⋀	*to follow*
(se) cacher	*to hide*
être en colère	*to be angry*
j'en ai parlé	*I mentioned it*
tuer	*to kill*
Demandez plutôt . . .	*You'd better ask . . .*

[handwritten notes:]
Ne laissez pas le/chien dehors! *pauvre*
Laissez votre parapluie dehors!

Avez-vous compris?

Qui a dit quoi exactement? Jean, Véronique ou Guy? Relisez tous les interrogatoires.

exemple   Ils se sont disputés = **Guy**

1   Elle s'est disputée avec son mari.
2   Demandez à la femme de Guy.
3   Demandez à Guy.
4   Anna s'est couchée et Monsieur Jean est sorti.
5   Elle s'est couchée à dix heures.
6   Je me suis couchée vers onze heures.
7   Je me suis levée à six heures, comme d'habitude.
8   Elle s'est levée tout de suite.
9   Je me suis caché derrière un arbre.
10   Il s'est dirigé vers la piscine.
11   Je ne me suis pas inquiétée.
12   Nous nous sommes rencontrés il y a six mois.
13   J'ai entendu la voiture.
14   Je ne l'ai pas vu rentrer.
15   Nous nous sommes mariés . . . le 18 mai exactement.

À VOUS! _____

Aidez le commissaire Muguet à faire son rapport. Complétez le texte avec les mots ci-dessous.

disputés	levée	rentré		couché	couchée
trouvé	sorti	mariés			tué
rencontrés	inquiétée	préparé	venue	entendu	dirigé

Jean et Anna Belle se sont (1) _rencontrés_ il y a six mois. Ils se sont
(2) _mariés_ le 18 mai. La veille du crime, ils se sont (3) _disputés_ .
Anna s'est (4) _couchée_ de bonne heure et Jean est (5) _sorti_ .
Véronique a (6) _entendu_ la voiture. Jean dit qu'il s'est
(7) _couché_ à minuit, mais Guy dit qu'il est (8) _rentré_ vers six
heures le lendemain matin et qu'il s'est (9) _dirigé_ vers la piscine.
Véronique s'est (10) _levée_ à six heures et a (11) _préparé_ le
petit déjeuner. Anna n'est pas (12) _venue_ mais la femme de chambre
ne s'est pas (13) _inquiétée_ . C'est Jean qui a (14) _trouvé_ sa
femme. Qui a (15) _tué_ Anna Belle?

ET VOUS?

Maintenant, imaginez que c'est vous que le commissaire Muguet interroge sur vos activités de la veille. Répondez à ses questions et donnez le plus de détails possible.

- A quelle heure vous êtes-vous réveillé(e) hier?
- Vous êtes-vous levé(e) immédiatement?
- Ensuite vous êtes-vous lavé(e) ou avez-vous pris votre petit déjeuner?
- Qui a préparé le petit déjeuner?
- Qu'est-ce que vous avez mangé et bu?
- Qu'est-ce que vous avez fait après?
- Où avez-vous déjeuné?
- Qu'avez-vous fait l'après-midi?
- Vous êtes-vous disputé(e) avec quelqu'un?
- Le soir, êtes-vous sorti(e) ou êtes-vous resté(e) chez vous?
- Vous êtes-vous inquiété(e)?
- Vous êtes-vous couché(e) tard? Pourquoi?
- Qu'avez-vous fait juste avant de vous coucher?

—— Un peu de grammaire ——

The perfect tense of reflexive verbs

When a verb is used reflexively, it is conjugated with **être**, and the past participle agrees with the subject.

Elle s'est couchée tôt.	*She went to bed early.*
Ils se sont disputés.	*They had an argument.*

Note that if the verb has a direct object, the past participle does not agree with the subject.

Les enfants se sont lavé les mains.   *The children washed their hands.*

Note that in a negative sentence, the reflexive pronoun remains with the auxiliary verb.

Je **ne** me suis **pas** inquiété(e).   *I did not worry.*

Avant de / d' + infinitive

Avant de partir	*Before leaving*
Avant de partir, elle a téléphoné.	*Before leaving, she telephoned.*
Nous avons mangé avant de partir.	*We ate before leaving.*

Note that **avant de** is always followed by the infinitive in French, when the subject is common to both verbs (i.e. partir / téléphoner and manger / partir).

Après avoir / être . . .

When the subject is the same throughout the sentence, **après** is followed by the perfect infinitive, that is to say **avoir** or **être** in the infinitive + the past participle of the verb.

Après avoir fait la queue, j'ai acheté les billets.	After queuing I bought the tickets.
Après être allés au cinéma, nous avons mangé au restaurant.	After going to the cinema, we ate in a restaurant.

   GRAMMAIRE 6, 7, 11

Exercices

A   Complétez le dialogue. Utilisez **vous**.

Ami(e)	Si on allait au cinéma?
Vous	(**1**) *Ask what's on.*
Ami(e)	Le dernier film de Tom Hanks.
Vous	(**2**) *Say you've heard about it. Ask if it's in English.*
Ami(e)	Oui, c'est en v.o.
Vous	(**3**) *Ask what time it is on.*
Ami(e)	La séance est à huit heures et le film commence à huit heures et quart.
Vous	(**4**) *Ask where you should meet.*
Ami(e)	Devant le cinéma. A huit heures moins le quart, ça va?
Vous	(**5**) *Agree and say you'll see him tonight.*

B   Répondez aux questions ci-dessous en utilisant le vocabulaire dans les bulles. Utilisez **je** ou **nous**. Utilisez chaque mot ou expression une fois seulement.

le 25 exactement

derrière un arbre.

à midi

il y a six mois, en Espagne.

parce que c'était ennuyeux !

vers minuit

à cause des enfants

dans la piscine de l'hôtel

1   Vous vous êtes couché(e) à quelle heure?
2   Pourquoi vous êtes-vous disputés?
3   Pourquoi vous êtes-vous endormi(e)?
4   Où vous êtes-vous cachés, les enfants?
5   Où vous êtes-vous baignés?
6   Vous vous êtes mariés au mois de juin?
7   Est-ce que vous vous êtes levé(e) de bonne heure?
8   Quand vous êtes-vous rencontrés?

C   Complétez le dialogue.

Collègue	Vous avez fait quelque chose d'intéressant samedi dernier?
Vous	(1 *You did some shopping.*)
Collègue	Vous vous êtes levé(e) de bonne heure?
Vous	(2 *You woke up at seven and got up immediately, as usual.*)
Collègue	Où êtes-vous allé(e)?
Vous	(3 *You went to town.*)
Collègue	Vous y êtes allé(e) en voiture?
Vous	(4 *No, you took the train.*)
Collègue	Vous avez fait les courses seul(e)?
Vous	(5 *No, with some friends. You met at the station.*)
Collègue	Vous avez passé une bonne journée?
Vous	(6 *Yes, but you got home late and you were tired.*)
Collègue	Qu'est-ce que vous avez fait le soir?
Vous	(7 *You fell asleep in front of the television.*)

Lecture

Cinéma high tech pour émotions fortes!

Images géantes, monde en relief, des techniques spectaculaires explosent en marge du cinéma.

Ecrans hémisphériques ou à 360°, fauteuils mobiles, effets en 3D, cette explosion de nouvelles techniques accouche d'un autre cinéma qui cherche, avant tout, à susciter émotions et sensations physiques chez le spectateur. Ces nouvelles images, ludiques, spectaculaires, quasi réelles, distribuées dans une centaine de salles à travers le monde, ne remplaceront jamais le cinéma traditionnel. Ces films aux formats très spéciaux exigent caméras et projecteurs très complexes. On atteint donc rapidement des coûts de production énormes, la durée d'amortissement d'un film se calculant sur vingt ou trente ans. Les salles de projection demandent, elles aussi, une architecture spécifique, donc très chère, qui s'élève en moyenne à 50 millions de francs.

Pour l'heure, les scénarios sont peu élaborés pour ce genre de films qui privilégient le côté sensationnel des procédés. Libérés des contraintes de l'intrigue, les réaliseurs se concentrent sur les effets visuels: accélérations dans les airs, courses poursuites en mer, plongeons verticaux dans les grands canyons ou du haut d'un building. Ce catalogue, finalement peu étoffé, satisfait pourtant le public avide de grand spectacle qui se déplace pour vivre une expérience vraiment hors du commun. ∎

1 What type of cinemas are mentioned in the article?
2 How many of them are there in the world?
3 Are they likely to replace the traditional cinema? Why?
4 Why is the production of these special films so costly?
5 Over how many years is the cost usually spread?
6 Name some visual effects the film producers concentrate on.

Le futuroscope

You are organising a tour of **Le parc du futuroscope** for the following groups of people whose time is limited. Look carefully at the leaflet and select some activities which you think would interest them most. Several of the cinemas would appeal to everyone, but the simulator, for instance, would probably not be suitable for elderly people. Also choose a restaurant for each group.

1   A family with children between the ages of six and ten, wanting a reasonably priced meal.
2   A young couple interested in the latest film technology, who enjoy traditional food.
3   A group of older people, who like European culture, wanting a rather special meal.
4   Teenagers who want excitement and participation in the events, and like fast food.
5   A family with children in their mid-teens, wanting something for everyone, a mixture of culture and stimulating activities.
6   Now choose something for yourself.

BIENVENUE AU PARC EUROPEEN DE L'IMAGE —

LE 360°: L'IMAGE GLOBALE: Un film magnifique sur l'Andalousie réalisé par le Futuroscope pour l'exposition universelle de Séville.

LE MONDE DES ENFANTS: Deux hectares de jeux de plein air et de découverte sur le son et les images (8 jeux à péages parmi 80).

LE CINÉAUTOMATE: Le cinéma interactif. Choisissez votre scénario.

PAYSAGES D'EUROPE: Partez à la découverte de l'Europe au fil de l'eau.

LE TAPIS MAGIQUE: 2 écrans de 700 m2, l'un devant vous, l'autre au sol.

LE CINÉMA DYNAMIQUE
Votre siège bouge au rythme de l'image.

LE PAVILLON DU FUTUROSCOPE: Un voyage fantastique de l'infiniment petit à l'infiniment grand en compagnie de Christophe Colomb.

LA GYROTOUR: Une vue d'ensemble inoubliable à 45 m de hauteur.

A   **"Le Cristal":** cuisine gastronomique – Carte et menus

B   **"L'Entracte":** Cuisine familiale – Menus

C   **Les Cafétérias:** Self-service

D   **"L'Europe":** Cuisine traditionelle – Menus et carte

E   **"Le Resto' vite":** Restauration rapide; hamburgers, frites

F   **"La Vienne":** restaurant des groupes. En juillet et en août, express pour adultes et enfants

G   **Restaurant du Futuroscope**

Ouverture des restaurants dès 11 h 30. Nous vous conseillons de vous présenter le plus tôt possible.
Nous demandons à nos visiteurs de conserver une tenue décente à l'intérieur du Parc et en particulier dans les salles. Ne pas boire, manger ou fumer dans les salles de spectacles.

LE KINÉMAX: Un écran haut comme un immeuble de 7 étages.

LE PAVILLON DE LA COMMUNICATION: 2 spectacles: le show laser et toute l'histoire de la communication sur 10 écrans.

LE SHOWSCAN: 60 images par seconde: l'image parfaite.

LE SOLIDO: L'image hémisphérique en relief.

LE CINÉMA EN RELIEF: L'image en trois dimensions.

L'OMNIMAX: Un film projeté sur une gigantesque voûte.

LE PAVILLON DE LA VIENNE: Un nouveau simulateur et un mur d'images de 850 écrans.

L'AQUASCOPE: Testez votre connaissance sur l'eau grâce à notre quizz géant.

LE THÉÂTRE ET SON LAC: Spectacle de jeux d'eau, tous les jours à partir de 10 h. Nocturnes: Du 3 juillet au 4 septembre et tous les samedis du 2 avril au 29 septembre.

—————— Écoutez bien! 🎧 ——————

The sequence of events has been all jumbled up. Luckily you have the soundtrack to help you put it back in chronological order. Number each activity as you hear it. The first one has been done for you.

4 Il a refermé la porte.

13 Il a allumé la télé.

12 Il a raccroché violemment.

15 Il s'est assis dans un fauteuil confortable.

10 Il a répondu.

Il est monté au premier.   **(1)**

3 Il a allumé.

16 Comme il était fatigué, il s'est endormi.

8 Tout à coup, le téléphone a sonné.

5 Il s'est brossé les dents.

14 Puis il s'est servi un whisky.

7 Il a chanté.

9 Il est descendu à toute vitesse.

6 Ensuite il s'est déshabillé et il a pris une douche.

11 Il s'est disputé avec la personne qui lui a téléphoné.

2 Il a ouvert la porte de la salle de bains.

Huitième UNITÉ

Jeanne bavarde avec Mademoiselle Jonas, un nouveau professeur qui travaille au collège de Luçon depuis la rentrée.

Jeanne	Bonjour, mademoiselle Jonas.
Mlle Jonas	Bonjour, mademoiselle Chouan.
Jeanne	Est-ce que vous vous plaisez dans notre collège?
Mlle Jonas	Non, pas du tout. Le travail est épuisant, mal payé. Les élèves sont paresseux, grossiers. Ils trouvent tout ennuyeux. Il n'y a que la télévision qui les intéresse!
Jeanne	Il ne faut pas généraliser! Il y en a qui sont très sympathiques, intelligents, qui travaillent dur . . .
Mlle Jonas	Et les parents qui viennent se plaindre . . .
Jeanne	Ça n'arrive pas très souvent. Et puis, on s'habitue, vous savez.
Mlle Jonas	Vous enseignez ici depuis longtemps?
Jeanne	J'ai commencé il y a deux ans.
Mlle Jonas	Et moi, j'ai commencé il y a seulement deux mois, mais j'attends les grandes vacances avec impatience.
Jeanne	Vous avez déjà des projets?
Mlle Jonas	Il y a trois ans, je suis allée en Grèce. Je voudrais bien y retourner.
Jeanne	C'est un pays intéressant, surtout pour un professeur d'histoire et de géographie.
Mlle Jonas	Oui, mais malheureusement, j'ai trouvé qu'il y faisait trop chaud l'été et en attendant, il faut travailler et habiter ici!
Jeanne	Vous n'aimez pas cette ville?
Mlle Jonas	Je n'aime pas cette ville, je n'aime pas mon appartement. Il y a seulement trois semaines que j'y suis, et la concierge me déteste.
Jeanne	Vous en êtes sûre?
Mlle Jonas	Certaine. D'ailleurs, je déteste la province.
Jeanne	Alors, il faut obtenir un poste à Paris.
Mlle Jonas	C'est difficile. Et puis, tout est si cher à Paris. J'y suis allée pour le week-end, il y a environ un mois, je suis restée chez des amis, des snobs et . . .
Jeanne	Excusez-moi, Mademoiselle Jonas, mais mon cours commence dans cinq minutes. Au revoir!
Mlle Jonas	Et je déteste mes nouveaux collègues!

QU'EST-CE QUE ÇA VEUT DIRE?

la rentrée (des classes)	*the beginning of term*
(se) plaire	*to like*
épuisant(e)	*exhausting*
grossier(-ère)	*rude*
dur(e)	*hard*
s'habituer	*to get used to*
enseigner	*to teach*
les grandes vacances	*the summer holidays*
un projet	*a plan*
en attendant	*meanwhile*
d'ailleurs	*besides*
un cours	*a lesson*

Avez-vous compris?

1   Est-ce que mademoiselle Jonas se plaît au collège?
2   Comment trouve-t-elle le métier de professeur?
3   Que dit-elle des élèves?
4   Jeanne travaille dans ce collège depuis combien de temps?
5   Et Mademoiselle Jonas?
6   Quels sujets enseigne-t-elle?
7   Qu'est-ce qu'elle attend avec impatience?
8   Où pense-t-elle aller?
9   Connaît-elle déjà ce pays? *Oui elle y est allée il y a deux ans*
10   Quel est l'inconvénient de la Grèce l'été?
11   Est-ce que Mademoiselle Jonas aime habiter à Luçon?
12   Qu'est-ce que Jeanne lui suggère? *Elle lui suggère qu'elle obtient une à Paris*
13   Quelles sont les objections de Mademoiselle Jonas?
14   Comment sont, à son avis, ses amis parisiens?
15   Quelle excuse Jeanne donne-t-elle pour quitter sa collègue?
16   Est-ce que mademoiselle Jonas trouve ses nouveaux collègues sympathiques?

À VOUS! _____

Complétez avec **depuis** ou **il y a**:

1   Je travaille pour la Société Lachance et Fils *depuis* _____ cinq ans.
2   Je suis secrétaire à Eurofret _*depuis*_ un an.
3   Je suis arrivé à Londres _*il y a*_ six mois.

4   J'habite en Angleterre _depuis_ le mois d'avril.
5   Elle est allée en Grèce _il y a_ trois ans.
6   Je suis au bureau _depuis_ huit heures ce matin.
7   Laurent et Chantal sont allés au cinéma _il y a_ deux semaines.
8   Elle a téléphoné _il y a_ environ une heure.
9   Il a un magasin à Luçon _depuis_ 1990.
10 J'ai changé de travail _il y a_ trois mois.
11 Nous sommes mariés _depuis_ vingt-cinq ans. (mental state)
12 Nous nous sommes mariés _il y a_ dix ans. (past tense)
13 J'ai pris ma retraite _il y a_ deux ans.
14 Je suis en chômage _depuis_ le début de l'année.
15 Je porte des lunettes _depuis_ l'âge de quatre ans.

Maintenant, donnez quelques détails similaires à propos de votre propre situation.

Jeanne parle de son métier avec son amie Solange.

Solange   A ton avis, quelles sont les qualités nécessaires pour être professeur?

Jeanne   Il faut être enthousiaste, dynamique, mais je crois qu'avant tout, il faut être patient. Il faut aussi être en bonne santé, car c'est un métier très fatigant!

Solange   Comment sont les jeunes de ton collège?

Jeanne   En général, ils sont gentils, surtout les sixièmes. Mais dans certaines classes, il y a quelques éléments indésirables. Et puis, l'adolescence est un âge difficile!

Solange   Il y a combien d'élèves par classe?

Jeanne   Une trentaine.

Solange   Les cours commencent et finissent à quelle heure?

Jeanne   Ils commencent à huit heures et finissent à cinq ou six heures, sauf le mercredi et le samedi où l'on finit à l'heure du déjeuner.

Solange   Et toi, tu fais combien d'heures de cours par semaine?

Jeanne   Dix-huit heures, mais il y a beaucoup à faire en dehors de ça – corriger les copies, préparer les leçons, aller à des réunions, voir les parents d'élèves . . .

Solange   Heureusement que les vacances sont longues!

Jeanne   Ah, oui. A la fin de chaque trimestre, on en a bien besoin!

Avez-vous compris?

1   Selon Jeanne, quelle est la qualité la plus importante pour un professeur?

QU'EST-CE QUE ÇA VEUT DIRE?

surtout	*particularly, above all*
les sixièmes	*the year 7 pupils (see note below)*
une trentaine	*about thirty*
sauf	*except*
en dehors de ça	*besides, in addition*
corriger les copies	*to do the marking*
une réunion	*a meeting*
on en a bien besoin!	*we certainly need them!*

In France, children attend **l'école maternelle** (from age 2 or 3), then **l'école primaire** (from 6 to 11). Secondary education starts with **la sixième** which corresponds to *Year 7* (11–12 year olds), then carries on with **la cinquième, la quatrième, la troisième, la seconde, la première** and finally **la terminale**, at the end of which pupils take the **baccalauréat**, equivalent to 'A' levels.

2   Pourquoi faut-il être en bonne santé?
3   Quels sont les élèves que Jeanne trouve les plus gentils?
4   Que dit-elle de l'adolescence?
5   Il y a beaucoup d'élèves par classe?
6   Quels sont les horaires d'une journée typique au collège?
7   En quoi consiste le métier de professeur?
8   De quoi les professeurs ont-ils besoin à la fin de chaque trimestre?

À VOUS!

Les phrases ci-dessous ont été divisées en deux et les moitiés se sont mélangées. Reliez-les correctement.

1	L'adolescence est	**a**	un métier très fatigant.
2	Il y a combien d'élèves	**b**	par semaine?
3	Dans certaines classes	**c**	on en a bien besoin.
4	Quelles sont les qualités nécessaires pour	**d**	être en bonne santé.
5	A la fin de chaque trimestre	**e**	il y a quelques éléments indésirables.
6	Il faut aussi	**f**	être professeur?
7	Tu fais combien d'heures de cours	**g**	par classe?
8	Il faut être en bonne santé car c'est	**h**	un âge difficile.

Un journal de Bretagne a décidé de faire un reportage sur différents métiers exercés par des gens de la région. C'est la jeune journaliste Annie Le Dantec qui est chargée d'écrire cette série d'articles.

D'abord nous la retrouvons à Quimper, en train d'interviewer Yves.

Annie	Vous êtes marin-pêcheur. Aimez-vous votre métier?
Yves	C'est mon métier, j'y suis habitué, mais c'est loin d'être le métier idéal. Il y a des avantages et des inconvénients. Le travail est très dur.
Annie	C'est dangereux?
Yves	Ben, il y a des risques, surtout quand il fait mauvais temps.
Annie	Partez-vous pendant de longues périodes?
Yves	Certains pêcheurs, oui, mais nous, nous sortons tous les jours, sauf le samedi et le dimanche. Nous quittons le port à une heure du matin, et nous rentrons dans l'après-midi.
Annie	Quand vous rentrez au port, est-ce que votre travail est terminé?
Yves	Oh là là, non, il faut vendre la pêche, il faut s'occuper du bateau, réparer les filets . . .
Annie	Qu'est-ce qui vous plaît dans votre métier?
Yves	J'adore la mer, j'ai besoin de la mer. Et maintenant que je suis propriétaire de mon bateau, et que je travaille à mon compte, je gagne bien ma vie.
Annie	Vous avez de la chance.
Yves	Oui, je sais. Et vous, vous aimez votre métier?
Annie	Oui, c'est très intéressant, très varié. L'inconvénient, c'est que ce n'est pas très bien payé!

QU'EST-CE QUE ÇA VEUT DIRE?

en train de	*in the process of*
la pêche	*the catch*
s'occuper de	*to look after*
le filet	*the net*
je travaille à mon compte	*I am self-employed*
je gagne bien ma vie	*I earn a good living*

Avez-vous compris?

Répondez *vrai* ou *faux*.

1   Le métier de pêcheur n'est pas un métier idéal.
2   C'est un travail facile.
3   C'est un travail qui peut être dangereux.

4   Yves part pendant de longues périodes.
5   Le retour au port n'est pas la fin de la journée de travail.
6   Yves aime son métier parce qu'il est propriétaire de son bateau.
7   Tous les pêcheurs gagnent bien leur vie.
8   L'inconvénient du travail d'Yves, c'est que son travail est varié.

À VOUS!

Relisez l'interview et aidez Annie à écrire un article pour son journal.

Yves est pêcheur. C'est (**1**) _____ qui est loin d'être idéal parce que le travail est très (**2**) _____ et quelquefois dangereux, mais Yves adore (**3**) _____. Il travaille a son (**4**) _____. Il est propriétaire de son bateau et il gagne bien sa (**5**) _____. Il ne travaille pas le week-end mais après la pêche, son travail n'est pas terminé; (**6**) _____ vendre la pêche et (**7**) _____ du bateau.

Maintenant, Annie interviewe un poissonnier un peu spécial.

Annie	Quel est votre métier, monsieur?
Poissonnier	Je suis marchand de poisson ambulant.
Annie	A quelle heure commence votre journée de travail?
Poissonnier	Je commence à cinq heures et demie du matin.
Annie	A quelle heure vous levez-vous donc?
Poissonnier	Oh, à cinq heures.
Annie	Pourquoi commencez-vous si tôt?
Poissonnier	Je dois d'abord aller acheter mon poisson au port. Puis je pars faire mes tournées.
Annie	En quoi consiste une tournée?
Poissonnier	Eh bien, chaque jour, je vais dans des villages différents avec mon camion pour vendre du poisson frais.
Annie	Combien faites-vous de kilomètres par jour, en moyenne?
Poissonnier	Oh, entre deux cents et trois cents kilomètres, ça dépend.
Annie	Et vous finissez à quelle heure?
Poissonnier	Je rentre à la maison vers sept, huit heures.
Annie	Faites-vous des tournées tous les jours?
Poissonnier	Non, seulement quatre jours par semaine, le mardi, mercredi, jeudi et vendredi.
Annie	Vous ne préféreriez pas avoir un magasin?
Poissonnier	Non, j'aime mon travail parce que je suis libre, je peux profiter de la nature. Je n'aimerais pas rester enfermé toute la journée. Je regrette seulement de ne pas avoir un magasin ordinaire quand il neige, parce que c'est dangereux sur les petites routes, mais ça n'arrive pas très souvent!

QU'EST-CE QUE ÇA VEUT DIRE?

ambulant	*mobile*
une tournée	*a round*
un camion	*a van, a lorry*
en moyenne	*on average*
enfermé(e)	*cooped up*

Avez-vous compris?

Répondez *vrai* ou *faux*.

1 Le poissonnier se lève à cinq heures et demie du matin.
2 Il part faire ses tournées après avoir acheté son poisson au port.
3 Il vend du poisson surgelé.
4 Il fait deux ou trois cents kilomètres par jour en moyenne.
5 Il ne travaille que quatre jours par semaine.
6 Il voudrait avoir un magasin.
7 Il aime la nature et la liberté.
8 Les petites routes sont dangereuses quand il neige.

À VOUS!

Aidez Annie à continuer son article.

Le marchand de poisson ambulant a une (**8**) _____ très longue. Il se lève à cinq heures du matin et rentre vers sept ou huit heures du soir. Avant de commencer ses (**9**) _____ dans les petits villages, il doit aller (**10**) _____ pour acheter son poisson parce qu'il ne vend que des produits frais. Il travaille quatre jours (**11**) _____. L'avantage de ne pas avoir de (**12**) _____ c'est qu'il peut profiter de la nature.

Annie se trouve maintenant dans un petit restaurant du port. Elle interviewe une des serveuses.

Annie	Vous êtes serveuse à «La Sole Meunière», madame. Pourquoi le restaurant porte-t-il ce nom?
Serveuse	Parce que nous ne servons que des plats à base de poissons et de fruits de mer.
Annie	Je suppose que votre journée de travail est assez longue?
Serveuse	Je ne commence pas très tôt, à dix heures du matin, mais je finis tard le soir, vers minuit ou une heure du matin, ça dépend.

Annie	Quel est le jour de fermeture de «La Sole Meunière»?
Serveuse	Nous sommes fermés le lundi. J'ai aussi un autre jour de libre, mais il varie.
Annie	Est-ce que vous aimez votre métier?
Serveuse	Oui et non. D'abord, je ne suis pas souvent libre au week-end et c'est dommage pour la vie de famille. Je travaille un samedi sur deux. Et puis, c'est assez fatigant et il y a des clients désagréables qui vous traitent comme des inférieurs. Par contre, il y en a beaucoup qui sont très sympathiques et laissent de bons pourboires. Nous avons de la chance parce que le patron est gentil. L'ambiance est très agréable ici. Et moi j'aime bien le contact avec les gens.
Annie	En quoi consiste le travail de serveuse exactement?
Serveuse	Ça dépend, mais dans un petit restaurant comme «La Sole», il faut faire pas mal de choses. Il faut servir, naturellement, mais aussi mettre le couvert, préparer les apéritifs, faire les glaçons, les cafés, préparer les additions . . .
Annie	Les premiers clients arrivent, alors je vous laisse. Bon courage!

QU'EST-CE QUE ÇA VEUT DIRE?

porter un nom	*to have a name*
un jour de libre	*a day off*
un samedi sur deux	*every other Saturday*
par contre	*on the other hand*
un pourboire	*a tip*
le patron / la patronne	*the boss, the owner*
pas mal de choses	*quite a few things / a number of things*
mettre le couvert	*to lay the table*
un glaçon	*an ice cube*

Avez-vous compris?

Répondez *vrai* ou *faux*.

1 "La Sole Meunière" est un restaurant qui se spécialise dans les produits de la mer.
2 Le serveuse commence son travail de bonne heure.
3 Elle finit tard le soir.
4 Elle a deux jours de libre par semaine.
5 Elle ne travaille jamais le week-end.
6 La plupart des clients sont sympathiques.
7 Elle n'aime pas son patron.

À VOUS!

Aidez Annie à finir son article.

> Etre serveuse de restaurant présente des avantages et des
> **(1)** _____. C'est idéal pour les personnes qui aiment
> **(2)** _____ avec les gens. Mais le travail le soir et pendant les
> week-ends rend **(3)** _____difficile. C'est un travail
> **(4)** _____ et de temps en temps, il y a des clients désagréables.

Travaillez avec un / une partenaire. Imaginez que vous êtes, à tour de rôle, Jeanne, Yves, le marchand de poisson ou la serveuse, et répondez aux questions suivantes.

1   Quel est votre métier?
2   A quelle heure commencez-vous votre travail?
3   A quelle heure finissez-vous?
4   En quoi consiste votre travail exactement?
5   Quand êtes-vous libre?
6   Quel sont les inconvénients de votre métier?
7   Qu'est-ce qui vous plaît?

———— Jeu de rôles ————

(PARTENAIRE A)

(Partenaire B: tournez à la page 158.)

A1   Imagine that you work in a Tourist Office. You work from 9 to 12.30 and 1 to 5.30. You also work every other Saturday. You like your job although it's not very well paid. Answer your partner's questions about it.

A2   Now, ask your partner:
- What his / her job is.
- What time he / she starts and finishes work.
- What days he / she is free.
- If it's well paid.
- What the disadvantages are.
- What he / she likes about the job.

Now try this rôle-play again, using a different job of your choice.

La radio locale s'intéresse aussi aux métiers. Toutes les semaines dans **Métier-Hebdo** un ou une invité(e) nous parle de sa profession. Ecoutez!

Présentateur	De plus en plus de carrières traditionnellement masculines s'ouvrent maintenant aux femmes. Comme chaque semaine dans *Métier-Hebdo*, nous recevons une femme qui exerce un de ces métiers. Aujourd'hui, Sophie Sélet vient nous parler des femmes gendarmes. Bonjour, Sophie.
Sophie	Bonjour.
Présentateur	Avez-vous un titre spécial et portez-vous un uniforme différent de ceux de vos confrères hommes?
Sophie	Non, je suis gendarme et je porte le même uniforme.
Présentateur	Quelles sont vos fonctions?
Sophie	Nous remplissons les mêmes fonctions que les hommes.
Présentateur	C'est-à-dire?
Sophie	Eh bien d'abord, il y a un travail de surveillance générale, des contrôles routiers, des contrôles d'identité, nous vérifions des véhicules, nous faisons passer des alcootests . . .
Présentateur	Y a-t-il des tâches que vous n'aimez pas?
Sophie	Oui, quand il faut fouiller des suspects, par exemple. Et puis, je n'aime pas beaucoup le côté administratif, remplir des papiers, taper à la machine. Par contre, j'aime bien utiliser l'ordinateur.
Présentateur	Etes-vous de service tous les jours à la même heure?
Sophie	Non, tous les dix jours, je suis de permanence une journée et une nuit car la gendarmerie est ouverte 24 heures sur 24.
Présentateur	Etre de permanence, en quoi est-ce que cela consiste?
Sophie	Eh bien, par exemple, quand on nous prévient d'un accident, je note tous les renseignements et je préviens mon chef qui envoie des gendarmes sur place. Malheureusement, moi, je dois rester à la gendarmerie.
Présentateur	Travaillez-vous seule?
Sophie	Non, en général, nous travaillons par équipe de deux.
Présentateur	Qu'est-ce que vous aimez particulièrement dans votre métier?
Sophie	J'adore l'action sur le terrain, et j'aime beaucoup le contact avec le public. J'ai aussi le droit d'enquêter, d'auditionner des témoins. Mon travail préféré, ce sont les enquêtes sur les vols, les accidents de voiture . . .
Présentateur	Avez-vous déjà eu de grosses satisfactions?
Sophie	Oui, récemment, nous avons arrêté des trafiquants de drogue.
Présentateur	Eh bien, félicitations! Si le métier de Sophie vous intéresse, et si vous voulez lui

poser vous-même des questions, appelez dès maintenant le 84.25.32.10, pendant notre petit intermède musical.

QU'EST-CE QUE ÇA VEUT DIRE?

la carrière	*career*
exercer un métier	*to follow a profession*
une femme gendarme	*a woman police officer*
un confrère / une consœur	*a colleague, fellow member*
remplir une fonction	*to perform a duty*
fouiller	*to search*
remplir des papiers	*to do the paperwork*
taper à la machine	*to type*
un ordinateur	*a computer*
être de permanence	*to be on duty*
prévenir (⋈)	*to warn, to tell*
mon chef	*my boss*
sur place	*on site*
une équipe	*a team*
sur le terrain	*in the field*
j'ai le droit	*I am allowed*
auditionner un témoin	*to interview a witness*
un vol	*a theft*

Avez-vous compris?

Sophie décrit les nombreuses fonctions d'un gendarme. Faites deux listes en anglais pour expliquer à un(e) ami(e) qui ne parle pas français en quoi consiste le travail d'un gendarme. Faites une liste pour le travail fait à l'extérieur et une autre pour le travail fait à la gendarmerie.

Outside	At the police station
general surveillance	searching suspects

À VOUS!

Reliez les verbes et les noms ci-dessous pour obtenir une liste des différentes fonctions d'un gendarme.

| taper | auditionner | fouiller | faire | arrêter | faire passer | utiliser |
| prévenir | enquêter | noter | | vérifier | | remplir |

des alcootests	des papiers
des renseignements	son chef
des trafiquants de drogue	des contrôles d'identité
des suspects	l'ordinateur
à la machine	sur les vols
des témoins	des véhicules

ET VOUS?

Travaillez-vous? Si oui, regardez **Si vous travaillez** . . . Si non, regardez soit
Si vous faites des études . . . soit **Si vous êtes au chômage ou à la
retraite** . . .

Si vous travaillez . . .
Où et depuis quand?
Aimez-vous votre travail? Y a-t-il des choses qui ne vous plaisent pas?
Vous entendez-vous bien avec votre patron(ne), vos collègues, etc?
Travaillez-vous loin de chez vous?
Comment allez-vous travailler? Combien de temps vous faut-il?
Vous commencez à quelle heure? Vous finissez à quelle heure?
Qu'est-ce que vous faites à l'heure du déjeuner?
Quels sont les avantages et les inconvénients de votre métier?

Si vous êtes au chômage ou à la retraite . . .
Depuis combien de temps?
Décrivez une journée typique.
Avez-vous beaucoup de passe-temps?
Etudiez-vous autre chose que le français?

Si vous faites des études . . .
Allez-vous à l'école ou au collège?
Qu'est-ce que vous étudiez? Quelles matières préférez-vous? Y a-t-il des
matières que vous détestez?
Aimez-vous vos professeurs? Les trouvez-vous sympathiques, trop sévères
etc?
Combien de cours avez-vous en moyenne par jour?
A quelle heure rentrez-vous chez vous?
Quand faites-vous vos devoirs? Préparez-vous des examens?

——— Jeu de rôles ———

(PARTENAIRE B)

(Partenaire A: tournez à la page 154.)

B1 First, ask your partner:
* Where he / she works.
* At what time he / she starts work.
* At what time he / she finishes.
* How long he / she has for lunch.
* If he / she works at weekends.
* If he / she earns a good living.
* What the job consists of exactly.
* If he / she likes the job and why.

B2 Now, imagine that you are a waiter / waitress in a café. You work from 10 am till 3 pm and start again at 8 pm and finish at midnight. You don't work Sundays or Mondays. The work is tiring but you earn a good living with the tips. Answer your partner's questions.

Now try this rôle-play again, this time using a different job of your choice.

—— Un peu de grammaire——

depuis
J'y habite depuis 3 semaines.
Je travaille ici depuis 1995.

for, since
I've been living there for 3 weeks.
I've been working here since 1995.

Note that if something is still going on, still current at the time it is expressed, the **present tense** must be used.

il y a
J'ai commencé il y a 2 ans.
Il y a 3 ans, je suis allé(e) en Grèce.

ago
I started 2 years ago.
Three years ago, I went to Greece.

  GRAMMAIRE   2

Exercices

A   Choisissez le bon adjectif.

bien payé	mal payé	intéressant	ennuyeux	épuisant	varié	dangereux

1   Je travaille dans une usine. Je fais la même chose toute la journée.
    C'est _____.
2   Mon travail est très varié et j'ai la chance de rencontrer toutes sortes
    de gens. C'est _____.
3   Je travaille de huit heures du matin à six heures du soir et je suis
    toujours debout. C'est _____.
4   Moi, je travaille dans un cirque avec des lions et des tigres. J'adore
    mon métier et j'adore les animaux, mais c'est _____.
5   Je travaille comme représentant. Je voyage beaucoup et je ne suis
    pas toujours à la maison pour le week-end, mais je gagne bien ma
    vie. Pour moi, le principal avantage c'est que c'est _____.
6   Je fais toutes sortes de choses. Au bureau, je tape à la machine et je
    réponds au téléphone. Il y a aussi le travail sur le terrain. Ça me
    plaît parce que c'est très _____.
7   J'aime bien mon travail parce que j'ai beaucoup de liberté et que je
    suis en contact avec la nature. Heureusement que je suis célibataire
    parce que je ne gagne pas beaucoup d'argent. C'est un travail qui
    est _____.

B   Complétez avec les verbes ci-dessous, puis traduisez en anglais.

sommes	habitez	porte	jouez	avons	ai	apprends	est

1   Je _____ des lunettes depuis l'année dernière.
2   J' _____ le français depuis trois ans.
3   Nous _____ une maison de campagne depuis 1994.
4   Vous _____ ici depuis longtemps?
5   Elle _____ en vacances depuis une semaine.
6   Nous _____ à la retraite depuis cinq ans.
7   J' _____ un chien depuis six mois.
8   Vous _____ au golf depuis combien de temps?

C   Racontez les mésaventures de M. Morne en vacances.

1   Five years ago, went skiing in the Alps; broke a leg.
2   Four years ago, had a car accident in France.
3   Three years ago, children ill in Greece.
4   Two years ago, got sunburned in the South of France.
5   Last year, in Italy, someone stole his money and passport.
6   This year, hasn't any holiday plans!

D   Charlotte Martin cherche du travail en France. Aidez-la à préparer son curriculum vitae.

Born 16 September 1969.

Single.

Ten years ago, went to France on holiday but stayed there two years. Worked in a hotel.

Came back to England seven years ago and worked in a factory.

Six years ago, worked as a cashier in a supermarket.

Five years ago, found a job in an office.

Three years ago, did a training course in Germany for a year.

Has been working in a clothes shop in London since her return from Germany.

Speaks French and German.

Likes contact with people.

E   Complétez l'interview et devinez le métier dont on parle.

Interviewer	Aimez-vous votre métier?
Vous	(1) *Say yes, but there are advantages and disadvantages.*
Interviewer	Quels sont les avantages?
Vous	(2) *Say it's varied and interesting and you like contact with people.*
Interviewer	Et quels sont les inconvénients?
Vous	(3) *Say it is tiring because the day's work is long.*
Interviewer	Vous commencez et vous finissez à quelle heure?
Vous	(4) *Say it depends and you are not always free at the weekend.*
Interviewer	Vous gagnez bien votre vie?

Vous	(5) *Say it's not very well paid.*
Interviewer	Comment sont vos malades?
Vous	(6) *Say that they are generally friendly, but there are some unpleasant ones from time to time.*
Interviewer	Quels sont ceux que vous préférez?
Vous	(7) *Say you particularly like the children.*

F   Ecrivez un petit texte à propos d'un métier que vous connaissez bien.

Écoutez bien!

Listen to some young people saying what they like and don't like and suggest the most appropriate job(s) for each one from the list below.

agriculteur(-trice)
architecte
bibliothécaire
4 chauffeur de taxi
2 garagiste

3 hôtesse de l'air
infirmier(-ière)
ingénieur
jardinier(-ière) paysagiste
mécanicien(ne)

1 médecin
plombier
représentant(e)
vétérinaire

Lecture

Read the following job advertisements. For each one, find out:

1   What job is being advertised.
2   The qualifications and / or experience required.
3   The ideal age and / or personality of the candidates.
4   What the companies offer in terms of salaries, opportunities, etc.
5   How the candidates are advised to apply.

Une annonce

First ad:

Société CITRONET, experte dans distribution de fruits et légumes recherche dans le cadre de son expansion

VENDEUR(EUSE)

basé à Cavaillon

Vous devrez suivre la clientèle existante et prospecter.
Votre connaissance des supermarchés et libres service vous aidera dans votre tâche.
Vous maîtrisez bien la relation de vente au téléphone et vous connaissez déjà les produits frais ou les fruits et légumes.
Nous vous offrons un salaire de départ de 175 000 F/an + frais + véhicule.
Si cette proposition vous intéresse, veuillez transmettre, pour un premier contact, lettre manuscrite, C.V. et photo, sous réf. 8520 à:
Pubemploi   55 rue de la Liberté   13006 Marseille

Second ad:

*Computer
Knowledge
required*

Third ad:

*training
essential +
continues*

*une connaissance – acquaintance.
+ always f.*

*at our
responsibility*

Neuvième UNITÉ

des cartes de publicité — posters ou adverts
des affiches —

La gravure represent une agence de Voyages

L'été approche. Quelques-uns de nos amis font des projets de vacances.
N'ayant pas d'idées précises, Chantal et Laurent vont dans une agence de
voyages pour obtenir des renseignements.

La vitrine — shop window
La publicité — publicity.

Employé	Bonjour, messieurs-dames. Vous désirez?
Laurent	C'est difficile car nous ne savons pas exactement où aller en vacances cet été.
Employé	Préférez-vous rester en France ou aller à l'étranger?
Chantal	Nous voulons rester en France.
Employé	Voulez-vous aller au bord de la mer?
Chantal	Nous aimons beaucoup la mer mais il y a toujours trop de monde l'été, malheureusement!
Employé	Alors, vous pouvez aller en Auvergne ou en Alsace par exemple.
Chantal	Bonne idée!
Laurent	En Auvergne, il y a des stations thermales, et en Alsace, il y a du bon vin . . . Hmm, l'Alsace me semble une excellente idée!
Chantal	Toi, alors!
Laurent	Pouvez-vous nous donner quelques dépliants?
Employé	Mais bien sûr! Voilà, monsieur.
Laurent	Merci.
Employé	De rien, monsieur.
Chantal	Au revoir.
Employé	Au revoir, messieurs-dames.

QU'EST-CE QUE ÇA VEUT DIRE?

n'ayant pas	*not having*
une station thermale	*a spa*
me semble (sembler)	*seems to me (to seem)*
un dépliant	*a leaflet*

Avez-vous compris?

Répondez en français.

1 Pourquoi Chantal et Laurent vont-ils dans une agence de voyages?
2 Préfèrent-ils rester en France ou aller à l'étranger?
3 Pourquoi ne veulent-ils pas aller au bord de la mer?
4 Laurent préfère l'Alsace à l'Auvergne. Pourquoi?
5 Qu'est-ce que l'employé leur donne?

À VOUS! _____

Travaillez avec un / une partenaire. Imaginez que vous êtes dans une agence de voyages. Répondez à l'employé(e).

Employé(e)   Bonjour messieurs-dames. Vous désirez?
Vous   (**1** *Say hello, and tell him / her you don't know where to go on holiday this summer.*) Nous ne savons pas où aller en vacances cet été
Employé(e)   Préférez-vous rester en France ou aller à l'étranger?
Vous   (**2** *Tell him / her you want to go abroad.*)
Employé(e)   Quel pays?
Vous   (**3** *Tell him / her you want to go to the seaside, and where there is good wine.*) où il y a des bons vins
Employé(e)   Alors, en Italie peut-être? L'Italie me semble une excellente idée.
Vous   (**4** *Italy seems an excellent idea. Ask for some leaflets.*)
Employé(e)   Voilà, messieurs-dames.
Vous   (**5** *Thank him / her, and say goodbye.*)

Maintenant changez les détails pour faire un deuxième dialogue.

Laurent et Chantal font des projets en regardant les dépliants sur l'Alsace.

Laurent   Il vaudra mieux voyager en train. Qu'en penses-tu?
Chantal   Oui, c'est loin et tu sais bien que je n'aime pas les longs voyages en voiture.

VENEZ EN ALSACE!

C'est le paradis des amateurs d'art et des passionnés de folklore.
C'est le paradis des gourmets, grâce à ses vins renommés et à ses spécialités gastronomiques.
C'est le paradis des sportifs et des amoureux de la nature, grâce à la beauté de son paysage.

Laurent	Nous irons d'abord à Strasbourg.
Chantal	Oh regarde, il y a toutes sortes de choses à voir. La cathédrale gothique et son horloge astronomique . . .
Laurent	J'espère que nous pourrons visiter une brasserie!
Chantal	Nous verrons de vieilles maisons, le palais Rohan . . .
Laurent	Et de là, nous louerons une voiture et nous pourrons suivre la route des vins en descendant jusqu'à Colmar.
Chantal	Excellente idée. Il y a beaucoup de maisons médiévales et de vieilles églises à Colmar. C'est vraiment typique.
Laurent	Oui, et n'oublie pas que c'est la capitale du vignoble alsacien. Si nous y allons au mois d'août, nous assisterons à la foire régionale des vins d'Alsace.
Chantal	Tu ne penses qu'au vin!
Laurent	Non, nous boirons aussi de la bière et nous mangerons de la choucroute, bien sûr.

Chantal   Si nous passons notre temps à manger et à boire nous devrons prendre un peu d'exercice, sinon quand nous reviendrons nous ne serons pas du tout en forme!

Laurent   Ne t'inquiète pas. Nous ferons des promenades en montagne et en forêt. Nous pourrons même faire des randonnées en VTT. Là, tu es contente?

Chantal   Oh oui! Et le paysage semble magnifique. Je prendrai beaucoup de photos.

Laurent   Oui, pendant que je pêcherai la truite dans les rivières et les étangs.

Chantal   Comme nous avons des goûts différents, je crois que l'Alsace sera l'endroit idéal pour nos vacances.

QU'EST-CE QUE ÇA VEUT DIRE?

en regardant	*while looking at*
il vaudra mieux (valoir ◆)	*it will be better / (to be worth)*
nous prendrons (prendre ◆)	*we shall take*
nous irons (aller ◆)	*we shall go*
nous pourrons (pouvoir ◆)	*we shall be able*
une brasserie	*a brewery* (here)
nous verrons (voir ◆)	*we shall see*
nous louerons (louer)	*we shall hire*
en descendant	*while going down*
assister à	*to attend / to be at*
nous boirons (boire ◆)	*we shall drink*
nous devrons (devoir ◆)	*we shall have to*
nous reviendrons (revenir ◆)	*we shall return*
nous ferons (faire ◆)	*we shall make / do*
un VTT (vélo tout terrain)	*a mountain bike*
un étang	*a small lake* or pond
il sera (être ◆)	*it will be*

Avez-vous compris?

Relisez le texte, et choisissez les bons mots pour compléter la lettre de Chantal.

Chère Anne,

C'est décidé! Cet été Laurent et moi nous passerons nos vacances ensemble en 1. —— . Nous prendrons le 2. —— , car je n'aime pas les longs voyages en voiture. Nous irons d'abord à 3. —— , où nous verrons la cathédrale gothique et son horloge astronomique. De là, nous louerons une 4. —— , et nous pourrons suivre la route des vins, en descendant jusqu'à 5. —— . Si nous y allons au mois d'août, nous assisterons à la 6. —— régionale des vins d'Alsace. Nous boirons aussi de la 7. —— et nous mangerons de la 8. —— bien sûr! Si nous passons notre temps à boire et à manger, nous devrons prendre un peu d'9. —— évidemment. Nous ferons des promenades en montagne et en forêt, et nous pourrons même faire des randonnées en 10. —— . Et toi? Quels sont tes projets de vacances? Écris-moi bientôt.

Amicalement,

Chantal

À VOUS! _____

Imaginez que vous êtes Laurent ou Chantal, et répondez aux questions de vos amis.

Comment irez- vous en Alsace?
1   Nous . . .
Où irez-vous d'abord?
2   Nous . . .
Qu'est-ce que vous verrez à Strasbourg?
3   Nous . . .
Qu'est-ce que vous visiterez d'autre?
4   Nous . . .
Comment voyagerez-vous de Strasbourg à Colmar?
5   Nous . . .
Que boirez-vous?
6   Nous . . .
Que mangerez-vous?
7   Nous . . .
Que ferez-vous en montagne et en forêt?
8   Nous . . .
Que feras-tu d'autre, Laurent / Chantal?
9   Je . . .

────── Jeu de rôles ──────

PARTENAIRE A

(Partenaire B: tournez à la page 172.)

A1 Vous êtes à l'Office du Tourisme de Limoges, dans le Limousin. Demandez des renseignements sur la ville et ses environs: châteaux / musées / autres activités / situation / heures d'ouverture, etc.

A2 Vous travaillez à l'Office du Tourisme de Saumur, dans le Val de Loire. Répondez aux questions du touriste / de la touriste, en utilisant les renseignements suivants.

Château-musée: musée d'Arts décoratifs, musée du cheval. A voir aussi, le cachot, le puits médiéval, les voûtes en carène de navire.*
   Du 1er octobre au 31 mars: 10h – 12h; 14h – 17h. Tous les jours sauf le mardi, le 25 décembre et le 1er janvier.
   Du 1er avril au 14 juin et du 16 au 30 septembre: 9h – 12h; 14h – 18h. Tous les jours.
   Du 15 juin au 15 septembre: 9h – 19h. Tous les jours.

Le musée du champignon: habitation troglodyte, culture en caves et histoire du tuffeau.**
   Visite tous les jours 15 février au 15 novembre: 10h – 19h.
   (Rive gauche de la Loire – D 751 – Sortie 3km Saumur-Gennes.)

L'École Nationale d'Équitation. Du 1er avril au 30 septembre.
   Ouverture du 1er avril au 31 mai et du 1er au 30 septembre: du lundi après-midi au samedi matin inclus, du 1er juin au 31 août: du lundi après-midi au samedi après-midi inclus. Fermé dimanches et jours fériés.
   Le matin: Visites guidées des installations, entraînement des écuyers dans le Grand Manège (durée 1h 30).
   L'après-midi: Visites guidées des installations (durée 1h).
   Horaire: Départs des visites entre 9h 30 et 10h 30, et entre 14h 30 et 16h 00.)
   (Rue de Marson, St-Hilaire / St-Florent à l'ouest du centre-ville.)

Caves à vin: Visites guidées des caves et dégustation gratuite.
   De mars à octobre: ouvert tous les jours y compris jours fériés 9h – 11h 30, 14h – 17h 30.
   De novembre à février: 10h – 11h 45, 15h – 17h 15.
   (Route de Chinon à la sortie de Saumur.)

Abbaye Royale de Fontevraud: L'une des plus vastes cités monastiques d'occident, dirigée de 1115 à 1792 par trente-six abbesses, dont seize de sang royal. 1804 Napoléon ordonne sa transformation en prison. 1975 création du Centre Culturel de l'Ouest (concerts, stages), Nécropole des Plantagenêts, Henri deux, Richard Cœur de Lion, Aliénor d'Aquitaine.

Ouvert toute l'année (sauf 1er janvier, 1er et 11 novembre, 25 décembre) 1er juin – 3e dimanche de septembre: 9h – 19h. Le reste de l'année 9h 30 – 12h 30, 14h – 18h.

(A 15km au sud-est de Saumur)

*voûtes en carène de navire – *hull-shaped vaults*
**le tuffeau – *type of limestone used for building*

troy too

M. Déveine et M. Lachance, eux aussi, parlent de leurs prochaines vacances.

Déveine	Alors Lachance, où irez-vous cette fois, aux Antilles, au Maroc, à Madagascar?
Lachance	Moi, j'aimerais aller à la Martinique, mais ma femme supporte mal la chaleur, surtout au mois d'août. Non, cet été nous passerons nos vacances en Alsace. Vous connaissez, bien sûr!
Déveine	Un peu.
Lachance	Nous irons d'abord à Sélestat, où nous assisterons au corso fleuri. Figurez-vous qu'on décore les chars et les rues avec un demi-million de dahlias multicolores . . .
Déveine	Oui, je sais.
Lachance	Puis la prochaine étape sera Colmar, avec ses maisons médiévales en grès rose . . .
Déveine	Mais vous connaissez déjà bien l'Alsace!
Lachance	J'ai de la famille là-bas. J'adore cette région. Je crois qu'elle est encore plus belle que la nôtre!
Déveine	Plus belle que la Bourgogne! Impossible! Aussi belle que la Bourgogne, peut-être!
Lachance	Ensuite, nous irons à Mulhouse.
Déveine	C'est une ville manufacturière, n'est-ce pas?
Lachance	Oui. Il y a pas mal de choses à visiter là, je crois. S'il pleut, nous visiterons le musée du chemin de fer, ou le Musée National de l'Automobile . . . Excusez-moi, Déveine, je parle, je parle. Mais vous, vous partirez en vacances cette année?
Déveine	Je ne sais pas encore. Nous irons peut-être dans le Val de Loire.
Lachance	C'est une belle région, certainement. Mais moi, personnellement, je trouve que le paysage est moins varié que le nôtre.

Déveine	Par contre, leurs châteaux sont plus beaux!
Lachance	Mais leur vin est moins bon!
Déveine	Cela va sans dire! Le nôtre est meilleur.
Lachance	Vous descendrez à l'hôtel?
Déveine	Ah non, ça coûte beaucoup trop cher! Nous emprunterons la caravane de ma belle-mère . . .
Lachance	Elle viendra avec vous?
Déveine	J'espère bien que non!

QU'EST-CE QUE ÇA VEUT DIRE?

prochain(e)	*next*
j'aimerais	*I would like*
elle supporte mal la chaleur	*the heat disagrees with her*
figurez-vous	*can you imagine? / would you believe it?*
le corso fleuri	*floral procession of floats*
un char	*a cart / float*
une étape	*a stop / stage*
le grès	*sandstone*
le chemin de fer	*the railway*
plus / moins . . . que	*more / less . . . than*
aussi . . . que	*as . . . as*
le / la nôtre	*ours*
les nôtres	*ours* (pl.)
Cela va sans dire	*needless to say*
meilleur	*better*

Avez-vous compris?

Mme Lachance parle à une amie. Corrigez les erreurs.

❝Non, nous n'irons pas à l'étranger . . . Mon mari supporte mal la chaleur . . . Oui, nous irons d'abord à Strasbourg . . . Nous verrons des maisons modernes en grès rose à Colmar . . . Oui, mon mari pense que l'Alsace est moins belle que la Bourgogne . . . S'il fait beau, nous visiterons le musée du cheval, ou le musée de l'avion à Mulhouse . . . Mon mari trouve que le paysage du Val de Loire est plus varié que celui de la Bourgogne. Et il dit que leur vin est meilleur que le nôtre!**❞**

À VOUS! _____

Qu'en pensez vous?
Cochez les réponses selon vos opinions et vos goûts!

La France est plus grande que l'Angleterre. Le climat est plus / moins / aussi agréable en France qu'en Angleterre. La France a un paysage plus / moins / aussi varié. Ses plages sont plus / moins / aussi belles. Ses châteaux sont plus / moins / aussi anciens. Les monuments historiques sont ennuyeux / intéressants à visiter. L'histoire de la France est moins / plus / aussi compliquée que celle de la Grande Bretagne. Les bons hôtels sont plus / moins / aussi nombreux en France. Le camping coûte plus / moins / aussi cher que l'hôtel. Les repas au restaurant coûtent moins / plus / aussi cher en France qu'en Angleterre. Le vin de Bourgogne est plus / moins / aussi prestigieux que le vin d'Alsace. Les hypermarchés en Angleterre sont meilleurs / moins bons / aussi bons qu'en France. La nourriture est plus / moins / aussi importante en France qu'en Angleterre. Les Français sont plus / moins / aussi accueillants que les Anglais avec les visiteurs étrangers. Les touristes anglais sont plus / moins / aussi polis que les touristes français. Les vacances passées en France sont moins bonnes / aussi bonnes / meilleures que celles passées en Angleterre!

———— Jeu de rôles ————

PARTENAIRE B 🐺🐺

(Partenaire A: tournez à la page 169.)

B1 Vous travaillez à l'Office du Tourisme de Limoges, dans le Limousin. Répondez aux questions du touriste / de la touriste, en utilisant les renseignements suivants.

La Cité: Cœur historique de notre ville.
Place Haute-Cité: immeubles à arcades gothiques et colombages.
Cathédrale Saint-Étienne: Gothique 13e – 16e siècles.
Ancien palais épiscopal: 18e siècle, musée municipal.
Jardins de l'Evêché: étagés sur les bords de la Vienne.

Parcours de Lumière: visite guidée; les mardis, départ 21h. Rendez-vous dans la cour du musée de l'Évêché.

Le pavillon de la porcelaine, musée Havilland: exposition-démonstration vidéo projection. Entrée libre. Vente directe d'usines, ouvert tous les jours. Ancienne Route de Toulouse (Face au golf – Sortie Limoges Sud)

Lac de Vassivière: (à l'est de Limoges) paradis du pêcheur et de l'amateur de tous les plaisirs offerts par l'eau. Autour de cette étendue de 1 000 hectares, des villages de vacances et des bases nautiques. Sur l'île, le Centre d'Art contemporain, le parc aux sculptures. Autour du lac, 300 km de sentiers – randonnées à pied, à moto verte, à cheval, en VTT.

Rochechouart: (à l'ouest de Limoges) château des 13e et 15e siècles, remanié plus tard. Cour intérieure Renaissance. Salle des travaux d'Hercule (fresques murales). Musée départemental d'art contemporain. Juillet et août, de 10h à 12h, et de 14h à 18h. Hors saison de 14h à 18h. Fermé le lundi et le mardi.

B2   Vous êtes à l'Office du Tourisme de Saumur, dans le Val de Loire. Demandez des renseignements sur la ville et ses environs: châteaux / musées / autres activités / situation / heures d'ouverture, etc.

— Un peu de grammaire —

Le futur

Regular verbs

The future tense

je visiterai	*I shall / will visit. I'll visit*
tu visiteras	*you will visit, you'll visit*
il / elle / on visitera	*he / she / one will visit, he'll / she'll visit*
nous visiterons	*we shall / will visit, we'll visit*
vous visiterez	*you will visit, you'll visit*
ils / elles visiteront	*they will visit, they'll visit*
je vendrai . . . (etc.)	*I shall / will sell, I'll sell . . .*
je finirai . . . (etc.)	*I shall / will finish, I'll finish . . .*

The future tense of some irregular verbs

j'irai	*I shall / will go, I'll go*
je pourrai	*I shall / will be able to, I'll be able to*
je verrai	*I shall / will see, I'll see*

je boirai	I shall / will drink, I'll drink
je devrai	I shall / will have to, I'll have to
je reviendrai	I shall / will return, I'll return
je serai	I shall / will be, I'll be
je ferai	I shall / will make / do, I'll make / do
je prendrai	I shall / will take, I'll take

For other irregular verbs, please see the verb tables at the back of the book.

Le participe présent   The present participle

The present participle ends in **-ant** in French, and is used in a similar way to the English present participle.

| ayant / étant / voyant | having / being / seeing |
| en regardant la télévision . . . | while watching the television . . . |

Les comparaisons   Making simple comparisons

plus . . . que	more . . . than
moins . . . que	less . . . than
aussi . . . que	as . . . as

Le château de Chinon est plus vieux que le château de Chenonceau.	The château of Chinon is older than the château of Chenonceau.
La Tour Eiffel est moins vieille que la Tour de Londres.	The Eiffel Tower isn't as old as the Tower of London. (lit. is less old than)
La Martinique est aussi belle que la Guadeloupe.	Martinique is as beautiful as Guadeloupe.

  GRAMMAIRE 12, 17a,b

Exercices

A   Vous êtes dans une agence de voyages. Complétez le dialogue ci-dessous.

Employé(e)	Bonjour, M. . . . Vous désirez?
Vous	(**1** *Greet him / her, and say you don't know where to go on holiday at Easter.*)
Employé(e)	Préférez-vous rester en France ou aller à l'étranger?
Vous	(**2** *You want to stay in France.*)
Employé(e)	Vous voulez aller aux sports d'hiver?
Vous	(**3** *Say you aren't very sporty, and you hate the cold.*)
Employé(e)	Pour avoir chaud, il faut aller dans le Midi.
Vous	(**4** *Say it's too crowded.*)
Employé(e)	Pas à Pâques. Et il y a des choses intéressantes à visiter.
Vous	(**5** *Ask if he / she can give you some leaflets.*)
Employé(e)	Mais bien sûr. Voilà!

B   Interviewez Chantal et Laurent à propos de leurs prochaines vacances.

Vous	Où (**1 aller**)-vous cet été?
Laurent	Nous (**2 aller**) en Alsace.
Vous	Pourquoi l'Alsace?
Laurent	Je (**3 pouvoir**) boire beaucoup de vin et je (**4 visiter**) une brasserie.
Chantal	Je (**5 visiter**) beaucoup d'endroits historiques.
Vous	(**6 Faire**)-vous du camping?
Chantal	Non, nous (**7 descendre**) à l'hôtel.
Vous	Comment (**8 voyager**)-vous?
Laurent	Nous (**9 prendre**) le train jusqu'à Strasbourg, puis nous (**10 louer**) une voiture.
Vous	Que (**11 voir**)-vous en Alsace?
Laurent	Nous (**12 voir**) des vignobles.
Chantal	Nous (**13 voir**) aussi des maisons médiévales, de vieilles églises, des fêtes folkloriques . . .
Vous	Que (**14 faire**)-vous?
Laurent	Je (**15 boire**) du vin et de la bière, je (**16 manger**) de la choucroute et j'(**17 aller**) aussi à la pêche à la truite.
Chantal	Et moi, je (**18 faire**) de longues promenades et je (**19 prendre**) beaucoup de photos.
Vous	Eh bien merci, et bonnes vacances!

C   Un / une ami(e) français(e) vous demande ce que vous ferez en vacances. Utilisez '**on**'.

Ami(e)	Partirez-vous en vacances cet été?
Vous	(**1** *Say yes; you and your friend Paul are going to stay in England.*)
Ami(e)	Vous n'irez pas donc à l'étranger?
Vous	(**2** *Say no; you want to visit the towns of Salisbury and Winchester.*)

Ami(e)	Que verrez-vous dans ces deux villes?
Vous	(3 *Say you will see the beautiful cathedrals and some old houses, and go for long walks.*)
Ami(e)	Vous descendrez à l'hôtel?
Vous	(4 *Say no; hotels cost too much, you will borrow a friend's caravan.*)
Ami(e)	Et vous ferez autre chose?
Vous	(*Say yes; afterwards you'll go to the seaside.*)
Ami(e)	Et que ferez-vous là-bas?
Vous	(6 *Say if the weather's fine you'll swim and rest on the beach.*)

D Vous partez en vacances. Votre mère s'inquiète. Rassurez-là!

exemple   Je vérifierai . . .

1   vérifier le passeport
2   acheter des chèques de voyage
3   réserver une place dans le train
4   faire la valise
5   emporter un imperméable
6   descendre dans un bon hôtel
7   réserver une chambre
8   louer une voiture
9   ne pas faire d'auto-stop
10   visiter les endroits historiques
11   ne pas perdre de temps sur la plage
12   ne pas aller au casino
13   téléphoner ou écrire une carte postale

E Vous venez d'arriver à votre destination de vacances. Ecrivez une carte postale à un(e) ami(e) pour lui raconter ce que vous ferez.

F Mettez les phrases dans le bon ordre pour raconter l'histoire d'un cambriolage.

1   Entendant un bruit anormal, Madame Laval a réveillé son mari.
2   Sortant un revolver de sa poche, le cambrioleur leur a dit de lever les bras.
3   Portant un bas sur la tête, le cambrioleur est entré dans la maison.
4   Sachant qu'ils n'avaient pas le choix, les Laval ont obéi.
5   Ayant pris tous les bijoux de Madame Laval, le cambrioleur est parti à toute vitesse.
6   Tenant chacun une brosse à cheveux à la main, le couple est descendu au rez-de-chaussée.

Écoutez bien!

Listen to the interviewer asking people what they will do, and fill in the gaps.

1 Je lirai le _____ et je travaillerai dans le _____.
2 Je préparerai un _____ chez nous, parce que c'est moins _____.
3 Nous irons au bord de la _____, et nous descendrons dans un _____ de luxe.
4 Nous louerons un _____ dans les Pyrénées, où nous ferons du _____.
5 Je ferai la _____ et je passerai l' _____.
6 Nous prendrons l' _____ pour aller à _____.
7 Je ferai de la _____ et j'écouterai de la _____.
8 Je laverai la _____ et puis je ferai les _____.

Lecture

La bicyclette gourmande
You want to go to France for a short break with some friends. You have found this advertisement about a special break in Alsace. Explain to your friends what it is all about.

ALSACE
GOURMETS EN SELLE
Le nom est alléchant ; l'idée, originale. La Bicyclette gourmande est une balade. Pas n'importe laquelle. Une balade qui flirte avec l'air du bon vieux temps pour partir à la découverte du vignoble alsacien et de sa gastronomie. Vous trouverez le réconfort auprès d'un dîner gastronomique et d'une dégustation de vin, avant de rejoindre le confort douillet d'un hôtel ***. On s'occupe des bagages ! Formule à la carte incluant également la location des bicyclettes et l'accompagnement d'un guide. A partir de 1 400 F par personne pour deux jours et demi sur la base de quatre personnes. Renseignements : 53, rue de Pfaffenhein, 68420 Gueberschwihr. Tél. : 89 49 28 67.

La Bicyclette Gourmande

L'Hôtel l'Anse Colas

You have decided to go on a relaxing holiday to the island of Martinique.
Tell a friend why you think this hotel is ideal.

☎ 61.28.18   *Hotel* L'ANSE COLAS   Fax: 61.04.78

L'Hôtel-Restaurant "L'Anse Colas" est situé à 5 minutes du centre de Fort-de-France. Une équipe accueillante et dynamique vous fera passer un séjour agréable dans un lieu paradisiaque. Une grande piscine au centre d'un jardin tropical aménagé favorisera la détente, tout comme les 43 chambres climatisées dotées du téléphone, de la télévision et d'une grande terrasse, avec une vue imprenable sur la mer et la piscine. L'ambiance du bar fera aussi la joie des visiteurs. Les fines bouches pourront apprécier la cuisine créole et française du chef, avec notamment les cailles farcies de langouste, le boudin brioché et l'andouillette de daurade à la moutarde et au bois d'inde. L'Anse Colas dispose d'un bateau de 18 mètres pour les croisières d'une journée.

Ouvert tous les jours
Service restaurant :
12h30 à 14h00 et de 19h30 à 22h00

Route du Petit Tamarin - 97233 Schœlcher

Faites le point!
UNITÉS 7–9

1 Somebody is describing their daily routine. Help them say what happened yesterday.

❝D'habitude, je me réveille à sept heures et je me lève cinq minutes plus tard. Je prends mon petit déjeuner, puis je me lave et je m'habille. Je vais au travail en bus. Le midi, je mange un sandwich au café du coin avec des collègues. Je quitte le bureau à 6 heures, mais je ne rentre pas directement à la maison. Je vais au supermarché et j'achète à manger pour le dîner. Le soir, je ne sors pas, je reste à la maison. Après avoir fait la vaisselle, je lis le journal et je regarde la télévision. Je me couche vers onze heures. Je prends un bain avant de me coucher.❞

Hier, je me suis réveillé(e) à sept heures . . .

2 Fifteen factual errors have cropped up in the narration of this picture story. Find them and correct them. The text for the story is on page 180.

Par un beau matin ensoleillé, Paul et Angélique ont décidé d'aller faire un petit tour en voiture. Ils sont arrivés vers neuf heures du matin. Une heure plus tôt, la moto est tombée en panne. Paul a essayé de la casser. Tout à coup, il a commencé à neiger. Angélique était contente et ils se sont embrassés. Paul n'a pas voulu réparer la moto et finalement, ils ont refusé d'aller chercher de l'aide. Ils ont dansé longtemps à travers champs. Ils ont même pris une petite rivière. Enfin, ils sont arrivés dans une grande ville industrielle. Ils se sont tout de suite réveillés au garage où ils ont perdu un mécanicien très sympa. Ensuite, ils ont volé un croque-monsieur et ils ont vu une bière au café du village.

3   Put the verbs in brackets in the correct tense:

Dimanche dernier, Paul et Paulette (**aller**) au bord de la mer.
　　Ils (**se réveiller**) de bonne heure et (**se lever**) tout de suite. Ils (**monter**) dans le train à huit heures. Pendant le voyage, Paulette (**lire**) un magazine et Paul (**s'endormir**).
　　Il (**se réveiller**) cinq minutes avant d'arriver. Ils (**descendre**) du train et (**aller**) prendre un café au buffet de la gare. Tout à coup, il (**se mettre**) à pleuvoir. Finalement, ils (**reprendre**) le train et (**rentrer**) à la maison.

4   Read the following classified ads (Situations Wanted and Vacant) and give details of each job.

PETITES ANNONCES:
Demandes d'emploi

a Jardinier sérieux, cherche emploi (entretien jardins, taille arbres, création, remise en état, etc.). Grasse ou environs.
Tél. 93.55.81.28, Grasse après 19 h.

b Jeune serveur, Anglais (19 ans, parlant français), cherche emploi dans un pub, bar, café, discothèque à Cannes ou environs, de mai à août.
J. Smith, 52 rue de Rennes, Paris.

c Equipe de maçons libres cherchent emploi construction villa, piscine, clôture, carrelage, agrandissement, rénovation, peinture, papiers peints, etc.
Tél. 93.61.20.32, Nice.

d Dame 60 ans, motorisée, demande emploi compagnie personne âgée, ménage, repassage, cuisine, etc.
37.32.51.46.

e Cherche cuisinier, bon saucier, connaissant pâtisserie, référence, sérieux, bon salaire.
Ecrire Pubemploi Nice 66205.

5 Complétez avec **depuis**, **il y a**, ou avec **un verbe**.

    a   Elle habite à Paris _____ cinq ans.

    b   Je _____ serveuse dans ce restaurant depuis un mois.

    c   Vous êtes arrivés au cinéma _____ combien de temps?

    d   J' _____ en Angleterre depuis le mois d'août.

    e   Nous _____ en vacances en Espagne il y a trois ans.

    f   Je suis à la maison _____ six heures.

    g   Il _____ un magasin depuis 1992.

    h   Elle a changé de travail _____ une semaine.

    i   Ils _____ mariés depuis deux ans.

    j   Je _____ chez le dentiste il y a deux jours.

6 Lucien Cousin's daughter, Annette, is being asked about her future. Her answers have been mixed up. Link them correctly to the questions.

    a   Qu'est-ce que tu veux faire plus tard?

    b   Est-ce que tu reviendras à la Martinique après tes études?

    c   As-tu l'intention de te marier?

    d   Tu veux avoir des enfants?

    e   Où est-ce que tu passeras tes vacances?

    (i)   Je ne sais pas encore, mais si j'en ai, je m'arrêterai de travailler.

    (ii)   Oui, il fait trop froid pour moi en France. J'habiterai à Fort-de-France.

    (iii)   Je veux voir le monde, alors tous les ans, j'irai dans un pays différent.

    (iv)   Quand je serai grande, j'irai à Paris pour étudier la médecine, comme mon père.

    (v)   Ou je me marierai avec un homme riche, ou je resterai célibataire.

7 Re-using exercise 1, help the person to say what he / she will do tomorrow:

    – Demain je me réveillerai à sept heures . . .

Dixième UNITÉ

Françoise Dupré téléphone à une amie. Elles parlent des projets de vacances de leurs enfants et de leurs petits-enfants.

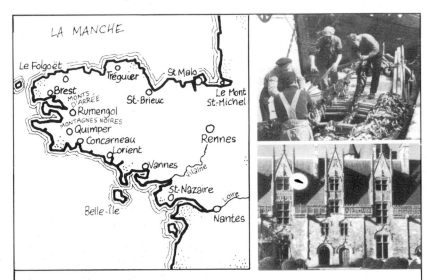

VISITEZ LA BRETAGNE!

Pour sa côte:
ses ports, ses plages, ses criques, ses baies.
Pour ses distractions:
la pêche, les régates, les sports nautiques, les randonnées pédestres et équestres.
Pour ses spécialités gastronomiques:
ses poissons, ses fruits de mer, ses crêpes.
Pour ses fêtes folkloriques:
les processions, la musique, les costumes.
Pour son arrière-pays:
ses rivières, ses collines et ses légendes.

Allô Suzanne? . . . C'est Françoise! . . . Oui, ça va très bien, et toi? . . . Toute la famille va bien. Claude et Liliane viennent enfin de décider où ils iront en vacances cet été . . . En Bretagne . . . Non. Ils ne loueront pas de villa parce qu'ils ne veulent pas rester au même endroit . . . A l'hôtel? Oh non, c'est trop cher! Ils feront du camping . . . Ils iront à la plage, ils se baigneront, ils prendront des bains de soleil . . . Les enfants joueront aux boules et au ballon sur la plage . . . Bien sûr qu'ils feront du sport! Les garçons feront de la voile . . . Non, Colette a peur, mais elle jouera au tennis et elle essaiera de faire du cheval . . . Oui, Claude ira à la pêche, il a déjà acheté tout le matériel! . . . Ils iront au restaurant, je crois qu'ils mangeront beaucoup de poissons et de crustacés . . . Ils iront aussi dans les crêperies, naturellement, les enfants adorent les crêpes . . . Claude goûtera sûrement au cidre breton mais je suis certaine qu'il préférera le nôtre! . . . Oui, ils verront probablement des calvaires, des dolmens et des menhirs, il y en a presque partout . . . Colette en particulier espère bien voir une fête folklorique, surtout pour les costumes et les coiffes de dentelles. Malheureusement Liliane a horreur du biniou! . . . Je pense qu'ils y resteront environ un mois . . . Comme ça, ils auront le temps de se reposer . . . Oui, les enfants nous manqueront mais j'espère bien qu'ils nous enverront beaucoup de cartes postales. Et toi? Quels sont les projets de ta fille? . . .

QU'EST-CE QUE ÇA VEUT DIRE?

ils enverront (envoyer )	*they will send*
elle essaiera	*she will try*
le calvaire	*wayside cross*
le dolmen	*dolmen, stone table*
le menhir	*menhir, standing stone*
la coiffe de dentelle	*lace headdress*
le biniou	*Breton bagpipes*
ils auront (avoir)	*they will have*
se reposer	*to rest*
les enfants nous manqueront	*we will miss the children*

Avez-vous compris?

Répondez *vrai* ou *faux*.

1 Les Dupré iront en Bretagne cette année.
2 Ils veulent rester au même endroit.
3 Les enfants joueront aux boules et au ballon sur la plage.
4 Colette fera de la voile.
5 Claude n'ira pas à la pêche.
6 Les Dupré mangeront beaucoup de poissons et de crustacés.
7 Claude goûtera au cidre breton.
8 Ils verront probablement des calvaires, des dolmens et des menhirs.
9 Ils resteront en Bretagne environ deux semaines.

À VOUS! _____

Travaillez avec un / une partenaire. Demandez à Françoise ce que ses enfants feront pendant les vacances.

Vous	Où vos enfants (**1 aller**)-ils en vacances cet été?
Françoise	Toute la famille (**2 passer**) les vacances en Bretagne.
Vous	(**3 Descendre**)-ils à l'hôtel?
Françoise	Non c'est trop cher, ils (**4 faire**) du camping.
Vous	Qu'est-ce que les garçons (**5 faire**)?
Françoise	Ils (**6 jouer**) aux boules et ils (**7 faire**) de la voile.
Vous	Et Colette?
Françoise	Elle (**8 se baigner**), elle (**9 jouer**) au tennis et elle (**10 essayer**) de faire du cheval.
Vous	Et Claude et Liliane?
Françoise	Liliane (**11 prendre**) des bains de soleil et Claude (**12 aller**) à la pêche. Ils (**13 se reposer**)!
Vous	Qu'est-ce qu'ils (**14 voir**) de typique en Bretagne?
Françoise	Ils (**15 voir**) des mégalithes et des calvaires, et Colette (**16 admirer**) les coiffes et les costumes régionaux.
Vous	(**17 Goûter**)-ils aux spécialités gastronomiques de la région?
Françoise	Bien sûr! Ils (**18 manger**) du poisson, des crustacés et des crêpes.
Vous	Claude (**19 boire**)-t-il du cidre breton?
Françoise	Probablement!
Vous	Est-ce que les enfants vous (**20 manquer**)?
Françoise	Beaucoup, mais j'espère bien qu'ils (**21 avoir**) le temps d'écrire et qu'ils nous (**22 envoyer**) des cartes postales.

Anne et Michelle sont en train de parler de leur amie Chantal.

Anne	Dis-donc, tu as des nouvelles de Chantal, toi? Moi, ça fait bien longtemps que je ne l'ai pas vue.
Michelle	Je l'ai rencontrée mardi dernier. Mais tu sais, elle a décidé de refaire les peintures.
Anne	Ah oui, c'est vrai. Elle a déménagé il y a deux ou trois mois, n'est-ce pas? Tu as vu le nouvel appartement?
Michelle	Non, pas encore. J'irai quand il sera refait.
Anne	Laurent va l'aider, j'espère!
Michelle	Bien sûr! Elle compte sur lui! Il lui a déjà prêté son escabeau, et samedi il achètera tout ce qu'il faut – des pinceaux, un rouleau, de la colle . . .
Anne	De la peinture aussi?
Michelle	Chantal a déjà choisi la peinture et le papier peint. Du papier à rayures pour la salle de séjour, et du papier à fleurs pour sa chambre. Elle m'en a montré un échantillon. C'est vraiment délicat comme dessin.
Anne	Et quand commenceront-ils?
Michelle	Samedi après-midi. Tu sais bien que c'est le week-end de la Pentecôte.

Anne	C'est vrai, c'est un long week-end. Ils auront plus de temps.
Michelle	D'abord, ils videront les meubles dans la chambre à coucher. Ensuite ils mettront des journaux par terre, pour protéger la moquette et ils laveront le plafond et les murs. Naturellement, ils peindront le plafond avant de coller le papier.
Anne	Je suppose qu'elle devra changer de rideaux aussi?
Michelle	Ah oui. Elle achètera du tissu pour faire des rideaux, en choisissant avec soin des couleurs assorties aux papiers peints. Elle aura besoin aussi d'un nouveau dessus-de-lit et de coussins pour mettre sur le sofa, dans le séjour.
Anne	Espérons que Chantal n'aura plus envie de déménager!
Michelle	Oh, si Chantal et Laurent décident de se marier, ils iront probablement dans une autre maison, où il faudra tout refaire, une fois de plus! C'est la vie!

QU'EST-CE QUE ÇA VEUT DIRE?

refaire les peintures	to (re)decorate
un escabeau	a step-ladder
un pinceau	a paintbrush
un rouleau	a roller
la colle	glue, paste
la peinture	paint
le papier peint	wallpaper
un échantillon	a sample
la Pentecôte	Pentecost, Whitsun
par terre	on the ground / floor
la moquette	the fitted carpet
le plafond	the ceiling
le mur	the wall
peindre	to paint
le rideau	curtain
assorti(e) à	matching, going well with
un dessus-de-lit	a bedcover
un coussin	a cushion

Avez-vous compris?

Répondez en français.

1   Qu'a fait Chantal il y a quelques mois?
2   Va-t-elle refaire les peintures toute seule?

3 Qu'est-ce que Laurent achètera?
4 Quelle sorte de papier peint a-t-elle choisie pour le séjour / sa chambre?
5 Quand Laurent et Chantal commenceront-ils?
6 Que feront-ils d'abord?
7 Est-ce qu'ils peindront le plafond après avoir collé le papier peint?
8 Est-ce que Chantal devra changer de rideaux?
9 De quoi aura-t-elle aussi besoin pour le séjour / sa chambre?
10 Que feront probablement Laurent et Chantal, s'ils décident de se marier?

À VOUS!

Qu'est-ce que c'est? Ecrivez à quoi correspondent les numéros.

1 _____   6 _____
2 _____   7 _____
3 _____   8 _____
4 _____   9 _____
5 _____   10 _____

———— Jeu de rôles ————

Travaillez avec un / une partenaire. D'abord remplissez votre agenda pour la semaine prochaine.
Puis demandez à votre partenaire ce qu'il / qu'elle fera pendant la semaine.

exemple   Qu'est-ce que vous ferez après-demain? Sortirez-vous mardi soir?

Finalement, répondez aux questions de votre partenaire, et vice versa.

Voici le bulletin météorologique pour le week-end de la Pentecôte.

Météo – En France aujourd'hui

L'ensemble du pays restera sous l'influence d'un temps instable et frais, avec de nombreux passages nuageux accompagnés d'averses surtout dans la matinée.

Temps très variable avec vent de secteur ouest modéré sur le Nord du pays. Très nuageux avec pluie en Bretagne.

Sur les autres régions, le temps restera capricieux, les éclaircies devenant belles l'après-midi sur la côte atlantique, mais le ciel restant couvert dans le Massif Central et dans l'Est du pays. Des Pyrénées aux Alpes, beau temps ensoleillé avec cependant quelques orages en Corse.

Il fera plutôt frais et les températures resteront inférieures aux moyennes saisonnières.

QU'EST-CE QUE ÇA VEUT DIRE?

nuageux	*cloudy*
une averse	*a shower*
une éclaircie	*a clear period*
un orage	*a storm*
couvert	*overcast*
la moyenne saisonnière	*the seasonal average*

Avez-vous compris?

Répondez en français.

1   Quel temps fera-t-il en général le matin?
2   D'où soufflera le vent dans le Nord?
3   Dans quelle région pleuvra-t-il beaucoup?
4   Y aura-t-il beaucoup de nuages sur la côte atlantique l'après-midi?
5   Y aura-t-il des éclaircies dans le Massif Central et dans l'Est?
6   Où fera-t-il beau?

7   Fera-t-il le même temps dans toutes les régions du Sud?
8   Les températures seront-elles normales pour la saison?

À VOUS!

Utilisez les symboles pour indiquer le temps qu'il fera dans les différentes régions de France.

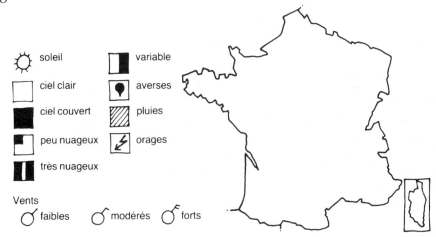

Un peu de grammaire

Encore du futur

j'aurai (avoir)
j'enverrai (envoyer)

More irregular verbs in the future

I shall / will have, I'll have
I shall / will send, I'll send

Si et quand
Compare:
S'il fait beau demain, je sortirai.
Quand il fera beau, j'irai au bord
   de la mer.

If and when

If it is fine tomorrow, I'll go out.
*When it is fine, (lit. when it will be
   fine), I'll go to the seaside.*

   GRAMMAIRE 12

Exercices

A   Utilisez les verbes ci-dessous pour compléter la lettre de Monique.

préféreront   fera joueront   amuserons   verrons   auront

arriverons

passerons   descendrons   loueront   irons

prendrons   achèteront   partirons

Poitiers, le 4 mai

Chère Marie-Claire,

Enfin, c'est décidé, et j'en suis bien contente! Nous 1.___ au Maroc cette année!

Nous ne 2.___ pas l'avion cette fois, car Jean-Luc a peur, et en plus il a le mal de l'air. Les enfants 3.___ aussi prendre le bateau.

Après avoir passé trois jours à bord du ferry, nous 4.___ à Casablanca. Ensuite nous 5.___ une voiture, et nous 6.___ pour Agadir. Nous 7.___ à l'Hôtel, et nous y 8.___ une semaine pour nous détendre un peu. Jean-Luc 9.___ de la voile, et les enfants 10.___ au ballon et aux boules sur la plage. Naturellement nous nous 11.___ bien! Pendant nos vacances nous 12.___ plusieurs monuments historiques, surtout à Fès et à Marrakesh. Je suis sûre que les filles 13.___ envie d'aller dans les célèbres marchés, où elles 14.___ sans doute toutes sortes de bracelets et de boucles d'oreilles en argent!

En espérant te lire prochainement,
Ton amie,
Monique

B   Complétez la conversation entre deux voisins.

Georges	Dites-donc, Brice, vous partez en week-end?
Brice	(1) *Say no, you'll be staying at home and redecorating.*
Georges	Vous n'avez pas de chance! Selon la météo il fera beau samedi! Vous avez besoin de quelque chose?
Brice	(2) *Say no, your wife will buy paint brushes, paste and a roller.*
Georges	Et la peinture? J'en ai dans le garage.
Brice	(3) *Thank him and say she has already chosen the paint and the wallpaper.*
Georges	Alors, c'est sérieux! Les enfants vous aideront peut-être?

Brice	(4) *Say no, unfortunately, Jacques and Patricia will be sailing, and Sylviane will be going out with her boyfriend.*
Georges	Mais votre femme sera là. Vous pourrez compter sur elle!
Brice	(5) *Say of course, she will wash the walls and the ceiling.*
Georges	Vous avez de la chance! Et que fera-t-elle d'autre?
Brice	(6) *Say, nothing. And say, **you'll** paint the ceiling and put up the wallpaper.*
Georges	Et vous aurez fini à la fin du week-end?
Georges	(7) *Say you hope so!*

C   Relisez les renseignements sur les différentes régions de France mentionnées dans *Façon de Parler!* Racontez à un amie / une amie ce qu'il / elle fera et verra s'il / si elle visite ces régions.

exemple   Si vous allez en Bretagne, vous visiterez des endroits historiques, vous verrez des mégalithes et des calvaires, vous mangerez des fruits de mer et des crêpes . . ., etc.

D   Trouvez les activités idéales pour les personnes ci-dessous. Ajoutez vos propres idées.

exemple   Marc fera de la voile, il fera aussi du jogging, et il jouera au badminton.

Arlette: grand-mère, veuve, bavarde, 74 ans, souffre d'arthrite.
Marc: sportif, célibataire, 25 ans.
Jeanne: musicienne, mariée, élégante, 33 ans.
Julien: 10 ans, timide, souffre de crises d'asthme.
Jean-Paul: 51 ans, au régime, paresseux.

- jouer au squash / au badminton / au basket / au golf / au tennis / aux boules / aux cartes / aux échecs / d'un instrument de musique (du violon, du piano, de la clarinette, de la guitare)
- faire du yoga / du karaté / du jogging / de l'aérobic / de la natation / de la musculation / de l'équitation / de la voile / une promenade
- aller au concert / au théâtre / au stade / au cinéma / au restaurant
- faire les courses / le ménage / du jardinage
- lire / écouter de la musique / regarder la télévision / téléphoner à un(e) ami(e) / tricoter / faire de la couture / inviter des amis / sortir avec des copains et des copines

E   Ecrivez à un amie / une amie en France pour lui raconter vos projets de vacances et lui demander les siens, **OU** invitez un(e) ami(e) / des amis à passer quelque temps chez vous pour la première fois. Proposez des excursions, des distractions, etc.

Écoutez bien!

La météo

1   Why are the holidaymakers unlucky?
2   Where will the heaviest showers take place?
3   Where might there be snow?
4   What will the weather be like in Normandy?
5   What direction is the wind coming from?
6   Why will holidaymakers be luckier towards the end of the week?
7   Where will the clear periods be?
8   What will the weather be like in the South of France?
9   What will the highest temperatures be in the northern half of the country?
10   What will they be in the southern half?

Les vacances

First, listen to the three people being interviewed, then make notes about their holidays. Say where they are going and why, for how long and what type of accommodation they have chosen.

Now listen to the interviews again, and indicate which person will be doing which activity during the holidays.

Distractions:

1   se baignera
2   fumera la pipe
3   lira le journal
4   visitera les villes historiques
5   fera de la voile
6   fera de la plongée sous-marine
7   ira au café
8   bavardera
9   fera des randonnées à cheval
10   verra les monuments et la tapisserie à Bayeux
11   boira
12   jouera aux cartes

Lecture

Victor Hugo was one of the greatest literary figures in France during the nineteenth century. Read this biography, and give a brief summary in English. Then read the poem *Demain dès l'aube*, dedicated to the memory of his dead daughter and answer the questions.

Victor Hugo occupe une place exceptionnelle dans l'histoire de la littérature française et domine le dix-neuvième siècle par la durée de sa vie et la diversité de son œuvre: poésie, drame en vers et en prose, roman. Il est né en 1802 à Besançon mais, à part un séjour de deux ans à Naples et un voyage d'un an en Espagne, il a passé son enfance à Paris.

Après avoir étudié au lycée Louis-le-Grand, il a obtenu des succès scolaires et il a composé ses premiers poèmes. Avec ses frères il a fondé la revue *Le Conservateur littéraire*, et en 1822 il a publié son premier recueil de poèmes, les *Odes et ballades*. D'abord un poète classique et monarchiste, il a publié en 1827 un drame, *Cromwell*, dont la préface constitue un manifeste anticlassique et définit le romantisme. Après la réussite de son drame *Hernani*, il est devenu le chef du romantisme et l'idole de la jeune génération. En 1831, il a publié son grand roman historique *Notre-Dame de Paris* dont le héros est le célèbre personnage Quasimodo.

En 1843, la mort de sa fille aînée Léopoldine, qui s'est noyée dans la Seine à Villequier avec son époux, l'a bouleversé. C'est à partir de cette date qu'il s'est lancé dans la politique. Nommé pair de France, il a parlé à la Chambre haute contre la peine de mort et l'injustice sociale. Dans le journal *l'Événement* il a dénoncé les ambitions de Louis-Napoléon et, risquant d'être arrêté, il a dû quitter Paris. Toujours conscient de sa mission, il avait déclaré que le poète *'doit marcher devant les peuples comme une lumière et leur montrer le chemin...'*

Hugo a passé presque vingt ans en exil, d'abord à Bruxelles, ensuite à Jersey et à Guernesey, où il a composé ses œuvres maîtresses, y compris son recueil de poèmes, les *Contemplations* et son roman *Les Misérables*. Dès le début de la guerre Franco-Prussienne de 1870, Hugo a songé à rentrer en France: il est arrivé à Bruxelles en août, et à Paris le lendemain de la proclamation de la Troisième République. Député à Paris à l'Assemblée Nationale, il a voté contre la paix. Pendant la Commune il a séjourné à Bruxelles puis au Luxembourg. De retour à Paris, il a échoué aux élections législatives, mais il est devenu sénateur inamovible en 1876. En 1882, la nation tout entière a célébré son 80e anniversaire. Il est mort à Paris en 1885 et la République lui a fait des funérailles grandioses.

Demain dès l'aube

Demain, dès l'aube, à l'heure où blanchit la campagne,
Je partirai. Vois-tu, je sais que tu m'attends.
J'irai par la forêt, j'irai par la montagne.
Je ne puis demeurer loin de toi plus longtemps.

Je marcherai les yeux fixés sur mes pensées,
Sans rien voir au-dehors, sans entendre aucun bruit.
Seul, inconnu, le dos courbé, les mains croisées,
Triste, et le jour pour moi sera comme la nuit.

Je ne regarderai ni l'or du soir qui tombe,
Ni les voiles au loin descendant vers Harfleur,
Et quand j'arriverai, je mettrai sur ta tombe
Un bouquet de houx vert et de bruyère en fleur.

1 What picture of the dawn does the poet give us in the first verse?
2 What does this contrast with in the final verse?
3 How does the poet give us the impression he is travelling a great
   distance?
4 Which phrases suggest that this is a very personal matter?
5 What striking metaphor demonstrates that he is totally inward-looking?
6 Which phrase balances 'sans entendre aucun bruit'?
7 Which words suggest that the poet is isolated from the world around
   him?
8 How is his sadness illustrated?
9 In the final verse, how does he demonstrate his single-mindedness?
10 Why do you think he chooses holly and heather to put on his daughter's
    tomb?

Onzième UNITÉ

Monsieur Lachance est P-DG (Président-Directeur Général) de CHECK, une société de systèmes de sécurité. Il rencontre son ami Monsieur Déveine.

Lachance	Alors, mon cher Déveine, ça va?
Déveine	Pas trop mal en ce moment. Vous savez que j'étais au chômage, mais je viens de retrouver du travail.
Lachance	C'est une bonne nouvelle, ça!
Déveine	Ah, oui. Ma femme est ravie et ma belle-mère me fiche la paix!
Lachance	Qu'est-ce que vous faites maintenant?
Déveine	Je suis représentant. C'est assez bien rémunéré avec les commissions.
Lachance	Vous avez une voiture de service, alors?
Déveine	Oui, mais c'est seulement une voiture d'occasion. Et j'ai cinq semaines de vacances par an.
Lachance	Moi, je n'ai pas pris de vacances cette année. Ma femme est partie seule avec les enfants. Pour quelle sorte de société travaillez-vous maintenant?
Déveine	Nous vendons des fournitures de bureau.
Lachance	Il faudra venir nous voir! Nous sommes en train de moderniser nos bureaux de Boulogne.
Déveine	Nous livrons rapidement et je pourrai vous faire une remise avantageuse si vous nous passez une commande importante.
Lachance	Quand pouvez-vous venir me voir? Demain?
Déveine	Je ne suis pas libre cette semaine, mais la semaine prochaine, je suis libre mardi matin.
Lachance	Parfait! En attendant, envoyez-moi un catalogue.
Déveine	Aucun problème. Et je vous apporterai des échantillons mardi. Alors, si je comprends bien, les affaires vont toujours aussi bien?
Lachance	De mieux en mieux. Avec l'augmentation du nombre de cambriolages, nous sommes vraiment populaires!
Déveine	Ah! Le malheur des uns fait le bonheur des autres!
Lachance	C'est vrai, mais le succès ne vient pas tout seul. Je travaille trop et ma femme n'arrête pas de me répéter que l'argent ne fait pas le bonheur.
Déveine	Vous vous absentez souvent?
Lachance	Je commence tôt le matin, je finis tard le soir et je suis souvent en déplacement.
Déveine	Ah oui, vous avez des succursales à l'étranger.
Lachance	Pour l'instant, en Grande-Bretagne et en Allemagne. Et nous

	avons des projets pour nous établir en Espagne.
Déveine	Vous parlez, l'espagnol?
Lachance	Malheureusement, non. Je me débrouille en anglais et j'ai quelques notions d'allemand, mais je ne parle pas un mot d'espagnol. C'est d'ailleurs pourquoi nous essayons de recruter une autre secrétaire bilingue. Regardez, nous venons de passer une annonce dans le journal. Et tenez, voilà notre nouvel encart publicitaire. Qu'est-ce que vous en pensez?

QU'EST-CE QUE ÇA VEUT DIRE?

un P-DG (Président-Directeur Général)	a Managing Director
une société	a company
être en / au chômage	to be unemployed
ravi(e)	delighted
me fiche la paix	leaves me in peace
une voiture de service	a company car
d'occasion	second-hand
les fournitures (f.) de bureau	office equipment
il faudra	you will have to
être en train (de)	to be in the process (of)
livrer	to deliver
une remise	a discount
une commande	an order
de mieux en mieux	better and better
être en déplacement	to be away / on a business trip
le malheur	unhappiness, misfortune
une succursale	a branch
s'établir	to set up
se débrouiller	to manage
des notions (f.)	a smattering, some knowledge
d'ailleurs	in fact (here)
tenez!	here you are! / look!
un encart publicitaire	an advert in a paper or magazine

Avez-vous compris?

Qui est-ce? M. Lachance, M. Déveine ou les deux?

1   Il parle un peu l'allemand.
2   Il va souvent à l'étranger.
3   Sa société vend des fournitures de bureau.
4   Il n'a pas une voiture neuve.
5   Il voyage beaucoup pour son travail.
6   Il travaille dur.
7   Il est assez satisfait de son salaire.
8   Il cherche une autre secrétaire.
9   Il n'est plus en chômage.
10 Ses affaires sont prospères.
11 Il a cinq semaines de vacances par an.
12 Il est représentant.
13 Sa société va s'établir en Espagne.
14 Sa femme n'est pas satisfaite.
15 Sa femme est très contente.
16 Il est homme d'affaires.
17 Il a rendez-vous mardi prochain.
18 Sa société livre rapidement.
19 Sa société a des succursales à l'étranger.
20 Il va envoyer un catalogue.

À VOUS!

Imaginez que vous travaillez dans une succursale britannique de
CHECK. Vous avez reçu un dossier des employés de Boulogne-Billancourt.
Expliquez qui est qui à vos collègues. Vous pouvez aussi décrire les
personnes dont vous avez les photos.

1   Managing Director:
2   Personal Assistant:
3   Head accountant:
4   Commercial Manager:
5   Advertising Manager:
6   Marketing Manager:
7   Sales Manager:
8   Purchasing Manager:
9   Personnel Manager:
10 Reps:
11 Secretaries:
12 Computer operator:
13 Receptionist:
14 Switchboard operator:

Mme Lacroix
Hôtesse d'accueil

Mlle Nicot
Opératrice informatique

Mlle Abadi – Représentante
Mlle Amandin – Directrice de la Publicité
M. Balland – Directeur commercial
M. Blanchet – Chef Comptable
Mme Chevrinais – Chef du Personnel
Mlle Flon – Standardiste
Mme Jolivel – Chef des Achats

M. Stavalen
Représentant

Mlle Abadi
Représentante

M. Lachance – P-DG
Mme Lacroix – Hôtesse d'accueil
Mme Manès – Secrétaire de direction
M. Masset – Chef des Ventes

Mme Chevrinais
Chef du Personnel

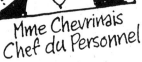

M. Lachance
P-DG

Mlle Nicot – Opératrice informatique
Mlle Paynot – Secrétaire trilingue (allemand, anglais)
M. Pinot – Directeur du Marketing
Mme Rieux – Secrétaire
M. Stavalen – Représentant
Mme Viard – Secrétaire bilingue (anglais)

Au bureau, Mme Manès, la secrétaire de M. Lachance, téléphone à ELECSYS, une entreprise de systèmes électroniques.

La standardiste	Allô! ELECSYS, j'écoute.
Mme Manès	Allô! Je voudrais le poste 174, s'il vous plaît.
La standardiste	Oui, ne quittez pas, je vous prie.
Une femme	Allô!
Mme Manès	Bonjour madame, pouvez-vous me passer Monsieur Durant, s'il vous plaît?
La femme	C'est de la part de qui?
Mme Manès	Je suis la secrétaire de direction de CHECK.
Femme	Ne quittez pas, je vous le passe.
M. Durant	Allô!
Mme Manès	Allô, Monsieur Durant, bonjour. C'est Madame Manès à l'appareil. Je vous téléphone de la part de Monsieur Lachance. Il voudrait prendre rendez-vous pour vous voir le plus tôt possible.
M. Durant	Au début de la semaine prochaine, ça ira?
Mme Manès	Oui, sauf mardi.
M. Durant	Moi, je suis libre mercredi.
Mme Manès	Pas de problème. A onze heures, ça vous convient?
M. Durant	Parfait. Comme ça, nous pourrons déjeuner ensemble.

QU'EST-CE QUE ÇA VEUT DIRE?

une entreprise	*a firm, business*
le poste 174	*extension 174*
Ne quittez pas!	*Hold the line!*
je vous prie	*please*
de la part (de)	*on behalf (of)*
C'est de la part de qui?	*Who is calling?*
Je vous le / la passe.	*I am putting you through (to him / her).*
C'est M . . . à l'appareil	*It's M . . . speaking*
prendre rendez-vous	*to make an appointment*
Ça ira?	*Will that be OK?*
Ça vous convient?	*Does that suit you?*

Avez-vous compris?

Complétez.

Madame Manès est la (**1**)_____ de CHECK. Elle téléphone à une (**2**)_____ de systèmes électroniques qui (**3**)_____ ELECSYS. Elle demande le (**4**)_____. Elle veut parler à (**5**)_____ pour prendre (**6**)_____ pour son patron qui veut voir Monsieur Durant (**7**)_____. La (**8**)_____ prochaine, Monsieur Lachance n'est pas (**9**)_____ le mardi. Madame Manès et Monsieur Durant se mettent d'accord sur (**10**)_____ à (**11**)_____. Ça (**12**)_____ parfaitement à Monsieur Durant.

Monsieur Déveine, le représentant, a moins de chance avec ses coups de téléphone.

La standardiste	Allô! Société Dubreuil!
M. Déveine	Allô! Pourrais-je parler à mademoiselle Janet, s'il vous plaît?
La standardiste	Dans quel service travaille-t-elle?
M. Déveine	Au service de la comptabilité.
La standardiste	C'est de la part de qui?
M. Déveine	Monsieur Déveine. Je suis le représentant de BUROTIK 2000.
La standardiste	Ne quittez pas . . . Allô, je suis désolée, monsieur, la ligne est occupée. Voulez-vous attendre?
M. Déveine	Non. Je rappellerai un peu plus tard.

M. Déveine essaie de rappeler Mlle Janet.

La standardiste	Allô! Société Dubreuil!
M. Déveine	Allô! Pourrais-je parler à mademoiselle Janet, s'il vous plaît?
La standardiste	C'est de la part de qui?
M. Déveine	Monsieur Déveine, le représentant de BUROTIK 2000.
La standardiste	Ne quittez pas, je vous prie.
Un homme	Allô, Monsieur Leroy à l'appareil!
M. Déveine	Je voudrais parler à mademoiselle Janet.
M. Leroy	Je regrette, mais elle est en réunion. Est-ce que je peux vous aider?
M. Déveine	Non. Je dois lui parler en personne. Mais c'est très

	urgent. Pouvez-vous lui demander de me rappeler le plus tôt possible?
M. Leroy	Bien sûr! Pouvez-vous me donner vos coordonnées, monsieur?
M. Déveine	Oui. Je suis Monsieur Déveine.
M. Leroy	Ça s'écrit comment?
M. Déveine	D- E accent aigu -V-E-I-N-E.
M. Leroy	N-E. Pouvez-vous me donner votre numéro de téléphone?
M. Déveine	C'est le 80.39.72.14.
M. Leroy	Oui. Et quel est le nom de votre entreprise?
M. Déveine	BUROTIK 2000.
M. Leroy	Pouvez-vous épeler, s'il vous plaît?
M. Déveine	B-U-R-O-T-I-K, 2000, comme l'an 2000!
M. Leroy	Très bien. Je lui ferai la commission.
M. Déveine	Merci beaucoup. Au revoir, monsieur.
M. Leroy	Je vous en prie. Au revoir.

QU'EST-CE QUE ÇA VEUT DIRE?

le service (de la comptabilité)	*the (accounts) department*
la ligne est occupée	*the line is engaged*
je rappellerai	*I'll call back*
les coordonnées (f.)	*details* (i.e. name, address and phone number)
Je lui ferai la commission	*I'll give him / her the message*

Avez-vous compris?

Répondez *vrai* ou *faux*.

1 L'entreprise de M. Déveine s'appelle BUROTIK 2000.
2 Mlle Janet travaille à la Société Dubreuil.
3 Elle travaille au service de la publicité.
4 La première fois que M. Déveine téléphone à Mlle Janet, la ligne n'est pas libre.
5 M. Déveine dit qu'il va la rappeler.
6 La deuxième fois que M. Déveine appelle, la ligne est occupée.
7 M. Leroy n'est pas en réunion avec Mlle Janet.
8 M. Déveine dit qu'il est désolé.
9 M. Déveine veut parler d'urgence à Mlle Janet.

10   M. Déveine laisse un message pour Mlle Janet.

11   La standardiste va faire la commission à Mlle Janet.

12   M. Leroy demande à M. Déveine de lui donner ses coordonnées.

À VOUS!

Mlle White téléphone à la Maison Lacouture. Mettez la conversation dans le bon ordre.

1   –   Bien sûr. Pouvez-vous me donner votre nom?

2   –   Oui. Et votre numéro de téléphone?

3   –   Je vous remercie. Au revoir.

4   –   Je suis désolé. M. Tisserand est en réunion.

5   –   C'est le 0171.919.52.08. J'appelle de Londres en Angleterre.

6   –   Allô! Maison Lacouture, j'écoute.

7   –   Très bien. Je lui ferai la commission.

8   –   Pouvez-vous lui demander de me rappeler le plus tôt possible? C'est urgent.

9   –   Mlle White, de BRITRAGS.

10   –   Pourrais-je parler à M. Tisserand, s'il vous plaît?

Voici l'encart publicitaire dont M. Lachance a parlé à M. Déveine.

QU'EST-CE QUE ÇA VEUT DIRE?

faire confiance	to trust
un robinet	a tap
fermer à clef	to lock
l'esprit tranquille	with your mind at peace, with peace of mind
une tentative	an attempt
une fuite	a leak
un incendie	a fire
une inondation	a flood
déclencher l'alerte	to set off the alarm
la télécopie / le fax	fax

Avez-vous compris?

Répondez en français.

1   Que fait-on en général avant de sortir?
2   Que peut détecter le système d'alarme CHECK?
3   A votre avis, le service offert par CHECK est-il un service de qualité? Pourquoi?

À VOUS!

Reliez les titres ci-dessous avec les extraits des différents articles du journal.

Météo – Des Inondations en Normandie

Sans-abri après le terrible incendie

FUITE DE GAZ FATALE

VOISIN COURAGEUX ÉVITE CAMBRIOLAGE

1 . . . est à l'origine de la terrible explosion qui a complètement détruit un immeuble de douze étages dans la banlieue de la ville. La plupart des locataires étaient heureusement au travail ou à l'école . . .

2 . . . Quand il a entendu du bruit, Monsieur Haret, qui savait que toute la famille était en vacances, a pris son téléphone portatif et le rouleau à pâtisserie de sa femme . . .

3 . . . Il pleut sans arrêt depuis une semaine dans la région de Planville. Les équipes de secours se déplacent en bateau. Les habitants se sont réfugiés au premier étage . . .

4 . . . Les pompiers ont réussi à sauver tous les membres de la famille, mais les parents souffrent de brûlures assez graves. La maison a été totalement détruite . . .

Voici la petite annonce passée par M. Lachance dans les **Offres d'emploi** en vue de recruter un(e) secrétaire comptable bilingue.

Société en pleine expansion recherche
Secrétaire comptable
Bilingue espagnol (anglais un atout)
25 à 45 ans.
Connaissances TTX et tableurs.
Excellente présentation exigée.
Merci d'envoyer lettre manuscrite + CV et photo à:
Mme Chevrinais, Chef du Personnel
B.P. 274 - 193 avenue Jean Jaurès, 75019 PARIS Cedex.

QU'EST-CE QUE ÇA VEUT DIRE?

un atout	*an advantage* (lit. a trump)
les connaissances (f.)	*knowledge*
TTX (le traitement de texte)	*word-processing*
un tableur	*a spreadsheet*
BP (Boîte Postale) (f.)	*PO Box*
Cedex (Courier d'Entreprise à distribution exceptionelle)	Acronym added to postal code. (an accelerated postal service for bulk users)

Avez-vous compris?

Un ami / Une amie anglais(e) vous demande de décrire le / la candidat(e) idéal(e) pour la société de M. Lachance.

À VOUS!

Préparez une annonce d'offre d'emploi pour votre société.

Your company is looking for an English-French bilingual secretary (German an advantage), with knowledge of word-processing and spreadsheets. Mention other requirements such as age, particular qualities, etc. Alternatively, you might like to devise your own ad describing a particular job.

Une candidate a répondu à l'annonce de CHECK. Sa lettre est à la page suivante. Le vocabulaire se trouve ci-dessous.

QU'EST-CE QUE ÇA VEUT DIRE?

poser sa candidature	*to apply*
maîtriser	*to master*
un diplôme	*a qualification*
un entretien	*an interview*
Je vous prie d'agréer l'expression de mes sentiments respectueux	*Yours faithfully*

There are many formal endings in French expressing various degrees of respect and politeness. Choose **sentiments respectueux** when writing to a woman or a superior. Otherwise, use **sentiments distingués**.

Dijon, le 30 novembre

Madame,

Suite à votre annonce parue dans le Figaro du 24 novembre, j'ai l'honneur de poser ma candidature au poste de secrétaire comptable bilingue.

Je m'appelle Anne-Laure Brunet, je suis âgée de vingt-huit ans et je suis célibataire. J'ai suivi les cours de l'Ecole de Commerce de Dijon. J'ai travaillé pendant sept ans comme secrétaire comptable pour Euroca, société multinationale, période durant laquelle j'ai eu l'occasion de faire un stage de six mois à Madrid. Je maîtrise bien l'espagnol et j'ai des notions d'anglais.

Je cherche maintenant du travail dans la région parisienne. J'aimerais un emploi avec plus de responsabilités et mieux rémunéré. J'aimerais aussi utiliser mon espagnol.

Veuillez trouver ci-joint les copies de mes diplômes et mon CV.

Dans l'espoir de votre réponse, et sollicitant un entretien, je vous prie d'agréer, Madame, l'expression de mes sentiments respectueux.

A. L. Brunet.

P. J.

Avez-vous compris?

Complétez le CV d'Anne-Laure Brunet. Ajoutez tous les détails possibles.

Nom	_____
Prénom	_____
Date de naissance	10 juillet_____
Situation de famille	_____
Adresse	35 rue de Mulhouse Dijon
Diplômes	Bac G3 BTS Commerce
Langues étrangères	_____ _____
Expérience professionnelle	_____ Stage à Madrid, Espagne pendant six mois

Bac = Baccalauréat (French equivalent of 'A' levels)
BTS = Brevet de Technicien Supérieur

À VOUS! _____

Travaillez à tour de rôle avec un / une partenaire.
Imaginez que vous êtes à un entretien avec le chef du personnel d'une société pour laquelle vous voulez travailler. Répondez à ses questions.

- Bonjour, M . . .
- Quel âge avez-vous?
- Quelle est votre situation de famille?
- Vous parlez combien de langues étrangères?
- Que faites-vous en ce moment?
- Depuis combien de temps?
- Pourquoi voulez-vous travailler pour nous?
- Etes-vous prêt(e) à voyager à l'étranger?

Exercices

A Ecrivez une lettre à un ami / une amie pour lui dire que vous venez de changer de travail.

Include the following points:
- Say how long you have been working there, whether you are happy and why (type of firm, salary, car, etc.).
- Explain what the work involves.
- Explain where you work, how you get there and how long it takes.
- Compare your place of work with the previous one and talk about your colleagues.
- Say what your boss is like.

B Complétez la conversation téléphonique.

Standardiste	Entreprise Bertrand, j'écoute!
Vous	(**1**) *Say you'd like extension 218.*
Standardiste	Ne quittez pas.
Homme	Allô, service des ventes.
Vous	(**2**) *Say you'd like to talk to Mrs Monnet.*
Homme	Je suis désolé, Madame Monnet est en réunion. Est-ce que je peux vous aider?
Vous	(**3**) *Say you have not received their catalogue and samples.*
Homme	Pas de problème, je vais vous en envoyer d'autres. Donnez-moi vos coordonnées.
Vous	(**4**) *Give your name.*
Homme	Et votre adresse?
Vous	(**5**) *Do as requested.*
Homme	Je vous envoie ça tout de suite.
Vous	(**6**) *Ask if they do discounts on big orders.*
Homme	Nous offrons des conditions avantageuses à nos bons clients.
Vous	(**7**) *Ask if they deliver quickly.*
Homme	Nos délais de livraisons sont en moyenne d'une semaine.
Vous	(**8**) *Thank him and say goodbye.*

C **CHECK** s'intéresse à la candidature de Mademoiselle Brunet. Complétez la lettre qui l'invite à un entretien, avec le vocabulaire suivant.

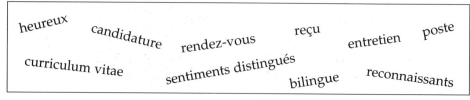

heureux   candidature   rendez-vous   reçu   entretien   poste   curriculum vitae   sentiments distingués   bilingue   reconnaissants

Mademoiselle,

Nous avons bien **(1)** _____ votre lettre de **(2)** _____ pour le **(3)** _____ de secrétaire comptable **(4)** _____ (espagnol). Nous sommes **(5)** _____ de vous annoncer que votre **(6)** _____ a retenu notre attention et que nous aimerions avoir un **(7)** _____ avec vous, si possible avant le 24 décembre.

Nous vous serions donc **(8)** _____ de bien vouloir nous contacter dans les plus brefs délais afin de convenir d'un **(9)** _____.

Dans l'attente du plaisir de vous recevoir, veuillez agréer, Mademoiselle, l'expression de nos **(10)** _____.

M. Chevrinais
Chef du Personnel

D Améliorez l'article de journal en incorporant les mots et expressions suivants:

immédiatement	sur-le-champ
sans attendre	de bonne heure
peu de temps après	en arrivant
en fait	sans délai
tout de suite	environ deux heures plus tard
sans perdre de temps	à sa grande surprise
ce matin-là	grièvement
totalement	

GIGANTESQUE EXPLOSION ÉVITÉE DE JUSTESSE GRÂCE À UN CHEF DES VENTES ATTENTIF

Paul Mercier, chef des ventes d'une petite entreprise de banlieue, est arrivé au bureau pour finir un rapport urgent pour un client important. Il a retiré sa veste et il s'est mis au travail.

Il a senti une drôle d'odeur. Il a levé la tête et a regardé par la fenêtre. Il a vu de la fumée noire sortir de l'usine de produits chimiques, en face de son bureau.

Il a téléphoné aux sapeurs-pompiers.
Il a expliqué que l'incendie était
particulièrement dangereux, à cause du
risque d'explosion.

Les pompiers ont quitté la caserne. Il y
avait beaucoup de circulation et leur
voiture a avancé assez lentement
malgré la sirène.

Les pompiers ont évacué les gens de
l'immeuble voisin. Quand les gens ont
vu qu'un homme était coincé au
deuxième étage du bâtiment, l'un des
pompiers est monté à l'échelle.

Il a calmé l'homme qui, soulagé, s'est
mis à pleurer, et il l'a aidé à descendre.

Les pompiers ont réussi à éteindre
l'incendie. Il n'y a pas eu d'explosion et
personne n'a été blessé ni brûlé.

L'homme, qui était le directeur de
l'usine, a serré la main à Paul pour le
remercier et lui exprimer sa
reconnaissance. Il lui a dit: "Non
seulement vous m'avez sauvé la vie et
la vie de mes employés, mais grâce à
vous, l'usine n'est pas détruite et les
ouvriers ne seront pas au chômage."

Écoutez bien! 🎧

Listen to the messages recorded on the answerphone in your absence. Take
notes in English (who has rung, why, etc.). Indicate also the time of each
call.

Douzième UNITÉ

Après une visite au parc zoologique de Clères, Colette a écrit une rédaction pour l'école.

Sujet de rédaction : "Décrivez un endroit que vous avez visité récemment."

Dimanche dernier, je suis allée au parc de Clères avec mon amie Annie et sa famille. Il faisait très beau. Le soleil brillait, le ciel était bleu et il n'y avait pas un nuage.

Dans les jardins du château, des paons faisaient la roue ou se promenaient majestueusement. Il y avait beaucoup d'oiseaux sur le lac. Des flamants roses, dont certains se tenaient sur une patte, des grues, des cygnes et plein de canards.

La plupart des visiteurs étaient fascinés par les singes qui étaient sur les îles du lac. Ils mangeaient des graines ou des fruits, ils sautaient de branche en branche, ils se grattaient, ils se disputaient ou ils jouaient. Ils étaient vraiment très drôles !

Dans les volières, à l'intérieur du château, il y avait des oiseaux exotiques plus délicats, comme les toucans, mais il faisait beaucoup trop chaud. À la fin de la visite, j'avais très soif et j'avais mal aux pieds !

QU'EST-CE QUE ÇA VEUT DIRE?

une rédaction	*an essay*
un paon	*a peacock*
faire la roue	*to fan its tail (peacock)*
un flamant rose	*a flamingo*
une patte	*a leg (animal),* paw
une grue	*a crane*
un cygne	*a swan*
une volière	*an aviary*
un singe	*a monkey*
se gratter	*to scratch*

Avez-vous compris?

Répondez en français.

1 Où étaient Colette et Annie dimanche dernier?
2 Quel temps faisait-il?
3 Comment était le ciel?
4 Que faisaient certains flamants roses?
5 Y avait-il d'autres oiseaux sur le lac?
6 Que-faisaient les paons?
7 Quels animaux attiraient le plus de visiteurs?
8 Que faisaient-ils?
9 Qu'est-ce qu'il y avait à l'intérieur du château?
10 Comment était Colette à la fin de la visite?

À VOUS! ─────────────────

Corrigez les erreurs.

1 L'éléphant nageait et jouait avec un ballon dans son bassin.
2 Les girafes n'arrêtaient pas de parler et d'imiter ce que disaient les visiteurs.
3 Les pingouins mangeaient des feuilles.
4 Le dauphin s'arrosait avec sa trompe.
5 Les singes plongeaient dans l'eau et attrapaient des poissons.
6 Les perroquets se reposaient à l'ombre et mangeaient de la viande crue.
7 Les lions et les tigres sautaient de branche en branche et se jetaient des bananes.
8 Les animaux regardaient les visiteurs avec curiosité.

Liliane Dupré, qui est originaire de la région de Grenoble, parle de son enfance avec son amie Marielle qui a toujours vécu en Normandie.

Marielle	Alors, toi aussi tu habitais dans un petit village quand tu étais petite!
Liliane	Oui, mais c'était un village de montagne et c'était très isolé l'hiver.

Marielle	Mais tu pouvais faire du ski et de la luge. C'est rare d'avoir de la neige en Normandie et les sports d'hiver ne sont pas à la portée de toutes les bourses.
Liliane	C'est vrai, ça me manque maintenant. Je faisais aussi du patin à glace. Il y a une belle patinoire à Grenoble. C'était formidable pour les jeunes. En fait, j'ai eu une jeunesse très agréable.
Marielle	Tu as fait des études?
Liliane	J'ai passé mon bac, c'est tout. Je voulais travailler tout de suite, pour gagner ma vie.
Marielle	Moi aussi. Gagner de l'argent était synonyme de liberté!
Liliane	Quand j'étais célibataire, je travaillais dans un bureau. Je m'achetais plein de vêtements, des disques, des livres. J'avais les moyens d'aller en vacances à l'étranger. Et je partageais un petit appartement à Grenoble avec des copines.
Marielle	Tu t'entendais bien avec elles?
Liliane	Oui, on s'amusait bien. C'était la belle vie. On sortait presque tous les soirs, on rentrait tard. Le dimanche, je restais au lit jusqu'à midi pour récupérer.
Marielle	C'est mieux que de passer son temps devant la télé!
Liliane	On ne regardait pas la télé. On n'avait même pas de téléviseur. Remarque que maintenant, je ne la regarde pas non plus. Je suis tellement épuisée, le soir, que je m'endors devant!

QU'EST-CE QUE ÇA VEUT DIRE?

vécu (vivre)	*lived (to live)*
faire de la luge	*to sledge*
à la portée de toutes les bourses	*affordable for everyone*
faire du patin à glace	*to ice-skate*
une patinoire	*an ice-rink*
passer un examen	*to take an exam*
j'avais les moyens	*I could afford*
partager	*to share*
s'entendre bien (avec)	*to get on well (with)*
récupérer	*to recover*
un téléviseur	*a TV set*
épuisé(e)	*exhausted*

Avez-vous compris?

Répondez en français.

1   Où habitait Liliane quand elle était petite?

2 Qu'est-ce qui est rare en Normandie et qui manque à Liliane?
3 Est-ce que Liliane a de bons souvenirs de sa jeunesse?
4 Est-ce qu'elle a fait des études supérieures?
5 Pourquoi voulait-elle travailler le plus tôt possible?
6 Quand elle travaillait à Grenoble, habitait-elle chez ses parents?
7 Comment dépensait-elle son argent?
8 Que faisaient-elle avec ses amies?
9 Est-ce qu'elle aimait regarder la télévision?
10 Et aujourd'hui, regarde-t-elle souvent la télévision? Pourquoi?

À VOUS! _____

Reliez. Choisissez la phrase qui, à votre avis, convient le mieux à chaque situation.

1 Quand j'étais petit(e) . . .
2 Quand j'étais étudiant(e) . . .
3 Quand j'habitais à la montagne . . .
4 Quand j'étais célibataire . . .
5 Quand je sortais le samedi soir . . .
6 Quand je travaillais . . .
7 Quand je gagnais bien ma vie . . .
8 Quand j'étais riche . . .

a je mangeais souvent du caviar et je buvais du champagne tous les jours.
b je faisais du ski, de la luge et du patin à glace.
c je n'avais pas beaucoup de temps pour les loisirs.
d j'allais en vacances au bord de la mer.
e j'achetais des vêtements élégants et des bijoux.
f je ne me levais jamais avant midi le dimanche.
g j'avais beaucoup d'amis.
h je voyageais beaucoup et je sortais souvent.

Liliane et Marielle continuent à évoquer leurs souvenirs de jeunesse.

Liliane	Quand mon frère était jeune, il se rasait pour faire pousser sa barbe plus vite. Maintenant, il rouspète d'être obligé de se raser tous les jours!
Marielle	Et toi, tu étais pressée de vieillir?
Liliane	Non, pas particulièrement, mais moi, j'aimais bien suivre la mode. Je me souviens quand je portais des mini-jupes et des chaussures à semelles compensées. Mes parents n'étaient pas très contents!

Marielle	Moi, je préférais les jupes longues, genre hippy, pour cacher mes jambes.
Liliane	J'aimais aussi porter des jeans.
Marielle	Moi, je ne mettais jamais de pantalon. Je portais toujours des robes ou des jupes.
Liliane	Et j'adorais les gros bijoux fantaisie, en particulier les boucles d'oreille. J'en avais une paire, en forme de cœur, qui étaient énormes.
Marielle	Je ne mettais ni bijoux ni maquillage, mes parents me l'interdisaient.
Liliane	Moi aussi, mais je me maquillais en cachette et je me démaquillais juste avant de rentrer à la maison! Je fumais aussi en cachette. Et pour embêter mes parents, je lisais *L'Humanité*. J'avais l'impression d'être très libérée, très adulte!
Marielle	Et si tes enfants faisaient la même chose?
Liliane	Ce qui m'inquiète vraiment, de nos jours, c'est la drogue et le Sida.
Marielle	Moi aussi. Tu as raison, un peu de rouge à lèvres et de mascara n'a jamais fait de mal à personne. Par contre, les cigarettes . . .
Liliane	Tu sais, ça fait des années que j'ai arrêté de fumer!

QU'EST-CE QUE ÇA VEUT DIRE?

se raser	*to shave*
faire pousser	*to grow (something)*
	(faire + infinitive is also used to express the idea of *'to have something done'*, e.g. **J'ai fait réparer ma voiture** = *I've had my car repaired*)

rouspéter	*to grumble*
suivre ◿	*to follow*
la mode	*fashion*
des chaussures (f.) à semelles compensées	*platform shoes*
des bijoux (m.) fantaisie	*costume jewellery*
ni . . . ni . . .	*neither . . . nor . . .*
interdire	*to forbid*
le maquillage	*make-up*
en cachette	*secretly, behind someone's back*
embêter	*to annoy*
L'Humanité	a communist newspaper
des nos jours	*nowadays*
le Sida	*Aids*
tu as raison	*you are right*
par contre	*on the other hand*

Avez-vous compris?

Qui est-ce? Liliane, Marielle ou les deux?

1   Elle s'habillait à la mode.
2   Elle aimait porter des jeans et des mini-jupes.
3   Elle avait plutôt le style hippy.
4   Elle ne portait jamais de pantalon.
5   Elle voulait cacher ses jambes.
6   Ses parents lui interdisaient de se maquiller.
7   Elle portait de grosses boucles d'oreille en forme de cœur.
8   Elle ne portait jamais de bijoux.
9   Elle fumait en cachette et elle lisait *L'Humanité*.
10 Elle pense que, de nos jours, les jeunes sont menacés par la drogue et le Sida.
11 Elle est contre le tabac.
12 Elle ne fume plus.

À VOUS!

Travaillez avec un / une partenaire. Répondez à tour de rôle aux questions de la police qui enquête sur un cambriolage.

• Où étiez-vous hier soir entre 8 heures et minuit?

- Avec qui étiez-vous?
- Que faisiez-vous?
- Comment étiez-vous habillé(e)?
- Est-ce que vous portiez des bijoux?

ET VOUS?

Evoquez quelques souvenirs de votre enfance / jeunesse.
Commencez: **Quand j'étais petit(e) / jeune . . .**

A la Gare de Lyon, à Paris, une dame d'un certain âge, très élégante et couverte de bijoux, arrête un passant.

La dame	Pardon, monsieur, où se trouve le bureau de renseignements, s'il vous plaît?
Un monsieur	Il est là, à droite, à côté de la salle d'attente.
La dame	Ah oui, je vois la pancarte maintenant. Je ne suis pas habituée aux gares, je voyage toujours en voiture, mais mon chauffeur est malade en ce moment. On ne peut faire confiance à personne de nos jours! Merci bien, cher monsieur.
Le monsieur	Je vous en prie, chère madame.

QU'EST-CE QUE ÇA VEUT DIRE?

d'un certain âge	*middle-aged*
la salle d'attente	*the waiting-room*
la pancarte	*the sign*

Avez-vous compris?

Répondez en français.

1   Où est la dame?
2   Que cherche-t-elle?
3   Où est-il situé?
4   La dame prend-elle souvent le train?
5   Pourquoi ne peut-elle pas voyager en voiture?

Au bureau de renseignements:

Un employé	Vous désirez, madame?
La dame	A quelle heure part le TGV pour Nice ce soir?
L'employé	Voyons . . . Le TGV de nuit part à 23 heures 02.
La dame	C'est bien tard! Il part de quel quai?
L'employé	Ah ça, je ne sais pas encore.
La dame	Le contraire m'aurait étonnée! Et à quelle heure arrive-t-il?
L'employé	A 7 heures demain matin.
La dame	C'est un peu tôt! Combien coûte le billet?
L'employé	Aller simple ou aller et retour?
La dame	Aller et retour, naturellement, je ne vais pas passer la fin de mes jours à Nice. Il y a trop de retraités là-bas.
L'employé	Dans ce cas, l'aller simple en deuxième classe fait . . .
La dame	Est-ce que vous vous moquez de moi, jeune homme? Est-ce que j'ai une tête à voyager en deuxième classe?

QU'EST-CE QUE ÇA VEUT DIRE?

un TGV (Train à Grande Vitesse)	*a high-speed train*
le quai	*platform*
un billet	*a ticket*
un aller simple	*a single ticket*
un aller et retour	*a return ticket*
un(e) retraité(e)	*a retired person, old-age pensioner*
Est-ce que j'ai une tête à . . . ?	*Do I look as if . . . ?*

Avez-vous compris?

1   Où la dame désire-t-elle aller?
2   Quelle sorte de train va-t-elle utiliser?
3   Veut-elle voyager de jour ou de nuit?
4   Est-elle satisfaite des horaires du train?
5   L'employé peut-il lui dire le numéro du quai?
6   Veut-elle un aller simple ou un aller et retour?
7   Que dit-elle à propos de Nice?
8   A-t-elle l'intention de voyager en première classe?

À VOUS!

Travaillez avec un / une partenaire.

Vous êtes à la gare en France.

Vous	(1) *Ask where the information desk is.*
Employé(e)	Vous y êtes!
Vous	(2) *Ask at what time the train for Paris leaves.*
Employé(e)	Le prochain train pour Paris part à dix heures.
Vous	(3) *Ask what time it gets there.*
Employé(e)	Il arrive à midi.
Vous	(4) *Ask how much the ticket costs.*
Employé(e)	Aller simple?
Vous	(5) *No, tell him / her you want a return ticket.*
Employé(e)	Première ou deuxième classe?
Vous	(6) *Tell him / her you want second class.*
Employé(e)	Le billet coûte cent cinquante francs.

Maintenant vous êtes à la gare en Angleterre.

Client(e)	Pardon, M . . . Vous parlez français?
Vous	(1) *Answer him / her.*
Client(e)	Alors vous pouvez m'aider! Le prochain train pour Londres est à quelle heure?
Vous	(2) *Tell him / her it leaves at 2.30 pm. Use the 24-hour clock.*
Client(e)	Parfait! Et il arrive à quelle heure?
Vous	(3) *Say it gets to London at 3.45.*
Client(e)	Le billet coûte combien?
Vous	(4) *Ask if he / she wants single or return.*
Client(e)	Aller simple.
Vous	(5) *Say it's £12.*
Client(e)	Le train part de quel quai?

Vous	(6) *Say it's platform number 1.*
Client(e)	Merci beaucoup, M . . . Au revoir.
Vous	(7) *Respond accordingly.*

Au bureau de réservation:

Un employé	Madame?
La dame	Je voudrais louer une couchette dans le TGV de 23 heures 02 ce soir pour Nice.
L'employé	Je suis désolé, madame, les couchettes sont déjà toutes réservées.
La dame	Même en première?
L'employé	Même en première. Mais il y a encore des places assises en première.
La dame	Je n'ai pas le choix, je suppose. Réservez-moi une place près de la fenêtre et dans le sens de la marche, sinon je suis malade. Je déteste voyager en train!
L'employé	Alors, une place de première, près de la fenêtre, dans le sens de la marche. Voilà madame, voiture sept, place numéro trente-deux. Puis-je avoir votre billet, s'il vous plaît?
La dame	Mais je n'ai pas encore mon billet!
L'employé	Il faut acheter votre billet avant de faire la réservation.
La dame	Vous ne vendez pas les billets?
L'employé	Non, il faut aller au guichet qui est là, juste en face, ou à la billetterie automatique.
La dame	Mais vous ne voyez donc pas qu'il y a la queue!
L'employé	Oui, je sais, les gens partent en vacances en ce moment.
La dame	Je vais à Nice pour affaires, moi, monsieur!
L'employé	N'oubliez pas de faire une réservation, c'est obligatoire à bord des TGV.
La dame	Ah là là, quel pays!

QU'EST-CE QUE ÇA VEUT DIRE?

louer	*to book, to hire*
même	*even*
une place assise	*a seat*
dans le sens de la marche	*facing the engine, i.e. facing forwards*
une voiture	*a carriage* (here)

Avez-vous compris?

Relisez le dialogue et complétez le texte ci-dessous.

La dame va à (**1**) _____. Elle veut voyager en
(**2**) _____. Le train part de la Gare de Lyon à (**3**) _____.
La dame voudrait louer une (**4**) _____ mais elles sont toutes
(**5**) _____. Mais elle peut réserver une (**6**) _____ en
(**7**) _____ classe. Elle choisit une place près de la
(**8**) _____ et dans le (**9**) _____. Mais avant, elle doit
acheter son (**10**) _____ au (**11**) _____ ou à la
(**12**) _____. Malheureusement, il y a la (**13**) _____
parce qu'il y a beaucoup de vacanciers. La dame est en colère parce
qu'elle va à Nice pour (**14**) _____.

À VOUS! _____

Travaillez avec un / une partenaire. Vous êtes au bureau de réservation.

Vous	(**1** *Say that you'd like to reserve a couchette in the ten o'clock train for Paris.*)
Employé	Je suis désolé, les couchettes sont toutes réservées.
Vous	(**2** *Ask if you can reserve a seat in a second-class carriage.*)
Employé	Oui. Coin-couloir ou coin-fenêtre?
Vous	(**3** *Near the window and facing the engine.*)
Employé	Voilà. Voiture deux, place numéro dix-huit. Votre billet, s'il vous plaît.
Vous	(**4** *Hand him your ticket.*)

Le soir, l'employé de la SNCF raconte sa journée à sa femme:

L'employé	Bonjour mon chou, bonne journée?
Sa femme	Comme ci, comme ça, et toi, mon gros lapin?
L'employé	J'ai eu une cliente difficile cet après-midi.
Sa femme	Encore! Raconte-moi ça.
L'employé	Elle voulait louer une couchette dans le TGV de Nice, ce soir même. Je lui ai dit que toutes les couchettes étaient déjà réservées mais qu'elle pouvait louer une place assise. Elle m'a dit qu'elle voulait voyager en première classe, près d'une fenêtre et dans le sens de la marche, et que sinon elle était malade.
Sa femme	Je la comprends!
L'employé	Attends! J'ai préparé sa réservation et je lui ai demandé son billet. Elle m'a répondu qu'elle ne l'avait pas encore acheté!

Sa femme	Quelle idiote!
L'employé	Oui! Je lui ai expliqué qu'elle devait acheter son billet avant de faire la réservation. Elle m'a répondu qu'il y avait la queue. Je lui ai dit que les gens partaient en vacances. Elle était très en colère. Elle m'a dit qu'elle allait à Nice pour affaires, que d'habitude elle voyageait en voiture, mais que, malheureusement, son chauffeur était malade!
Sa femme	Oh, la pauvre chérie!
L'employé	J'espère qu'elle n'a pas oublié de composter son billet et surtout, qu'elle n'a pas manqué son train. Je n'ai pas envie de la revoir demain!

QU'EST-CE QUE ÇA VEUT DIRE?

composter	*to stamp, to punch* (ticket, etc.)
Je n'ai pas envie (de) . . .	*I don't fancy . . .*

Avez-vous compris?

1   Comment l'employé et sa femme s'appellent-ils dans l'intimité?
2   Est-ce que sa femme a passé une bonne journée?
3   Que répond l'employé quand sa femme lui pose la même question?
4   Que voulait la cliente difficile?
5   Pourquoi l'employé lui a-t-il suggéré de louer une place assise?
6   Quelle sorte de place assise voulait la cliente? Pourquoi?
7   De quoi la cliente avait-elle besoin pour faire sa réservation?
8   Pourquoi ne l'avait-elle pas acheté?
9   Pourquoi était-elle en colère?
10   Pourquoi ne voyageait-elle pas en voiture, comme d'habitude?
11   Que faut-il faire en France avant de monter dans le train?
12   Pourquoi l'employé dit-il qu'il espère que la dame n'a pas manqué son train?

À VOUS!

Le lendemain l'employé raconte l'histoire de la cliente difficile à un collègue. Aidez-le.

Hier, une cliente qui voulait (1) _____ à Nice par le
(2) _____ de nuit est venue au bureau de (3) _____ pour
louer une (4) _____. Comme elles étaient déjà toutes
(5) _____, je lui ai dit qu'elle pouvait réserver une
(6) _____. Elle voulait voyager en première (7) _____, près
d'une (8) _____ et dans (9) _____ mais elle n'avait pas encore
acheté son (10) _____ parce qu'il y avait la queue. Je lui ai expliqué
que les gens partaient en (11) _____. Elle était très en
(12) _____ car elle allait à Nice pour ses (13) _____. J'espère
qu'elle n'a pas oublié de (14) _____ son billet et qu'elle n'a pas
(15) _____ son train!

— Un peu de grammaire —

L'imparfait
The imperfect tense

The imperfect tense is a past tense which is used:

* for descriptions:

Il **faisait** beau.   *The weather was fine.*

* to express an action in progress:

Ils **se disputaient**.   *They were arguing.*

* to translate the idea of *'used to'*:

J'**habitais** dans un petit village.   *I used to live in a small village.*

* in reported speech:

Elle a dit: Je vais à Nice.   *She said, 'I am going to Nice.'*
Elle a dit qu'elle **allait** à Nice.   *She said she was going to Nice.*

How to form the imperfect tense:

Stem: Use the **nous** form of the present tense and drop the **-ons**:
e.g. **lire** (*to read*) → **nous lisons** (*we read*) → **lis**

Endings:

je lis**ais**	nous lis**ions**
tu lis**ais**	vous lis**iez**
il / elle / on lis**ait**	ils / elles lis**aient**

⇨   GRAMMAIRE 15

Exercices

A   Lisez l'article de journal ci-dessous et répondez aux questions en anglais.

Paris-Matin

20 mars

Neuf mois plus tard . . . . . . les résultats!

Après une panne d'électricité à Paris qui a eu lieu le 12 juin dernier, et qui a duré 4 heures, de 20h à 24h, les maternités viennent d'annoncer une augmentation de 15% du taux de natalité. Un porte-parole du ministère de la Santé a dit que ce soir-là, naturellement, les télés ne marchaient pas. Il semble évident d'après les statistiques que les téléspectateurs n'ont pas perdu leur temps!

1   When did the power-cut take place?
2   How long did it last?
3   What happened to the birth rate nine months later?
4   To what did a spokesman from the Ministry of Health attribute this?

Nos amis touristes étaient en vacances à Paris pendant la panne d'électricité. Que faisaient-ils à ce moment-là?

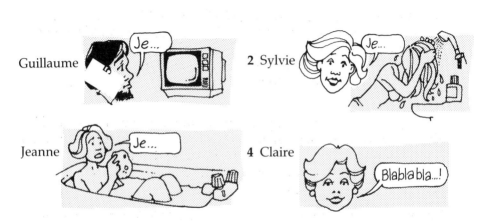

Guillaume   Je...

2 Sylvie   Je...

Jeanne   Je...

4 Claire   Blablabla...!

Henri

 Antoine et Dominique

Nous...

 Lucien et Josée

Nous...

 Yves et Annick

François

Marie

B   Anne-Laure Brunet, une des candidates au poste de secrétaire comptable de CHECK, parle de son stage à Madrid. Aidez-la.

Quand j' (**1**) _____ en stage à Madrid, je (**2**) _____ pour une société dont les bureaux se (**3**) _____ en plein centre des affaires. Le travail (**4**) _____ intéressant et j' (**5**) _____ des collègues très sympathiques, mais je (**6**) _____ espagnol toute la journée et c' (**7**) _____ épuisant.

J' (**8**) _____ dans un petit studio situé dans un vieil immeuble pittoresque. Le soir, quelquefois, je (**9**) _____ à la maison, mais en général, je (**10**) _____ avec des amis. Nous (**11**) _____ dans des bars de tapas et quelquefois nous (**12**) _____ au restaurant.

Pendant les week-ends, je (**13**) _____ des musées: j'adore le Prado, des galeries de peinture ou d'autres monuments historiques

célèbres. Je (14) _____ aussi du lèche-vitrines.
Malheureusement, je ne (15) _____ pas acheter grand-chose
parce que je n' (16) _____ pas beaucoup d'argent.
C' (17) _____ une vie très agréable mais très différente de ma
vie en France. Et puis, ma famille me (18) _____ !

C   Imaginez que vous étiez en vacances ou en stage dans une ville ou une
     région de France. Racontez ce que vous faisiez dans la journée et le
     soir.

D   Lisez ce que Sylvie a dit à Dominique.

     Je ne suis pas née à Grasse mais j'y habite depuis quinze ans maintenant.
     J'aime beaucoup cette région. Je travaille dans une usine de parfum. Je
     commence à huit heures du matin. Le midi, les employés ont deux heures
     pour déjeuner et quand il fait beau, je vais à la plage avec des collègues.
     Nous nous baignons et mangeons des sandwichs.
        Le soir, je finis à six heures et demie. L'hiver, je rentre directement chez
     moi et je regarde la télévision, mais l'été je sors presque tous les soirs.

     Maintenant, aidez Dominique à répéter à son frère Antoine ce que
     Sylvie lui a dit.

     Sylvie a dit qu'elle n'était pas née à Grasse mais qu'elle . . .

———— Écoutez bien! �🎧: ————

À la plage

Study the **beach** scene very carefully. When you are ready, close your book
and listen to a description of the drawing. Say whether each statement is
true or false.

1 _____   4 _____   7 _____   10 _____
2 _____   5 _____   8 _____   11 _____
3 _____   6 _____   9 _____   12 _____

La fête

Now look at the **party** scene and answer the twelve questions about the
drawing.

Lecture

À *la Martinique*

La Martinique

Read the text below carefully, then answer the questions following it in English.

Je suis allé à la Martinique pour mes vacances. Je suis descendu dans un hôtel très confortable à Sainte-Anne, c'est-à-dire sur la Riviera martiniquaise, qui se trouve au sud de l'île. Tous les matins, je me levais de bonne heure et j'allais me baigner avant de prendre mon petit déjeuner. La plage était déserte et j'appréciais ma solitude. Tout était calme et j'aimais écouter le bruit de la mer. La plage était magnifique, de sable blanc, bordée de cocotiers dont les larges feuilles se balançaient doucement au moindre souffle de vent. Après avoir pris mon petit déjeuner, je retournais à la plage et je passais la matinée à me baigner et à me faire bronzer. Le ciel était d'un bleu indescriptible et il n'y avait presque jamais de nuages. Je rentrais déjeuner à l'hôtel et je choisissais presque toujours un plat de poissons ou de fruits de mer, qui sont les spécialités gastronomiques de l'île. Comme dessert, je prenais en général des fruits, le plus souvent de l'ananas que j'adore, et qui est une des principales richesses de la Martinique avec la canne à sucre, ou bien des bananes qui sont là-bas fondantes comme du miel.

L'après-midi, je visitais toujours une partie différente de l'île, en particulier celles qui offrent un panorama exceptionnel comme la vue sur l'île de la Dominique, du haut des falaises entre Macouba et Grand-Rivière sur la côte atlantique, ou comme la Montagne Pelée, volcan dont l'éruption en 1902 a détruit la ville de Saint-Pierre et les localités voisines.

Ou bien j'allais visiter une des curiosités de l'île, comme par exemple le musée de la Pagerie, dédié à Joséphine, née aux Trois Ilets on 1763 et qui allait devenir impératrice des Français; ou encore la distil. e de rhum de Gros Morne; ou la capitale, Fort-de-France, et ses bâtiments historiques. D'autres fois, je passais l'après-midi dans un village de pêcheurs, avec mon chevalet et mes tubes de peinture et j'essayais de reproduire sur la toile son animation et ses couleurs vives.

Je crois que j'ai assez bien réussi, car j'ai vendu plusieurs tableaux qui ont remboursé ces vacances de rêve.

1   Where in Martinique did the narrator spend his holiday?
2   What did he do every morning?
3   Why did he enjoy it so much?
4   Describe the beach.
5   What did he do after breakfast?
6   What was the sky like?
7   Where did he eat at lunchtime?
8   What sort of food did he choose?
9   What fruit did he eat, and why?
10 Did he go back to the beach in the afternoon?
11 What can be seen from the top of the cliffs between Macouba and Grand-Rivière?
12 What happened in Martinique in 1902?
13 Name three places of interest on the island.
14 How did the narrator spend some afternoons in some fishing villages?
15 Was he satisfied with the results?

Le TGV

Read about the services on the TGVs. What information could you give:

• a physically handicapped person?
• a person who needs to contact someone urgently?
• a family with children going on a long journey?
• somebody travelling first class and who looks forward to a good meal?

Les services à bord

Le bar

Pour une restauration rapide, une pause-café, ou à l'heure du thé, un bar (non fumeur) est à votre disposition à bord de tous les TGV, entre les voitures de première et seconde classes.

Vous y trouverez un large choix de boissons chaudes ou froides, de sandwiches, plats chauds et salades. Vous pourrez également vous y procurer des télécartes, magazines . . .

Pour vous diriger vers le bar, suivez le logo présent dans toutes les voitures.

Restauration

Aux heures du déjeuner ou du petit-déjeuner, un service de restauration «à la place» vous est proposé en 1re classe dans la plupart des TGV ayant un temps de parcours supérieur à une heure.

Le repas, régulièrement renouvelé, comprend hors d'œuvre, plat chaud ou froid, dessert, boisson et café.

Le téléphone

A n'importe quel moment du voyage, et sur la plupart des TGV, vous pouvez utiliser les cabines téléphoniques à votre disposition en première et seconde classes et appeler n'importe quelle partie du monde.

Ces téléphones fonctionnent avec une télécarte habituelle ou une carte «France Télécom».

Voyageur à mobilité réduite

Vous vous déplacez en fauteuil roulant? Un espace a été spécialement aménagé en 1re classe:
– un siège à assise relevable vous permet de vous installer,

– les toilettes ont été adaptées pour vous être accessibles.

Renseignez-vous en gare et agence de voyage ou demandez le «Guide du voyageur à mobilité réduite».

**Un conseil:
Réservé à l'avance,
votre petit déjeuner
ou votre repas
vous coûte moins cher
et vous êtes sûr
d'être servi.
Attention:
Le titre repas
n'est valable que dans
le train pour lequel
vous avez effectué
une réservation.**

Faites le point!
UNITÉS 10–12

1   Look at the map of France and alter tomorrow's weather forecast where necessary. There are ten mistakes. Do not change the names of towns or regions.

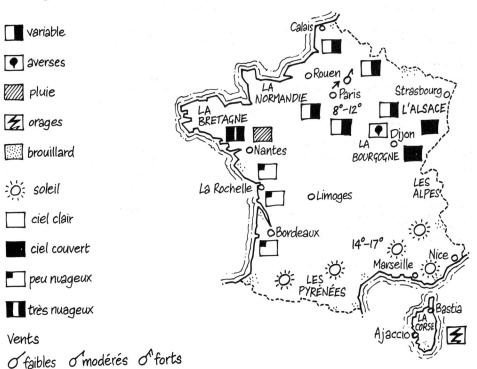

□ variable

◑ averses

▨ pluie

⚡ orages

▨ brouillard

☀ soleil

□ ciel clair

■ ciel couvert

◪ peu nuageux

◫ très nuageux

Vents

♂ faibles ♂ modérés ♂ forts

Temps très variable avec vent de secteur nord-ouest modéré sur le nord du pays. Très nuageux avec brouillard en Bretagne. Il y aura plusieurs orages en Bourgogne, aux environs de Dijon.

Sur les autres régions, le temps restera instable, les éclaircies devenant belles l'après-midi sur la côte pacifique, mais le ciel restera clair dans l'Est. Des Pyrénées aux Alpes, mauvais temps ensoleillé, avec quelques chutes de neige en Corse.

Les températures minimales seront comprises entre 8 et 13 degrés sur la moitié sud du pays. Les maximums atteindront 14 à 17 degrés sur la moitié nord.

2   M. and Mme Chevalier decided to redecorate their lounge. Put the sentences in the correct order to complete the story.

a   'Tu mettras le papier peint et Patricia et moi, nous repeindrons la porte et les fenêtres.'

b   Après le déjeuner, leur fils Jean les a aidés à vider les meubles.

c   Vers huit heures du soir, il a commencé à le coller.

d   Samedi matin de bonne heure, les Chevalier sont allés en ville pour faire les achats nécessaires.

e   Puis leur fille Patricia a mis des journaux par terre pour protéger la moquette.

f   Voyant qu'il était tard, madame Chevalier lui a suggéré de s'arrêter.

g   Madame Chevalier a lavé les murs avant de commencer à peindre le plafond.

h   Ils ont acheté des pots de peinture, du papier peint, un rouleau, des pinceaux et de la colle.

i   Pendant qu'elle peignait le plafond, Monsieur Chevalier mesurait et coupait le papier peint.

3   You call a French company. Complete the dialogue with the cues below.

Standardiste	Allô, Delarue et Fils, j'écoute!
Vous	(a) *Say you'd like to talk to Mr Delarue.*
Standardiste	Je regrette, Monsieur Delarue est en réunion. Est-ce que je peux vous aider?
Vous	(b) *Say you'd like to make an appointment with him.*
Standardiste	Cette semaine?
Vous	(c) *You are not free this week.*
Standardiste	La semaine prochaine, alors?
Vous	(d) *Say yes, except Wednesday.*
Standardiste	Mardi, ça va?
Vous	(e) *Check that it is the 15th.*
Standardiste	Oui, c'est ça.
Vous	(f) *Say Tuesday morning is OK.*
Standardiste	10 heures, ça vous convient?
Vous	(g) *Say it's fine.*
Standardiste	Quel est votre nom, s'il vous plaît?
Vous	(h) *Answer accordingly.*

4   This time, you are the switchboard operator of *Dupont Frères*.

Vous	(a) *Answer the telephone.*
Madame Manès	Je voudrais parler à Monsieur Dupont, s'il vous plaît.
Vous	(b) *Say you are sorry, the line is engaged. Ask if she wants to wait.*

Madame Manès	Non, mais c'est urgent. Pouvez-vous lui demander de me rappeler le plus tôt possible?
Vous	(c) *Of course you can. Ask for her details.*
Madame Manès	Je suis Madame Manès, la secrétaire de direction de la société CHECK.
Vous	(d) *Ask her to spell it.*
Madame Manès	C–H–E–C–K.
Vous	(e) *Thank her and ask for her telephone number.*
Madame Manès	C'est le 48.91.35.10.
Vous	(f) *Say that you'll give him the message.*

5 Complete the story by filling in the missing verbs. You will need the following (some more than once):

> aimer
>
> avoir   être   faire   jouer   s'appeler
>
> aller   habiter   passer

Quand j' (a) _____ jeune, je (b) _____ toujours en vacances en Vendée, sur la côte atlantique, avec mes cousins dont les parents (c) _____ une grande villa à La Tranche-sur-Mer. Nous (d)' _____ pratiquement toute la journée sur la plage qui (e) _____ à deux pas de la maison. Il y (f) _____ des tas de choses à faire: nous nous baignions bien sûr, nous (g) _____ de la voile, nous (h) _____ au ballon et quelquefois nous (i) _____ des châteaux de sable pour amuser les plus petits. Mes cousins (j) _____ un chien très affectueux, qui (k) _____ Rollo, et qui (l) _____ notre compagnie. Il nous suivait partout.

6 You are at the station.

Vous	(a) *Ask at what time the next train leaves for Chartres.*
Employé(e)	Il part à 14 heures 59.
Vous	(b) *Ask at what time it arrives.*
Employé(e)	Il arrive à 15 heures 30.
Vous	(c) *Ask the price of a ticket.*
Employé	Aller simple ou aller et retour?
Vous	(d) *You want a return ticket.*
Employé(e)	Alors, un aller et retour en deuxième classe fait 72 francs.
Vous	(e) *Ask the clerk if they accept credit cards.*
Employé(e)	Bien sûr.
Vous	(f) *Hand over your card and ask from which platform the train leaves.*
Employé(e)	Quai numéro deux.

Treizième UNITÉ

Comme chaque semaine, Henri Boivin écoute son jeu radiophonique favori, *Hebdo-Questions*:

Présentateur	Mesdames, mesdemoiselles, messieurs, bonsoir! Je vous parle, comme chaque semaine, du studio 20 pour notre jeu radiophonique «Hebdo-Questions». Aujourd'hui, questions de géographie, et pour essayer d'y répondre, notre candidate, Mademoiselle Persiaux . . . Que faites-vous dans la vie, mademoiselle?
Candidate	Je suis bibliothécaire.
Présentateur	Et d'où êtes-vous?
Candidate	De Reims.
Présentateur	Etes-vous prête à défendre l'honneur rémois?
Candidate	Je suis prête.

Présentateur	Alors, top chronomètre! L'Afrique est-elle plus ou moins grande que l'Amérique?
Candidate	Au hasard, plus grande.
Présentateur	Bravo! . . . Quelle est la plus haute montagne du monde?
Candidate	Je crois que c'est l'Everest.
Présentateur	C'est exact, avec 8882 mètres d'altitude . . . Où se trouve la

	plus haute montagne française?
Candidate	Dans les Alpes, c'est le Mont Blanc.
Présentateur	Bien sûr . . . Et quel est l'océan le plus profond du monde?
Candidate	L'océan Atlantique.
Présentateur	Ah non, mademoiselle, c'est le Pacifique, avec une profondeur moyenne de 4 282 mètres! . . . La mer Méditerranée est-elle plus ou moins profonde que la mer du Nord?
Candidate	Elle est plus profonde.
Présentateur	Oui . . . Les chutes du Niagara sont-elles plus hautes que les chutes Victoria?
Candidate	Je ne pense pas, non.
Présentateur	Bien, les chutes américaines et canadiennes mesurent respectivement 57 et 59 mètres. Mais quelle est la hauteur des chutes Victoria?
Candidate	200 mètres peut-être?
Présentateur	Non, mademoiselle, 115 mètres . . . Mais retournons à la montagne. Le plus haut col des Alpes se trouve-t-il en Italie, en Suisse ou en France?
Candidate	Je dirais en Suisse.
Présentateur	Bravo . . . Le désert de Gobi est-il aussi grand que le désert du Sahara?
Candidate	Non.
Présentateur	Exact. Le désert du Sahara est le plus grand du monde. Et, d'après vous, où fait-il le plus chaud au mois d'août, à Paris ou à Londres?
Candidate	A Paris, bien sûr!
Présentateur	Eh bien non, il fait aussi chaud à Londres qu'à Paris, avec une température moyenne de 18 degrés . . . Vous avez répondu à sept questions sur dix. Bravo, mademoiselle. Vous avez bien défendu l'honneur de votre ville! Et maintenant un spot de publicité.

QU'EST-CE QUE ÇA VEUT DIRE?

rémois(e)	*from Rheims*
un(e) bibliothécaire	*a librarian*
un chronomètre	*a stop-watch*
au hasard	*at a guess, at random*
le monde	*the world*
profond(e)	*deep*
un col	*a mountain pass* (here)

Avez-vous compris?

Répondez en français.

1 Quel est le nom de la candidate?
2 D'où est-elle?
3 Quel est son métier?
4 Quelle est la plus haute montagne du monde?
5 Où se trouve la plus haute montagne française?
6 Quel est l'océan le plus profond du monde?
7 Quelle est la différence de hauteur entre les chutes du Niagara canadiennes et les chutes Victoria?
8 Où se trouve le plus haut col des Alpes?
9 Quel est le plus grand désert du monde?
10 Quelle est la température moyenne à Londres en août?

À VOUS! _____

Complétez.

1 L'Afrique est _____ grande que l'Amérique.
2 La mer Méditerranée est _____ profonde que la mer du Nord.
3 L'océan Atlantique est _____ profond que l'océan Pacifique.
4 Les chutes du Niagara sont _____ hautes que les chutes Victoria.
5 Le désert de Gobi est _____ grand que le désert du Sahara.
6 Au mois d'août, il fait _____ chaud à Londres qu'à Paris.

Un spot de publicité.

Eau, eau, eau, eau *Sidi*!
Si vous partez au Maroc, en Algérie, en Tunisie . . . Eau *Sidi* . . . L'eau pétillante naturelle, l'eau minérale subtile.
    Eau *Sidi* . . . Vous la dégusterez à petites gorgées . . . Eau *Sidi* . . . Vous la trouverez meilleure que le champagne quand vous aurez vraiment soif.
    Eau *Sidi* . . . Ne l'oubliez pas!

Vous voulez partir demain, mais votre voiture est en panne?
    Alors contactez L-A-M, *Location-Auto-Minute*.
    Vous pourrez traverser l'Europe au volant de la toute dernière Petita-ᵤrbo avec L-A-M.
    Pour seulement 550 francs par jour.
    L-A-M, toujours à votre service!

QU'EST CE QUE ÇA VEUT DIRE?

déguster	*to taste, to savour*
une petite gorgée	*a sip*
la toute dernière	*the very latest* (f.)
être en panne	*to have broken down*
le volant	*steering-wheel*

Avez-vous compris?

Les deux publicités ont été mélangées. Corrigez les phrases ci-dessous pour parler soit de l'eau *Sidi*, soit de *L-A-M*.

1 Contactez *L-A-M* quand vous aurez vraiment soif.
2 Vous la dégusterez pour seulement 550 francs par jour.
3 Eau *Sidi*, toujours à votre service!
4 Vous pourrez traverser l'Europe à petites gorgées.

À VOUS! _____

Complétez.

1 Si votre voiture est en _____, contactez *L-A-M*.
2 Vous pourrez partir au _____ d'une Petita-turbo.
3 La location coûte seulement 550 francs par _____.
4 Il faut déguster l'eau *Sidi* à petites _____.
5 C'est une eau minérale naturelle _____ qui est subtile.
6 Quand j'ai soif, je la trouve _____ que le champagne.

Après la publicité, le jeu continue.

Présentateur	Eh bien, mademoiselle, retournons en Europe pour l'instant.
	Quel est le fleuve le plus long d'Europe?
Candidate	C'est le Danube?
Présentateur	Mais oui, mademoiselle, avec 2 839 kilomètres de long . . .
	La Seine est-elle aussi longue que la Loire?
Candidate	Non.
Présentateur	Vous avez raison, la Loire est le fleuve le plus long de France . . . Mais quelle est la plus grande île française?
Candidate	Probablement la Corse.

Présentateur	Mais oui, mademoiselle! Restons dans les îles. Quelle est la ville la plus éloignée de Paris, Papeete à Tahiti, ou Nouméa en Nouvelle-Calédonie?
Candidate	A mon avis, c'est Nouméa.
Présentateur	Nouméa est à 18 713 kilomètres de Paris, mais Papeete, en Polynésie, est à 23 654 kilomètres . . . Et où se trouve le plus grand lac du monde?
Candidate	Hmm . . . Je ne sais pas!
Présentateur	C'est le lac Supérieur qui se trouve entre le Canada et les Etats-Unis . . . Mais quel est le pays le plus peuplé du monde?
Candidate	L'Inde.
Présentateur	Seulement après la Chine qui a plus d'un milliard d'habitants . . . Le Royaume-Uni est-il plus peuplé que la France?
Candidate	Je pense que oui.
Présentateur	Mais oui, la France est plus grande mais moins peuplée . . . Et voici votre dernière question: quelle est la langue parlée par le plus grand nombre de personnes?
Candidate	Je suppose que c'est l'anglais.
Présentateur	Non, mademoiselle, c'était une question piège! C'est le mandarin qui est parlé par plus de 800 millions de personnes. L'anglais est parlé par plus de 400 millions de personnes et le français par 100 millions seulement! . . . Eh bien, Mademoiselle Persiaux, vous avez fort brillamment répondu à onze questions. Voici donc les 1100 francs que vous avez gagnés. Tous nos amis du studio 20 vous applaudissent bien fort . . .

QU'EST-CE QUE ÇA VEUT DIRE?

un fleuve	*a large river*
Vous avez raison	*You are right*
peuplé(e)	*populated*
un milliard	*1,000 million*
un(e) habitant(e)	*an inhabitant*
une question piège	*a trick question*
un piège	*a trap, a snare*
gagner	*to win*

Avez-vous compris?

Répondez *vrai* ou *faux*.

1   Le Danube est le fleuve le plus long d'Europe.
2   La Corse est la plus grande île française.
3   Nouméa est plus loin de Paris que Papeete.
4   La Seine est aussi longue que la Loire.
5   Le lac Supérieur est situé entre les Etats-Unis et le Canada.
6   C'est le plus grand lac du monde.
7   L'Inde est le pays le plus peuplé du monde.
8   La France est plus peuplée que le Royaume-Uni.
9   Le mandarin est parlé par plus de gens que l'anglais.
10 Chaque bonne réponse rapporte 100 francs aux candidats de "Hebdo-Questions".

À VOUS! _____

Comparez la taille et la population de plusieurs pays francophones. Utilisez les chiffres suivants.

exemples   La Belgique est plus petite que la Suisse, mais elle a plus d'habitants.
La Suisse n'est pas aussi peuplée que la Belgique.

	Superficie	**Population totale**
La France	$54\,690$ km^2	56 millions d'habitants
La Belgique	$30\,500$ km^2	9,9 millions d'habitants
La Suisse	$41\,272$ km^2	6,6 millions d'habitants
Le Luxembourg	$2\,584$ km^2	366 000 habitants
La Côte d'Ivoire	$322\,463$ km^2	11,1 millions d'habitants
Le Québec	$1\,540\,681$ km^2	6,6 millions d'habitants

Laurent et Chantal ont décidé d'aller passer quelques jours en Angleterre. Ils discutent des différentes possibilités qui s'offrent à eux pour traverser la Manche.

Laurent	J'aimerais bien prendre la navette de l'Eurotunnel.
Chantal	Le Shuttle?
Laurent	Oui. Trente-cinq minutes, tu te rends compte? C'est vraiment le moyen le plus rapide. Normalement, avec le ferry, il faut une heure et demie pour faire Calais–Douvres.
Chantal	Oui, mais pour nous, c'est moins pratique d'aller à Calais que d'aller à Dieppe ou au Havre.

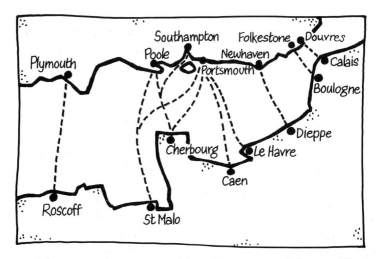

Laurent	Et l'Eurostar? Ça nous emmène directement à la gare Waterloo, en plein cœur de Londres.
Chantal	D'abord, je n'aime pas le nom de la gare, et puis je préfère y aller en voiture. Ça donne plus de liberté.
Laurent	Oui, tu as raison. Voyons . . . Rouen–Calais, ça fait 219 kilomètres, Rouen–Le Havre, 88 kilomètres et Rouen–Dieppe, 60 kilomètres. C'est Dieppe qui est le plus près.
Chantal	Et regarde, la traversée Dieppe–Newhaven est la plus courte.
Laurent	Surtout si on prend un catamaran, 2 heures 15 minutes seulement. Et c'est relativement bon marché.
Chantal	Je ne suis pas d'accord. Le ferry est meilleur marché et la traversée ne dure que quatre heures. On pourra prendre un verre, manger, changer de l'argent, faire du shopping, peut-être voir un film aussi. On aura l'impression de faire une petite croisière!
Laurent	Pourquoi ne pas faire une traversée de nuit, alors? On peut louer une cabine. Regarde, Le Havre–Southampton . . .
Chantal	Non, c'est trop cher. Même pour avoir un siège à dossier inclinable, la nuit, il faut payer un supplément. Et Southampton est plus loin de Londres que Newhaven.
Laurent	Et l'avion? Il y a un vol Le Havre–Gatwick.
Chantal	Tu plaisantes? Regarde le prix! C'est le voyage le plus cher. Et pour nous, c'est moins pratique. Et puis, je veux qu'il me reste un peu d'argent quand je serai en Angleterre.
Laurent	OK. Tu gagnes, comme d'habitude! Il y a un ferry à 10 heures 15, c'est parfait.
Chantal	Si on prend celui de 7 heures 15, on aura le temps de faire quelque chose en arrivant.
Laurent	Il faut arriver au port trois quarts d'heure avant le départ, c'est-à-dire . . .

Chantal	Six heures et demie. Ce n'est pas impossible.
Laurent	Tu sais bien que j'ai horreur de me lever tôt, surtout quand je suis en vacances. Tu ne voudrais tout de même pas manquer le bateau!

QU'EST-CE QUE ÇA VEUT DIRE?

la Manche	the English Channel
tu te rends compte? (fam.)	do you realise?
le moyen	the means
je(ne) suis(pas) d'accord	I (don't) agree
une croisière	a cruise
une traversée	a crossing
un siège à dossier inclinable	a reclining seat
ne dure que	only lasts
un vol	a flight (here)
Tu plaisantes!	You must be joking!

Avez-vous compris?

Pour Laurent et Chantal, quels sont les avantages et / ou les inconvénients:

1   du Shuttle?
2   de la traversée Calais–Douvres en ferry?
3   de l'Eurostar?
4   de la traversée Dieppe–Newhaven en catamaran?
5   d'une traversée de nuit?
6   de l'avion?
7   de la traversée Dieppe–Newhaven en ferry?

À VOUS! _____

Complétez.

1   Pour Laurent et Chantal, aller à Dieppe est plus *p*_____ que d'aller à Calais.
2   Le ferry Dieppe–Newhaven est moins *r*_____ que le catamaran, mais la traversée est *m*_____ *m*_____.
3   La traversée Le Havre–Southampton est plus *l*_____ que la traversée Dieppe–Newhaven.

4 L'avion est plus *c*_____   que le ferry.
5 Le Shuttle est le plus *r*_____
6 La traversée Calais–Douvres est la plus *c*_____   .

ET VOUS?

Comment préférez-vous voyager?

A la Martinique, Josée Cousin compare la façon de vivre en France, avec celle de la Martinique.

Josée	Ce qui m'a frappée, Edith, en arrivant à l'aéroport de Roissy, c'est que tout était sombre, gris, morne, que l'ensemble manquait de couleurs . . .
Edith	Tu veux dire que les couleurs là-bas étaient moins vives que les nôtres.
Josée	Beaucoup moins. Et cela se réflète même dans les toiles que nous avons vues au musée d'Orsay, par exemple.
Edith	Alors, tu préfères notre art et nos artistes. C'est bien!
Josée	Non, mais c'est très différent! En revanche, quand nous sommes allés faire un petit tour dans le Midi, tout était plus intense, il y avait plus de lumière, les gens me semblaient plus ouverts, plus bruyants, plus animés . . .
Edith	Comme chez nous, quoi! Mais votre séjour en France vous a plu quand même?
Josée	Ah oui, énormément, surtout nos visites aux monuments historiques, qui sont plus impressionnants et plus anciens que les nôtres. Et il y en a tellement!
Edith	Nous, nous en avons si peu! Et quel est le bâtiment que tu as trouvé le plus intéressant?
Josée	Le château de Versailles est magnifique, la basilique du Sacré-Cœur est imposante, et j'adore les vitraux de la cathédrale de Chartres. Mais ce que j'ai aimé le plus, c'était le château de Fontainebleau. A mon avis, c'est le plus beau.
Edith	Et à part les monuments, qu'est-ce que tu as trouvé de mieux en France? La cuisine est-elle vraiment la meilleure du monde?
Josée	Elle est excellente et très variée. Il y en a pour tous les goûts. Et le paysage est aussi plus varié que le nôtre. Tout est sur une plus grande échelle, en particulier les montagnes.
Edith	Les leurs sont beaucoup plus hautes que les nôtres?
Josée	Ecoute Edith, tu ne te rappelles pas de ce que tu as appris à l'école? Le Mont-Blanc fait . . .
Edith	4 807 mètres d'altitude.

Josée	Bien! Il est donc trois fois plus haut que notre pauvre Montagne Pelée avec ses . . .
Edith	1 397 mètres!
Josée	Bravo!
Edith	Tu espères retourner en France un jour?
Josée	Oui, j'aimerais bien y retourner, mais tu sais que j'ai horreur de voyager en avion. Et puis le vol est tellement long et tellement coûteux! En attendant, les Muller vont venir nous rendre visite. Ils sont contents parce que notre climat est beaucoup plus agréable que le leur.

QU'EST-CE QUE ÇA VEUT DIRE?

frapper	*to strike*
morne	*dull*
une toile	*a canvas, a painting*
le Midi	*the South of France*
plu (plaire ◣)	*liked* (lit. *pleased me*)
en revanche	*on the other hand*
la lumière	*the light*
tellement	*so (much / many)*
les vitraux (un vitrail)	*stained-glass windows*
mieux (bien)	*better* (well)
meilleur (bon)	*better* (good)
le meilleur / la meilleure	*the best*
sur une plus grande échelle	*on a larger scale*
le leur / la leur / les leurs	*theirs*

Avez-vous compris?

Quels sont les adjectifs et expressions utilisés par Josée pour décrire:

1   Son impression générale en arrivant à Paris?
2   La peinture française?
3   Les gens du Midi?
4   Les monuments historiques en France?
5   La cuisine française?
6   Le paysage?
7   Le vol de Fort-de-France à Paris?

À VOUS!

Travaillez avec un / une partenaire. A tour de rôle, comparez les choses suivantes.

exemple: un serpent est moins gros qu'un éléphant

1   un serpent, un éléphant, un crocodile
2   une pomme, un bonbon, un ananas
3   une glace, une carotte, un yaourt
4   une rivière, un fleuve, un canal
5   une voiture, un avion, un vélo
6   un téléphone, un téléviseur, un ordinateur

Josée revient à son sujet de conversation favori, ses enfants.

Edith	Et les enfants, ça marche à l'école?
Josée	Oh, comme ci comme ça, tu sais. Annette travaille mieux que son frère, elle est plus studieuse, alors elle a de meilleurs résultats.
Edith	Ah bon, Simon travaille moins bien que sa sœur?
Josée	Il ne travaille pas autant que sa sœur. Il sort plus souvent maintenant qu'il est au collège, et surtout il fait beaucoup de sport.
Edith	Il se prépare aux jeux olympiques?
Josée	Pas encore, mais il est très bon en athlétisme. Au collège, c'est lui qui court le plus vite et qui saute le plus haut. Il est très rapide maintenant, mais il faut dire qu'il s'entraîne régulièrement.
Edith	Annette n'est pas très sportive, elle.
Josée	Si, mais elle n'aime pas la compétition. Elle préfère la danse et la gymnastique.
Edith	Et toi?
Josée	Moi, je compose mes menus pendant les cours de yoga. Je n'aime pas du tout les séances de méditation. C'est le pire pour moi, car on ne peut pas parler!

QU'EST-CE QUE ÇA VEUT DIRE?

autant	*as much*
sauter	*to jump*
(s')entraîner	*to train*
si	*yes* (after a negative statement or question)
une séance	*a session* (here)
pire	*worse*
le / la pire	*the worst*

Avez-vous compris?

Répondez en français.

1 Qui travaille le mieux à l'école, Annette ou Simon?
2 Pourquoi?
3 Pourquoi Simon travaille-t-il moins que sa sœur?
4 Qu'est-ce qui prouve qu'il est bon en athlétisme?
5 Comment obtient-il ces résultats?
6 Que préfère Annette?
7 Pourquoi?
8 Josée est-elle très sportive?
9 Pourquoi Josée n'aime-t-elle pas méditer?
10 Que fait-elle pour passer le temps?

À VOUS!

Pour chaque catégorie ci-dessous, faites deux ou trois phrases en utilisant un superlatif.

exemples Les pommes de terre coûtent le moins cher.
Le poisson est le plus riche en protéines.
Les oranges ont le plus de vitamine C.

le caviar	la crème fraîche	le soja
les pommes de terre	les oranges	le lait
le poisson	les carottes	le thé
le pain	l'alcool	

un pompier	un médecin	un professeur
une infirmière	un ouvrier	un acteur
un mécanicien	un cascadeur	un chirurgien

regarder la télévision	manger	jouer à quelque chose
dormir	faire du sport	jouer d'un instrument
travailler	lire	de musique
rire		

les araignées	les serpents	les tigres
les éléphants	les baleines	les dauphins
les chiens	les requins	les tortues
les renards	les chevaux	

la voiture	le bus	le bateau
le train	le métro	le téléphérique
l'avion	le tramway	le cheval
le vélo	le taxi	la jeep
les skis		

Pendant que sa mère bavarde avec Edith, Annette bavarde avec son amie Emma.

Annette	Emma, regarde mon dessin! Il est joli, n'est-ce pas?
Emma	Oui, mais le mien est plus coloré. Le tien est un peu triste.
Annette	Qu'est-ce que c'est?
Emma	Je ne sais pas encore.
Annette	Ça ne fait rien, ce n'est pas mal. Tu n'as pas vu les dessins de Simon? Les siens sont vraiment horribles!
Emma	Tu es méchante avec ton frère!
Annette	Il n'est pas plus gentil avec moi! Dis-moi, tu aimes ma nouvelle robe?
Emma	Oui, mais je préfère celle de Michelle, la sienne a de la dentelle.
Annette	De la dentelle! Je n'aime pas ça. C'est démodé.
Emma	Moi, je préfère être en jean ou en short, c'est plus confortable.
Annette	Oui, mais toi, tu es un vrai garçon manqué!

QU'EST-CE QUE ÇA VEUT DIRE?

un dessin	*a drawing*
le mien / la mienne	*mine*
le tien / la tienne	*yours*
les siens	*his / hers* (masc. pl.)
méchant(e)	*nasty, wicked*
la dentelle	*lace*
démodé	*old-fashioned*
un garçon manqué	*a tomboy*

Avez-vous compris?

Répondez *vrai* ou *faux*.

1 D'abord, Annette et Emma parlent de vêtements.
2 Le dessin d'Annette est moins coloré que celui d'Emma.
3 Emma ne sait pas ce que son dessin représente.
4 Annette n'aime pas les dessins de son frère.
5 Emma dit que Simon est méchant avec elle.
6 Annette a une nouvelle robe avec de la dentelle.
7 Emma trouve la dentelle démodée.
8 Emma préfère les vêtements confortables.

À VOUS! _____

Complétez avec les mots ci-dessous.

voiture	sac	dessin	robe
lunettes	maison	valise	enfants

1 – C'est votre _____?
   – Non, la mienne est en plastique marron.
2 – Ce sont vos _____?
   – Non, les nôtres sont restés à la maison.
3 – C'est la _____ de vos parents?
   – Non, la leur n'a pas de jardin.
4 – Est-ce que ce sont vos _____?
   – Non, les miennes sont sur mon nez!
5 – C'est votre _____?
   – Non, la nôtre est en panne.

6 – C'est votre _____?
   – Non, le mien est en cuir.
7 – C'est la _____ de votre fille?
   – Non, la sienne n'a pas de dentelle.
8 – C'est le _____ de votre fils?
   – Non, le sien est plus coloré.

Un peu de grammaire

Les Comparatifs

plus . . . que
La France est **plus** grande **que**
   l'Angleterre.

moins . . . que
La Seine est **moins** longue **que** la
   Loire.

aussi . . . que
Il fait **aussi** chaud à la Martinique
   qu'à la Guadeloupe.

Note the irregular comparatives:
bon → meilleur
bien → mieux

Comparatives

more . . . / –er than
*France is **bigger than** England.*

less . . . / –er than
*The Seine is **less long than** the Loire.*
*The Seine is **shorter than** the Loire.*

as . . . as
*It is **as** hot in Martinique **as** it is in
   Guadeloupe.*

good → better (adjective)
well → better (adverb)

Les superlatifs

Le **plus** long fleuve / le fleuve **le
   plus** long
La **plus** haute montagne / la
   montagne **la plus** haute

Superlatives

*The **longest** river*

*The **highest** mountain*

Note that if the adjective normally comes after the noun, the second
construction must be used.

Ce sont **les** enfants **les plus**
   intelligents.
Voilà **le** livre **le plus** intéressant.

*They are **the most** intelligent
   children.*
*Here is **the most** interesting book.*

Les pronoms possessifs

Possessive pronouns

le mien, la mienne, les miens,
les miennes

mine

le tien, la tienne, les tiens,
les tiennes

yours (fam.)

le sien, la sienne, les siens,
les siennes

his / hers

le nôtre, la nôtre, les nôtres

ours

le vôtre, la vôtre, les vôtres

ours (polite or pl.)

le leur, la leur, les leurs

theirs

➪   GRAMMAIRE 17, 18

Exercices

A   Comparez Nadine, Catherine et Paule, leurs vêtements et leurs affaires.

exemples   Nadine est plus jeune que Catherine.
Paule a le plus grand sac.

B   Comparez la Martinique et la Guadeloupe en utilisant les
     renseignements ci-dessous.

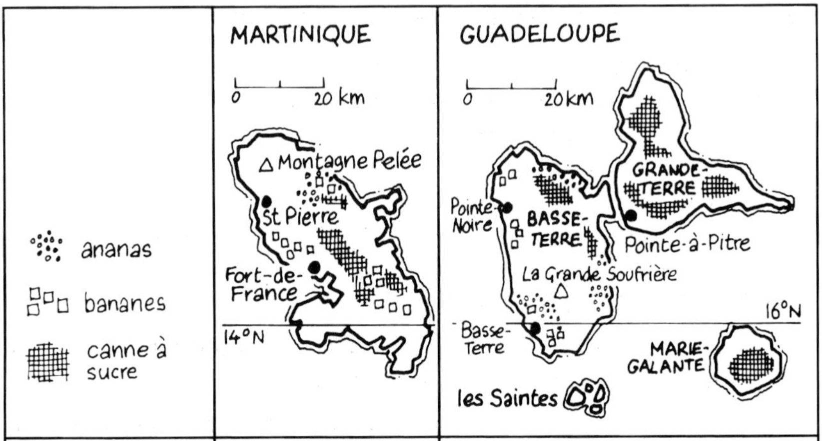

	MARTINIQUE	GUADELOUPE
Superficie	1080 km²	1702 km²
Altitude maximum	Montagne Pelée: 1397 m	La Soufrière: 1467 m
Température moyenne	26°	26°
Population totale	350 000 habitants	330 160 habitants
Population de la plus grande ville	Fort-de-France: 100 000 habitants	Pointe-à-Pitre: 28 000 habitants
Production de sucre	140 000 tonnes	170 000 tonnes
Exportation de bananes	150 000 tonnes	120 000 tonnes
Latitude	14° Nord	16° Nord

1   La Martinique est _____ grande _____ la Guadeloupe.
2   La Guadeloupe est _____ peuplée _____ la Martinique.
3   Il y a _____ d'habitants à Fort-de-France _____ à Pointe-
    à-Pitre.
4   La Martinique est _____ près de l'équateur _____ la
    Guadeloupe.
5   Il fait _____ chaud à la Guadeloupe _____ à la Martinique.
6   La Guadeloupe produit _____ de sucre _____ la Martinique.
7   La Guadeloupe exporte _____ de bananes _____ la
    Martinique.
8   La Montagne Pelée est _____ haute _____ la Soufrière.

C   Vous êtes très fier / fière de votre fils / fille / neveu / nièce / frère /
     sœur, etc. Décrivez-le / la et parlez de ses exploits!

exemple   Mon fils est le plus intelligent de sa classe. Il a les meilleurs résultats. C'est aussi le meilleur athlète de son collège . . .

D   Dites ce que vous préférez et donnez vos raisons.

1   Le matin, l'après-midi ou le soir.
2   Le printemps, l'été, l'automne ou l'hiver.
3   La ville ou la campagne.
4   La mer ou la montagne.
5   Les chats ou les chiens.
6   La musique classique, le jazz, le rock ou la pop musique.

E   Faites votre propre publicité. Choisissez:

* **soit** un produit imaginaire (une voiture, un ordinateur, une eau minérale, une marque de chocolat, etc.)

* **soit** quelque chose que vous connaissez bien (un restaurant, un journal / un magazine, un évènement / une fête, un endroit intéressant, etc.)

* **soit** une personne ou un animal (un animal familier à vendre, un acteur / une actrice, un professeur, etc.)

—————— Écoutez bien! ——————

Listen to some information about La Guyane Française and Madagascar, checking it with the fact sheet below. Make changes where necessary.

	LA GUYANE FRANÇAISE	**MADAGASCAR**
Superficie	91 000 km2	587 000 km2
Altitude maximum	Montagne Tabulaire 2 830 m	Amboro 2 867 m
Population totale	110 000	13 000
Population de la plus grande ville	Cayenne 14 000	Antananarivo 703 000
Latitude **Longitude**	5° Nord 53° Ouest	20° Sud 49° Est

Lecture

SIMPLICITÉ, POUR UNE MEILLEURE PROTECTION DE VOTRE PEAU

Soleil, vent, froid, pollution, chaleur, air conditionné . . . Tous les jours, au grand air comme en ville, votre peau est menacée. Pour avoir une plus belle peau et pour la protéger, utilisez régulièrement les produits SIMPLICITÉ.

SIMPLICITÉ préserve votre peau de la déshydratation et du vieillissement prématuré.

Les crèmes comme le Stick spécial pour les lèvres sont formulées à partir d'extraits de plantes, de filtres ultra-violets et de vitamines. Naturellement, tous nos produits sont rigoureusement contrôlés, mais seulement dans des éprouvettes, jamais sur des animaux.

SIMPLICITÉ protège votre peau et votre beauté, tout simplement.

Vente exclusive en pharmacie.

---

1 According to this advertisement, what can damage the skin?
2 What do the 'Simplicité' products claim to do?
3 What goes into the making of these products?
4 How are they tested?
5 Where can they be purchased?

BRAVO GELCHO!

Préférez-vous être à la cuisine ou au salon?

Voulez-vous être la meilleure cuisinière, mais aussi la plus rapide, celle qui passe le moins de temps dans sa cuisine?
Vous avez un four?
Vous avez un congélateur?
Alors, il vous faut les nouveaux plats GELCHO.
Il y en a des petits, des grands, des rectangulaires, des carrés, des ronds et des ovales.
Vous les sortez du congélateur et vous pouvez les mettre directement dans votre four ou dans le micro-ondes.
Une véritable révolution!
Vous pouvez maintenant préparer, congeler, réchauffer et servir dans le même plat.
Une véritable libération pour la femme (et l'homme) d'aujourd'hui!
Alors n'attendez plus, vous aussi dites: 'Merci GELCHO'

Dans tous les grands magasins et chez les marchands de couleurs.

1 To what sort of person is this advertisement trying to appeal?
2 Which appliances does one need to find the Gelcho dishes useful?
3 What do these dishes look like?
4 In what ways are they revolutionary?
5 Why are they labour-saving?
6 Where can one buy them?

Quatorzième UNITÉ

Jeanne est arrivée en retard au collège ce matin. Elle était essoufflée et avait mauvaise mine. Son collègue, Georges Chevalier, lui demande ce qui est arrivé.

Georges	Vous avez vingt minutes de retard ce matin, Mademoiselle Chouan. Qu'est-ce qui vous est arrivé?
Jeanne	Ce n'est pas de ma faute, cette fois!
Georges	Mais vous êtes tout essoufflée!
Jeanne	Mais parce que j'ai couru.
Georges	Vous êtes toute pâle, et vous tremblez! Qu'est-ce qui s'est passé? Vous avez eu un accident?
Jeanne	Presque. Ah, ces imbéciles au volant!
Georges	Calmez-vous, et venez vous asseoir un instant. Bon. Et maintenant, racontez-moi ce qui vous est arrivé.
Jeanne	Je venais de quitter la station-service, et je roulais sur la route des Sables en direction de Luçon . . .
Georges	Pas trop vite j'espère!
Jeanne	A moins de 70 kilomètres à l'heure. Je respectais la limite de vitesse, comme d'habitude.
Georges	Et alors?
Jeanne	Il y avait un bonhomme derrière moi, dans une grosse Citroën noire, qui me talonnait. Il était très impatient. Il m'a fait des appels de phares, il a klaxonné plusieurs fois . . .
Georges	Quel idiot, ce type!
Jeanne	Je voulais tourner à droite, donc j'ai regardé dans le rétroviseur, j'ai signalé, j'ai ralenti. Comme il me suivait de beaucoup trop près, il a dû freiner brutalement, puis il a décidé de dépasser.
Georges	Bon débarras, hein!
Jeanne	Malheureusement, un autre idiot, tout aussi impatient, dans une Peugeot bleue, voyant que je signalais, est sorti devant moi sans attendre.
Georges	Et ça a fait boum!
Jeanne	Tout juste! Les deux voitures se sont heurtées, les chauffeurs sont descendus tout de suite, et ils ont commencé à se disputer. J'ai cru qu'ils allaient se battre!
Georges	Mais vous, vous avez continué votre chemin? Après tout, vous n'étiez pas responsable de l'accrochage.
Jeanne	Non, bien sûr, mais il y avait la queue, et j'ai été coincée dans l'embouteillage. Quand la police est arrivée, quelques minutes plus tard, les deux types voulaient que je témoigne en leur faveur.

Georges   Ils ne manquent pas de toupet, dites donc!

QU'EST-CE QUE ÇA VEUT DIRE?

essoufflé(e)	*out of breath*
avoir mauvaise mine	*to look unwell*
rouler	*to drive, to go* (in a car)
les Sables (-d'Olonne)	*seaside resort in Vendée*
talonner	*to be on someone's heels*
un type / un bonhomme	*a guy*
faire des appels de phares	*to flash one's headlights*
le rétroviseur	*the rear mirror*
ralentir	*to slow down*
freiner	*to brake*
dépasser	*to overtake*
Bon débarras!	*Good riddance!*
se heurter	*to crash into each other, to collide*
j'ai cru (croire)	*I thought (to believe)*
un accrochage	*a crash, a collision*
coincé(e)	*stuck*
Ils ne manquent pas de toupet!	*They've got a nerve! What a cheek!*

Avez-vous compris?

Aidez Georges à raconter ce qui est arrivé à Jeanne ce matin, en corrigeant ses erreurs.

Pauvre Jeanne! Elle est arrivée en retard au bureau ce matin. Elle avait l'air fatigué, et elle tremblait. Elle était en pleine forme parce qu'elle avait couru. Je lui ai suggéré de se lever avant de me raconter ce qui lui était arrivé. Il paraît qu'elle venait de quitter l'autoroute, et qu'elle roulait à environ cent à l'heure. Derrière elle, il y avait une bonne femme dans une grosse Citroën noire, qui la suivait de trop près. Jeanne voulait tourner à gauche, donc elle a signalé et elle a accéléré. La femme, qui était très patiente, a finalement décidé de la dépasser. Malheureusement, une autre automobiliste, voyant que Jeanne allait tourner, est sortie devant elle. Les deux voitures se sont heurtées. Les deux femmes sont descendues et elles ont commencé à se présenter. Comme il y avait la queue, Jeanne a klaxonné et a fait des phares et elle a pu continuer son chemin avant l'arrivée de la police.

À VOUS!

Les dessins ci-dessous représentent l'accrochage qui a eu lieu. Mettez-les dans le bon ordre et trouvez l'intrus.

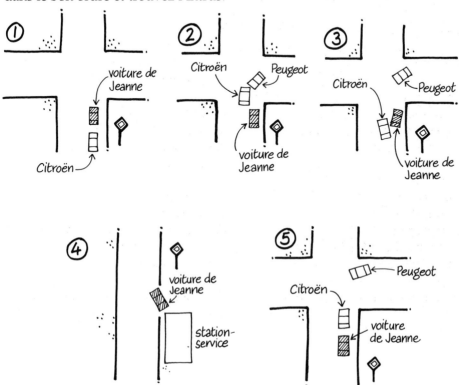

Le propriétaire de la Citroën noire utilise son téléphone mobile, pour appeler sa compagnie d'assurance, Assistance-Globale.

Femme	Assistance-Globale. Qu'y a-t-il pour votre service?
Homme	Allô! Bonjour, mademoiselle. Ma voiture est tombée en panne, enfin, c'est-à-dire que j'ai eu un petit accident . . .
Femme	Où êtes-vous exactement, monsieur?
Homme	Sur la départementale 949, à un croisement pas loin d'une station-service, en face d'un hypermarché, à environ deux kilomètres de Luçon.
Femme	Et vous rouliez dans quel sens?
Homme	Je venais de Talmont, sur la route des Sables-d'Olonne et je me dirigeais vers le centre de Luçon.
Femme	Quel est le numéro d'adhésion?
Homme	Voyons . . . Ah, voilà . . . Alors, 462.015.331.4428.
Femme	Et votre nom?
Homme	Lebœuf, Julien Lebœuf, des Entreprises Lebœuf et Fils.
Femme	Et votre numéro d'immatriculation, monsieur?
Homme	234 CAD 85.
Femme	Et la marque de votre voiture?
Homme	C'est une Citroën, une Xantia.
Femme	De quelle couleur est-elle?
Homme	Elle est noire.
Femme	Très bien, monsieur. La dépanneuse sera avec vous dans environ trois quarts d'heure.
Homme	Trois quarts d'heure! Mais je suis pressé, moi, ce matin. J'ai rendez-vous avec un client très important à neuf heures et demie! Vous ne pourriez pas envoyer quelqu'un plus tôt?
Femme	Je suis désolée, monsieur, je ne peux pas le garantir. Mais je ferai de mon mieux.
Homme	Vous avez intérêt à faire de votre mieux. Si je perds cette commande, je change de compagnie d'assurance. Je suis un de vos plus gros clients. Ma société a vingt voitures de service, douze camions . . . Allô! Allô! Ah, zut, on nous a coupé!

QU'EST-CE QUE ÇA VEUT DIRE?

une compagnie d'assurance	*an insurance company*
le numéro d'adhésion	*membership number*
le numéro d'immatriculation	*registration number*
la marque	*the make*
la dépanneuse	*breakdown vehicle*
Vous ne pourriez pas . . . ?	*Couldn't you . . . ?*
Zut!	*Bother!*

Avez-vous compris?

Répondez *vrai* ou *faux*.

1 L'homme qui téléphonait avait une Citroën verte.
2 Il se servait d'un poste d'urgence pour appeler Assistance-Globale.
3 Il était dans une cabine téléphonique.
4 Il a dit qu'il roulait vers Luçon.
5 Il se trouvait en face d'une station-service.
6 La dépanneuse allait arriver un quart d'heure plus tard.
7 Il était satisfait du service d'Assistance-Globale.
8 L'homme était pressé parce qu'il avait rendez-vous avec un client important.
9 Il était représentant.

À VOUS! _____

Reliez les phrases et les panneaux.

1 Remember. (*Usually alongside another sign, such as a speed limit.*)
2 Access for residents only.
3 You do not have priority entering the roundabout.
4 Stop, Toll.
5 You do not have priority at the junction ahead.
6 All directions.
7 Put your headlights on.
8 You are on the main road. You have priority at the junction ahead.

Jeu de rôles
(PARTENAIRE A 👦👧)

(Partenaire B: tournez à la page 265.)

A1   Vous travaillez pour *Assurance Totale*. Vous recevez un coup de fil d'un / une client(e), qui vient de tomber en panne. Demandez-lui les renseignements nécessaires pour remplir le formulaire.

ASSURANCE TOTALE

Date:
Heure de l'appel:
Nom:
Numéro d'adhésion:
Marque et couleur du véhicule:
Numéro d'immatriculation:
Situation du véhicule:

A2   Maintenant vous êtes le client / la cliente. Votre voiture vient de tomber en panne. Vous appelez *Auto-Assistance*. Répondez aux questions de l'employé(e) qui vous répond.

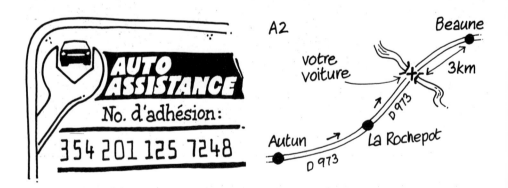

Que faisaient les élèves de Jeanne pendant qu'elle racontait sa mésaventure à Georges? Deux élèves racontent.

Au premier rang, Michel et Simon jouaient aux cartes. Isabelle dansait sur le bureau. Philippe dessinait au tableau. Assis sur une table, Thomas montrait sa souris blanche à sa copine Laure. Près de la porte, un élève fumait. Un garçon à lunettes lisait une bande dessinée. Un autre dormait paisiblement au fond de la classe, tandis que deux autres se battaient.

Mais à dix heures, quand le professeur est entré dans la salle de classe, Simon a caché les cartes dans sa serviette, Isabelle est descendue du bureau et Philippe a nettoyé le tableau. Thomas a mis sa souris dans sa poche. L'élève qui lisait a fermé son livre. Les deux enfants qui se battaient se sont assis. Le garçon qui dormait s'est réveillé, et celui qui fumait a éteint sa cigarette.

Avez-vous compris?

Répondez *vrai ou faux.*

1   Le cours de sciences naturelles commençait à dix heures moins cinq.
2   Les élèves étaient dans la salle de classe avant le professeur.
3   Ils travaillaient dur, et ne perdaient pas leur temps.
4   Deux élèves jouaient aux cartes.
5   Un garçon à lunettes lisait une bande dessiné.

Quand Jeanne est arrivée . . .

6   Les deux enfants qui se battaient se sont assis.
7   Isabelle a nettoyé le tableau noir.
8   Philippe a mis sa souris dans sa poche.
9   Le garçon qui dormait s'est réveillé.
10   Simon a caché les cartes dans sa poche.

À VOUS! _____

Regardez bien la famille Dupré à la maison. Où étaient-ils et que faisaient-ils?

Qu'est-ce qu'ils ont fait, quand le téléphone a sonné?

Chantal, elle aussi, passe une journée difficile. Dans le magasin où elle travaille à Rouen, elle s'occupe de clients qui ont rapporté des vêtements.

Chantal	Bonjour, monsieur. Vous désirez?
Jeune homme	J'ai acheté ce pantalon il y a deux jours. Mais quand je l'ai vu à la lumière du jour, j'ai décidé que je n'aimais pas la couleur.
Chantal	Ah, bon! Vous voulez le changer, ou vous préférez être remboursé?
Jeune homme	Ça dépend des couleurs que vous avez. Vous l'avez en marron?
Chantal	Voyons . . . Vous faites du 48 . . . Alors, 44, 50, 46. Non, monsieur, je regrette. Nous ne l'avons qu'en rouge.
Jeune homme	Ah non! Le rouge ne me va pas du tout! Vous voyez bien, mademoiselle, que j'ai les cheveux roux!
Chantal	C'est vrai. Alors, je peux vous proposer un autre modèle, à carreaux bruns et beiges . . .
Jeune homme	Je déteste les carreaux!
Chantal	Et les rayures?

Jeune homme	Peut-être. Mais vous savez, je ne suis pas habitué à porter des pantalon à rayures.
Chantal	Regardez celui-ci, rayé vert et noir. Il est en laine et polyester.
Jeune homme	Impossible. La laine me donne des démangeaisons. Et puis, je n'aime pas la coupe. Non, vraiment, je préfère un pantalon uni.
Chantal	Dans ce cas, je crois qu'il serait préférable de vous rembourser, monsieur. Vous avez votre reçu, s'il vous plait?
Jeune homme	Non, je suis désolé, je l'ai laissé à la maison!

QU'EST-CE QUE ÇA VEUT DIRE?

rapporter	*to take back*
Vous préférez être remboursé?	*Would you prefer a refund?*
le rouge ne me va pas du tout!	*red doesn't suit me at all!*
à carreaux	*checked*
rayé(e) / à rayures	*striped*
habitué à	*used to, accustomed to*
la laine	*wool*
me donne des démangeaisons	*makes me itch*
uni(e)	*plain* (i.e. no pattern)
il serait préférable	*It would be better, preferable*
le reçu	*the receipt*

Avez-vous compris?

Répondez en français.

1 Qu'est-ce que le jeune homme a acheté il y a deux jours?
2 Pourquoi ne l'aimait-il pas?
3 Quelle couleur voulait-il?
4 Est-ce que Chantal a trouvé sa taille en marron?
5 Le jeune homme, aime-t-il les pantalons à carreaux?
6 Est-il habitué à porter des pantalons rayés?
7 Préfère-t-il faire un échange ou être remboursé?
8 A-t-il perdu son reçu?

Cette fois, c'est Madame Brède qui rapporte un pull.

| Chantal | Qu'y-a-t-il pour votre service, madame? |
| Mme Brède | Je voudrais changer le pull que j'ai acheté dans ce magasin. Il a rétréci. |

Chantal	Faites voir, madame. Hmm. Pourtant, Tip-Top, c'est une bonne marque. Vous avez bien suivi les instructions de lavage?
Mme Brède	Bien sûr que oui! Je fais toujours très attention à ce genre de choses!
Chantal	Très bien, madame. Vous avez le reçu, s'il vous plaît?
Mme Brède	Voilà, mademoiselle!
Chantal	Mais . . . Je ne comprends pas . . . C'est bien le reçu pour le pull-over, mais . . . vous avez acheté ce pull il y a presque un an, et vous avez attendu jusqu'à aujourd'hui, pour le rapporter?
Mme Brède	Bien sûr! Je ne l'ai porté qu'une fois, je l'ai lavé à la main, et je l'ai rangé. Hier, quand je l'ai mis, j'ai remarqué qu'il avait rétréci.
Chantal	Et ce n'est pas vous, par hasard, qui avez grossi?
Mme Brède	Quel toupet! Certainement pas, je suis toujours au régime, moi, mademoiselle, même pendant les fêtes de Noël!

QU'EST-CE QUE ÇA VEUT DIRE?

ranger	*to tidy up, to put away*
rétrécir	*to shrink*
par hasard	*by any chance*

Avez-vous compris?

Aidez Chantal à raconter sa journée difficile.

polyester	reçu	carreaux	vêtements	pull
	marron	couleur	an	pantalon	régime

Je me suis occupée de deux clients qui ont rapporté des (1)_____ aujourd'hui. Le premier, un jeune homme roux, m'a dit qu'il n'aimait pas la (2)_____ de son (3)_____, et qu'il le voulait en (4)_____. Quand je lui ai proposé un pantalon à (5)_____ il m'a dit qu'il le détestait, et il a refusé également d'en acheter un en laine et (6)_____. La dame qui a rapporté un (7)_____ m'a dit qu'il avait rétréci. Mais quand elle m'a donné le (8)_____ j'ai été très surprise, car elle avait acheté le pull il y a presque un (9)_____! Je suis sûre qu'il était trop petit parce qu'elle avait grossi, mais elle m'a dit qu'elle était toujours au (10)_____!

À VOUS! _____

Imaginez que vous êtes un(e) client(e) qui rapporte un vêtement. Répondez aux questions du vendeur / de la vendeuse.

Vendeur / vendeuse	Qu'y-a-t-il pour votre service, M . . . ?
Vous	(1) *Say, you bought this jacket recently, and when you saw it in daylight, you didn't like the colour.*
Vendeur / vendeuse	Très bien. Alors, vous voulez la changer, ou vous préférez être remboursé(e)?
Vous	(2) *Say, you'd like to change it. It depends what colours they have.*
Vendeur / vendeuse	Bleu marine, violet, chocolat, citron vert. Vous préférez une veste unie?
Vous	(3) *Say yes. You hate checks and stripes.*
Vendeur / vendeuse	Vous faites quelle taille?
Vous	(4) *Say what size you take. (See table below.)*
Vendeur / vendeuse	Voilà, M . . . Vous avez votre reçu?
Vous	(5) *Say sorry, you forgot it!*

Les tailles					
GB	12	14	16	18	20
F	40	42	44	46	48

Jeu de rôles
(PARTENAIRE B)

(Partenaire A: tournez à la page 258.)

B1   Vous venez de tomber en panne. Vous téléphonez à *Assurance Totale* et donnez à l'employé les renseignements qu'il / elle demande.

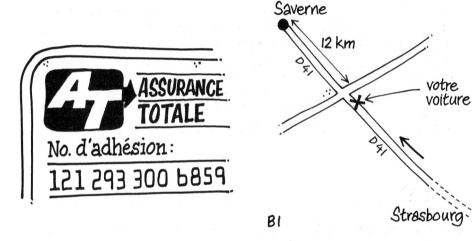

B2   Maintenant vous travaillez pour *Auto-Assistance*. Vous recevez un coup de fil d'un / une client(e), qui vient de tomber en panne. Demandez-lui les renseignements nécessaires pour remplir le formulaire.

AUTO-ASSISTANCE

Date:
Heure de l'appel:
Nom:
Numéro d'adhésion:
Marque et couleur du véhicule:
Numéro d'immatriculation:
Situation du véhicule:

── Un peu de grammaire ──

Le passé composé ou l'imparfait? Contrasting the perfect and imperfect tenses

The perfect expresses a completed action; the imperfect, how things were.

Quand le professeur est entré un(e) élève dansait sur le bureau.	*When the teacher came in a pupil was dancing on the desk.*
Il prenait un bain quand le téléphone a sonné.	*He was having a bath when the telephone rang.*

Note however:

Je venais de quitter la station-service.	*I had just left the petrol station.*

 GRAMMAIRE 16

───── Exercices ─────

A   On vous accuse! Dites le contraire!

> *exemple*   Vous êtes sorti(e) devant la Peugeot.
> Ah non, je suis sorti(e) derrière la Peugeot.

1   Vous veniez d'arriver à la station-service.
Non, je venais de quitter . . .

2   Vous rouliez à plus de 70 kilomètres à l'heure.
Au contraire, je . . .

3   Vous avez regardé dans votre rétroviseur, après avoir signalé.
C'est faux, j'ai . . .

4   Vous avez accéléré.
Pas du tout! En fait, j'ai . . .

5   Quelqu'un vous suivait de très loin.
Non, . . .

6   Vous étiez impatient(e).
Non, . . .

7   Vous vouliez tourner à gauche.
Non, . . .

8   Vous êtes reparti(e) avant l'arrivée de la police.
Ah non, je . . .

B   Reliez les phrases:

1 Le pull a rétréci.
2 Je ne porte jamais de laine.
3 J'ai les cheveux roux.
4 Je n'ai pas mon reçu.
5 J'achète toujours des vêtements unis.
6 Je n'aime pas la couleur.
7 Je ne suis pas satisfait.
8 J'ai grossi.

a Le rouge ne me va pas.
b Maintenant je fais du 44.
c A la lumière du jour.
d Vous n'avez pas suivi les instructions de lavage.
e Ça me donne des démangeaisons.
f Je l'ai laissé à la maison.
g Je déteste les carreaux et les rayures.
h Je voudrais être remboursé.

C   Complétez l'histoire, en employant le parfait ou l'imparfait.

Quand il (**1 être**) en vacances, il (**2 se lever**) tard. Après le petit déjeuner, il (**3 partir**) en voiture pour visiter les environs. Un jour, il (**4 perdre**) les clés de la voiture et il (**5 faire**) de l'auto-stop pour rentrer à l'hôtel.

En général, le midi, il (**6 manger**) dans un bon restaurant, et il (**7 choisir**) les spécialités de la région. Mais un jour, il (**8 oublier**) son argent, et il (**9 devoir**) faire la vaisselle.

Comme il (**10 faire**) toujours très beau, il (**11 sortir**) en chemise, en short et en sandales. Un jour qu'il (**12 se promener**) loin du village où (**13 être**) son hôtel, il y (**14 avoir**) un violent orage et il (**15 rentrer**) trempé. Il (**16 attraper**) un rhume et il (**17 passer**) la fin de ses vacances au lit.

Écoutez bien!

Look at the pictures on page 268. Then listen to the tape and complete the story.

C'est la Saint-Sylvestre, c'est-à-dire, le 31 décembre. Quelques musiciens (**1**)_____ d'inviter des amis. Plusieurs d'entre eux (**2**)_____ les commissions, puis ils (**3**)_____ à boire et à manger. Ils (**4**)_____ à des amis, et beaucoup (**5**)_____ à leur appel. Pendant la soirée, une des jeunes filles (**6**)_____ de la guitare, pendant qu'un garçon l' (**7**)_____ au piano. De temps en temps, un troisième, qui (**8**)_____ des lunettes noires, (**9**)_____ de la clarinette. Deux couples (**10**)_____ tout en buvant un verre de vin, et d'autres (**11**)_____ et (**12**)_____. Tout le monde s'amusait bien.

Mais la voisine qui (**13**)_____ juste à côté n' (**14**)_____ pas du tout contente. Très fatiguée, elle s'était couchée de bonne heure et elle s'était endormie tout de suite. Le bruit de la musique et de la conversation l' (**15**)_____. Très en colère, elle (**16**)_____ et avec sa canne, elle (**17**)_____ violemment au mur.

Les musiciens et leurs amis (**18**)_____ tellement de bruit, qu'ils n'ont pas entendu la vieille dame qui (**19**)_____. Finalement, elle (**20**)_____ sonner chez ses voisins. Un jeune homme portant la barbe et la moustache et qui (**21**)_____ Guy, a finalement entendu la sonnette et (**22**)_____ la porte. La vieille dame (**23**)_____ furieuse. Guy ne (**24**)_____ pas quoi faire. Tout à coup, il (**25**)_____ l'idée d'inviter la vieille dame à leur petite fête.

Guy a fait entrer la dame, qui (**26**)_____ encore en robe de chambre, dans le séjour et l' (**27**)_____ à son ancien professeur de piano. Guy est allé chercher une bouteille et un verre. Quand il (**28**)_____, les deux vieillards (**29**)_____ ensemble et (**30**)_____ l'air de bien s'entendre. Guy était très content de ce qu'il avait fait. Il (**31**)_____ un verre de vin à la vieille dame, et il en (**32**)_____ un autre à son ancien professeur.

Lecture

A colleague of yours is travelling to France on business. Explain the advantages of an Avis card, and tell him / her what the business rate includes.

AVIS CLUB BUSINESS _____

Opel Vectra

LA CARTE QUI A LE SENS DES AFFAIRES

Votre temps est précieux: AVIS a donc conçu le service AVIS Express, le moyen le plus rapide pour louer un véhicule:

•   Dès l'achat de votre carte AVIS Club Business, vous fournissez une fois pour toutes, les informations nécessaires à l'établissement de vos contrats de location.

•   En réservant, indiquez simplement le numéro Wizard figurant sur votre carte pour bénéficier du service AVIS Express.

•   Présentez-vous au comptoir AVIS Express, votre contrat est déjà préparé: il vous suffit de le signer en présentant votre permis de conduire et votre moyen de paiement . . . avant de prendre la route!

Le service AVIS Express est mis en place dans plus de 700 agences dans le monde.
La Carte AVIS Club Business vous donne accès à un tarif exclusif.

Catégories	Tarif Club Business	
	1er jour	Jour sup.
A　(Opel Corsa, Renault Clio RL)	390 F TTC*	300 F TTC
B　(Opel Astra, Renault 19)	490 F TTC	400 F TTC
C　(Opel Vectra, Audi 80)	590 F TTC	500 F TTC
E　(Renault Safrane, Volvo 850)	690 F TTC	600 F TTC

Le Tarif Club Business inclut:
• 24 h de location,
• le kilométrage illimité,
• les compléments de protection: vol du véhicule, suppression de la franchise, et garantie pour le conducteur et les personnes transportées avec assistance médicale et technique 24h/24h,
• le retour du véhicule dans la même agence que celle du départ,
• la TVA**: à 18,6%.
Seul le carburant reste à votre charge.
Si le retour du véhicule s'effectue dans une ville différente de celle du départ, le tarif sera majoré de 100 F TTC / jour, pendant les 4 premiers jours de location. Pour toute location effectuée au départ d'un aéroport, l'AVIS supplément aéroport s'ajoute au prix de la location.

* (Toutes taxes comprises): *All taxes included*
**(Taxe à la valeur ajoutée): *VAT*

Quinzième UNITÉ

Monsieur Déveine est en voyage. Il vient d'arriver à l'hôtel.

Réceptionniste	Qu'y-a-t-il pour votre service, monsieur?
M. Déveine	J'ai réservé une chambre la semaine dernière.
Réceptionniste	A quel nom?
M. Déveine	Déveine, François.
Réceptionniste	Voyons . . . Debnet, Dubreuil . . . Je suis désolée, monsieur, il n'y a pas de chambre au nom de Déveine réservée pour ce soir.
M. Déveine	Vous êtes sûre? Ça alors, je n'y comprends rien!
Réceptionniste	Vous êtes venu pour le congrès?
M. Déveine	Non, je suis ici pour affaires. Je suis représentant.
Réceptionniste	Je regrette, monsieur, mais je n'ai plus qu'une seule chambre de libre.
M. Déveine	Le principal, c'est d'avoir un lit pour la nuit.
Réceptionniste	L'inconvénient, c'est qu'elle se trouve au treizième étage, j'espère que vous n'êtes pas superstitieux.
M. Déveine	Pas du tout! Et puis, il y a un ascenseur, n'est-ce pas?
Réceptionniste	Il y en a même deux! Voilà votre clef.
M. Déveine	Il y a une salle de bains?
Réceptionniste	C'est une chambre avec douche, WC, télévision et téléphone.
M. Déveine	Elle coûte combien?
Réceptionniste	Elle fait 450 francs.
M. Déveine	Le petit déjeuner est compris?
Réceptionniste	Non, il est en supplément. A la française, il fait 40 francs et à l'anglaise, il fait 60 francs.
M. Déveine	Hmm, j'adore les petits déjeuners à l'anglaise! A quelle heure le servez-vous?
Réceptionniste	De sept heures à neuf heures, monsieur.
M. Déveine	Pouvez-vous me réveiller à six heures et demie demain matin?
Réceptionniste	Mais naturellement, monsieur.
M. Déveine	Y a-t-il un bon restaurant dans le quartier? Je dois inviter un client important à dîner ce soir.
Réceptionniste	Dans ce cas, je vous recommande le restaurant de l'hôtel. C'est un quatre étoiles.
M. Déveine	Je dois réserver une table?
Réceptionniste	C'est plus prudent, surtout avec le congrès. Il y a beaucoup de monde en ce moment. Je peux faire la

	réservation pour vous, si vous voulez. Vous voulez une table pour quelle heure?
M. Déveine	Pour huit heures. Une table pour deux personnes. Autre chose. Où est-ce que je peux garer ma voiture? Vous avez un garage ou un parking?
Réceptionniste	Le garage de l'hôtel est complet, mais il y a un parking à plusieurs niveaux, place Gambetta.
M. Déveine	C'est loin d'ici?
Réceptionniste	Non, c'est à cinq minutes. En sortant de l'hôtel, vous tournez à gauche. Vous continuez tout droit jusqu'aux feux, puis vous prenez la deuxième à droite. Le parking est en face de l'église.
M. Déveine	Euh . . . une dernière question. Est-ce que vous acceptez les cartes de crédit?
Réceptionniste	Bien sûr, monsieur. Pas de problème.

QU'EST-CE QUE ÇA VEUT DIRE?

le congrès	*the conference*
une chambre de libre	*a vacancy*
le principal	*the main thing*
une étoile	*a star*
garer sa voiture / se garer	*to park*
complet	*full*
un parking à plusieurs niveaux	*a multi-storey car park*
un niveau	*a level*
En sortant de l'hôtel	*On leaving the hotel*

Avez-vous compris?

Répondez en français.

1 Pourquoi M. Déveine dit-il qu'il ne comprend pas?
2 Pourquoi l'hôtel est-il presque complet?
3 Combien reste-t-il de chambres de libre?
4 Où est située la chambre que la réceptionniste propose à M. Déveine?
5 Est-ce une chambre confortable?
6 Combien est-ce que cela va lui coûter par nuit s'il prend un petit déjeuner à l'anglaise?
7 Comment a-t-il l'intention de payer?
8 Pourquoi M. Déveine cherche-t-il un bon restaurant?
9 Quel restaurant lui recommande la réceptionniste?

10   Que pensez-vous de la réceptionniste? Donnez vos raisons.
11   Pourquoi M. Déveine doit-il aller place Gambetta?
12   Dessinez un plan pour expliquer comment aller de l'hôtel au
      parking.

À VOUS!

Reliez les textes et les dessins ci-dessous.

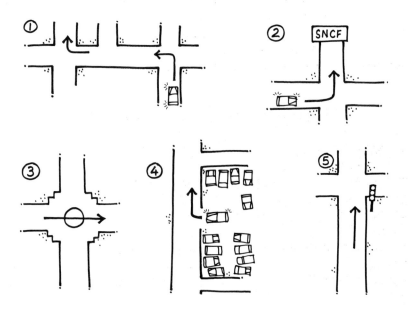

a   Traversez la place.
b   En sortant du parking, tournez à droite.
c   Prenez la première à gauche, puis la deuxième à droite.
d   Continuez tout droit jusqu'aux feux.
e   Tournez à gauche. La gare est juste en face.

Complétez. Aidez la réceptionniste à répondre aux questions d'un client au
téléphone.

Je suis désolée, monsieur, mais l'hôtel est **1**_____ jusqu'à samedi . . .
Je viens de louer la dernière **2**_____ à un représentant . . . Il y a
beaucoup de **3**_____ en ce moment à cause du **4**_____, mais il
n'y aura pas de problèmes la semaine prochaine . . . Toutes nos chambres
sont équipées d'une salle de bains ou d'une **5**_____ . . . Bien sûr! C'est
même un **6**_____ quatre étoiles. Je vous le **7**_____ . . . Nous
servons le **8**_____ de sept heures à neuf heures, tous les matins . . .

Non, vous n'aurez pas de problème pour **9**_____ votre voiture, nous avons un **10**_____.

Peu après son retour de voyage, Monsieur Déveine retrouve son ami, Monsieur Lachance, au café du coin.

Lachance	Vous n'avez pas bonne mine, mon cher Déveine! Vous avez l'air bien fatigué. Qu'est-ce qui ne va pas?
Déveine	Vous avez raison. Je suis fatigué, j'ai mal partout et je suis de mauvaise humeur.
Lachance	Vous avez besoin d'un petit remontant! . . . S'il vous plaît, mademoiselle, deux cafés et deux cognacs!
Serveuse	Tout de suite, monsieur.
Lachance	Alors, racontez-moi vos malheurs!
Déveine	Je suis rentré très tard hier soir, vous savez. Dès que j'ai tourné la clé dans la serrure, j'ai eu le pressentiment que quelque chose n'allait pas. En effet, la maison était glaciale.
Lachance	La chaudière ne marchait pas?
Déveine	Non, et il y avait des bougies partout.
Lachance	Ah, une coupure de courant?
Déveine	Non. Ma chère belle-mère, en branchant son sèche-cheveux, qui est un très vieux modèle, avait fait sauter les plombs!
Lachance	Et personne ne savait les changer!
Déveine	Si, mais personne ne savait où étaient les fusibles. Moi non plus, d'ailleurs. Et on a dû attendre le voisin, qui était à une petite fête à son bureau.
Lachance	Il est rentré quand?
Déveine	A deux heures du matin!
Lachance	Mon pauvre Déveine! Je comprends maintenant pourquoi vous vous sentez complètement épuisé aujourd'hui. Mais votre voyage d'affaires s'est bien passé, lui, au moins?

QU'EST-CE QUE ÇA VEUT DIRE?

un remontant	*a pick-me-up, a tonic*
dès que	*as soon as, no sooner . . .*
la serrure	*the lock*
la chaudière	*the boiler*
une bougie	*a candle*
brancher	*to plug in*
faire sauter les plombs	*to fuse, blow the fuses*
le fusible / le plomb	*the fuse wire*

Avez-vous compris?

Corrigez les erreurs.

1   Quand il a rencontré M. Lachance, M. Déveine était de bonne humeur.
2   Il avait bonne mine, et était en pleine forme.
3   Il est rentré tard, à cause d'une petite fête au bureau.
4   La maison était sale parce que la chaudière ne marchait pas.
5   Il y avait beaucoup de bougies allumées, parce que c'était l'anniversaire de sa belle-mère.
6   Les plombs ont sauté quand elle a branché l'aspirateur.
7   Personne ne savait comment changer les fusibles.
8   Le voisin des Déveine n'était pas chez lui, parce qu'il était en voyage d'affaires.

À VOUS! _____

Reliez.

1 Les plombs ont sauté
2 On a allumé des bougies
3 M. Déveine n'a pas pu changer les fusibles
4 La maison était glaciale
5 M. Déveine a eu un pressentiment

a parce que la chaudière ne marchait pas.
b quand il a tourné la clé dans la serrure.
c à cause de la coupure de courant.
d quand sa belle-mère a branché son sèche-cheveux.
e parce qu'il ne savait pas où ils étaient.

Ragaillardi par son premier cognac, M. Déveine continue ses explications.

Déveine	Ne me parlez pas de mon dernier déplacement!
Lachance	Mademoiselle, deux autres cognacs, s'il vous plaît!
Serveuse	Bien, monsieur.
Lachance	Alors, qu'est-ce qui vous est arrivé?
Déveine	Premièrement, je ne sais pas pourquoi, mais ma chambre n'avait pas été réservée. Et pour comble de malchance, il y avait un congrès et l'hôtel était plein. On m'a finalement trouvé une chambre, au treizième étage.
Lachance	Il y avait un ascenseur, j'espère!
Déveine	Il y en avait deux, dont un était en panne. L'autre, qui était juste à côté de ma chambre, faisait beaucoup de bruit la nuit, car il était toujours plein de gens qui étaient plus ou moins

	ivres. Ils parlaient fort, ils riaient, ils chantaient . . .
Lachance	Résultat, vous avez mal dormi.
Déveine	J'ai passé une nuit blanche, car en plus, le lit était dur, et il grinçait à chaque fois que je me retournais.
Lachance	Avec tout ce monde, le service a probablement laissé à désirer?
Déveine	Ah, oui. Les serviettes de toilette étaient sales et il n'y avait pas de papier hygiénique dans les WC. Et au restaurant . . .
Lachance	Mais vous avez bien mangé, quand même? C'est un quatre étoiles, n'est-ce pas?
Déveine	Malheureusement, j'ai invité un client le premier soir, mais j'ai été très déçu.
Lachance	Ah bon, pourquoi?
Déveine	Le personnel était débordé. Malgré le prix, le repas a été un vrai désastre. La viande était dure, le pain rassis, et le service très lent.
Lachance	Alors votre client est parti sans passer de commande.
Déveine	Pour une fois, j'ai eu de la chance. Quand nous sommes passés devant la réception, mon client a remarqué les fournitures de bureau . . .
Lachance	Qui étaient les vôtres . . .
Déveine	Tout juste!
Lachance	Alors, tout est bien, qui finit bien! Une bonne commande, ça s'arrose! Mademoiselle, s'il vous plaît, deux cognacs!

QU'EST-CE QUE ÇA VEUT DIRE?

ragaillardi	*perked up*
le déplacement	*business trip*
pour comble de malchance	*To crown it all*
ivre	*drunk*
rire ⋀	*to laugh*
une nuit blanche	*a sleepless night*
dur(e)	*hard*
grincer	*to creak*
une serviette de toilette	*a towel*
rassis	*stale*
déçu(e)	*disappointed*
débordé(e)	*very busy*
Tout juste!	*Indeed (they were)!*
Ça s'arrose!	*Let's drink to that!*

Avez-vous compris?

M. Lachance parle des mésaventures de son ami, Déveine. Corrigez ses erreurs.

Mon pauvre ami, Déveine! Il y avait un congrès à l'hôtel où il est descendu pour ses affaires. Sa chambre était au troisième, et il y avait beaucoup de bruit le matin à cause de l'ascenseur. Les gens qui participaient au congrès parlaient fort, riaient et dansaient parce qu'ils avaient trop mangé. Il a passé une nuit noire à cause de son lit qui grinçait à chaque fois qu'il se retournait. Il a invité une cliente à dîner, le deuxième soir, et le repas a été un vrai désastre. Le pain était rassis, la viande n'était pas tendre, et le service pas très rapide parce que le personnel était paresseux. Pourtant la cliente a livré des fournitures de bureau à Monsieur Déveine. Pour tout arranger, quand Déveine est rentré chez sa mère, la chaudière était en panne. Il y avait des bouchons partout, et la maison était froide. Il paraît que sa grand-mère avait branché son vieux rasoir et qu'elle avait fait sauter les plans.

À VOUS! _____

Choisissez une réponse qui, à votre avis, convient à chacune des plaintes des client(e)s.

Les plaintes:

1 Mademoiselle, mon café est froid!
2 Excusez-moi, monsieur, mais la douche ne marche pas!
3 Madame, je voudrais changer de chambre, s'il vous plaît. La mienne est sombre, et pas du tout confortable.
4 Mademoiselle, les serviettes dans ma salle de bains sont sales.
5 Pardon, madame, il n'y a plus de papier hygiénique dans les toilettes!
6 Excusez-moi, monsieur, mais il n'y a rien à lire ici, au salon.
7 Monsieur, dépêchez-vous, s'il vous plaît! Il y a une fuite d'eau dans la salle de bain!
8 Pardon, monsieur, j'ai essayé d'appeler mon collègue, mais la ligne est occupée.
9 Madame, s'il vous plaît! La viande est dure et le pain rassis.
10 Pardon, madame, le téléviseur ne marche plus.

Les réponses:

a Qu'est-ce que vous voulez? Je ne suis pas mécanicien, moi!
b Désolé, je vais le dire à la femme de chambre.
c Demandez à la femme de chambre de les changer!
d On va la vérifier aussitôt que possible. En attendant, prenez un bain.
e Les plombs ont probablement sauté. Je vais vous envoyer quelqu'un le plus vite possible.

f Je vais téléphoner au plombier, mais en attendant, je vais vous apporter un seau et une serpillière!

g Je suis désolée, je vais en chercher un autre paquet.

h Je vais vous le réchauffer immédiatement!

i Pas de problème! J'en ai une autre, au seizième étage, qui donne sur le jardin.

j Désolé! Je vais chercher des journaux et des magazines.

k Voulez-vous rappeler un peu plus tard?

l Désolée, je vais vous apporter un autre steak et je vais vous chercher du pain frais.

m Je vais vous apporter des serviettes propres, messieurs-dames.

n Qu'est-ce que je peux y faire? Ce n'est pas moi qui fait la cuisine ici!

Après quelques jours de congé passés avec Chantal en Angleterre, Laurent retourne à la banque:

Collègue	Bonjour, mon cher Darieux. Bonnes vacances? On m'a dit que vous êtes allés en Angleterre et que c'était la première fois.
Laurent	Oui, c'est vrai.
Collègue	Et vous n'avez pas eu trop de problèmes avec l'argent, la conduite à gauche, la langue . . .
Laurent	Pas du tout! Je me suis bien débrouillé. Non, c'est en France que nous avons eu des problèmes, le jour du départ.
Collègue	Ah bon? Vous êtes tombés en panne?
Laurent	Non, mais vous savez, la semaine dernière, les pêcheurs français étaient en grève . . .
Collègue	Ah oui, ils bloquaient les ports. Je m'en souviens maintenant.
Laurent	Le jour où nous devions embarquer, nous avons acheté le journal, et nous avons lu, à notre grand soulagement, que le trafic avait enfin repris sur la Manche.
Collègue	Juste à temps!
Laurent	Attendez! Quand nous sommes arrivés à Dieppe, nous n'avons pas pu embarquer à 10 heures comme prévu. Nous avons dû attendre le ferry suivant.
Collègue	Et vous n'avez pas pensé à aller à Calais?
Laurent	Si, mais ce n'est pas la même compagnie, et Chantal avait réservé, naturellement.
Collègue	Vous avez quand même fait une bonne traversée?
Laurent	Finalement oui, mais il y avait beaucoup de monde, surtout des poids lourds.
Collègue	Qu'est-ce que vous avez fait pendant la traversée?
Laurent	Nous avons fait plusieurs tours du bateau, nous avons mangé, nous avons pris un verre.
Collègue	La mer était calme?

Laurent	Non, il y avait beaucoup de vent et la mer était agitée.
Collègue	Vous avez eu le mal de mer?
Laurent	Moi, non. Mais il y avait beaucoup de gens qui étaient malades, y compris Chantal!

QU'EST-CE QUE ÇA VEUT DIRE?

se débrouiller	*to manage, to cope*
être en grève	*to be on strike*
le congé	*leave*
à notre soulagement	*to our relief*
comme prévu	*as planned*
le poids lourd	*heavy goods vehicle*
y compris	*including*
une mer agitée	*a rough sea*

Avez-vous compris?

Aidez Chantal à expliquer à sa correspondante anglaise les difficultés rencontrées pendant le voyage. Faites une liste en anglais.

À VOUS! _____

Choisissez les bonnes réponses pour raconter le voyage de Laurent et Chantal en Angleterre.

Le week-end dernier, les dockers / pêcheurs français étaient en grève / vacances. Ils bloquaient tous les ports français / anglais. Quand Laurent et Chantal sont arrivés à Dieppe / sont partis de Douvres, il y avait des embuscades / embouteillages, et ils ne pouvaient pas atteindre le port / le pont. Ils ont dû attendre le dernier / prochain ferry. Pendant la traversée / la croisière, ils ont fait plusieurs tours du point / bateau, ils ont mangé, et ils ont pris l'air / un verre. La mer était calme / agitée. Chantal a été malade / mauvaise, mais Laurent n'a pas eu le mal de l'air / de mer.

Chantal, à son tour, raconte le voyage:

Chantal	Après avoir refait les peintures chez moi, nous avions besoin d'un peu de repos. Donc nous sommes partis à l'improviste.
Michelle	Et c'est Laurent qui t'a persuadée?
Chantal	Non. Après la Pentecôte, j'ai reçu une lettre de ma correspondante anglaise m'invitant à passer un long week-end chez elle, alors, j'ai tout de suite accepté. Et puis quand Laurent a dit qu'il avait envie de m'accompagner, j'ai décidé de descendre à l'hôtel à Londres et de rester un peu plus longtemps.
Michelle	Tu as quand même vu ta correspondante?
Chantal	Oui, bien sûr. Je lui ai téléphoné et nous avons passé une journée à Londres ensemble.
Michelle	Il y a plein de choses à voir là-bas, n'est-ce pas?
Chantal	Ah oui, ça m'a plu énormément, surtout la visite au musée de cire . . .
Michelle	Tu veux dire le musée de Madame Tussaud? C'est très connu!
Chantal	Oui, c'est l'endroit le plus visité de Londres. Tu sais quand il a été créé?
Michelle	Non.
Chantal	Après la Révolution française, avec les souvenirs macabres qui ont été apportés en Angleterre par Madame Tussaud, y compris le couperet de guillotine avec lequel Marie-Antoinette a été décapitée!
Michelle	Quelle horreur! Parlons d'autre chose! Qu'avez-vous vu d'autre?
Chantal	On a fait une promenade en bateau, jusqu'à Greenwich, avec ma correspondante.
Michelle	Ah c'est super! Et vous vous êtes bien entendues toutes les deux?
Chantal	Très très bien, mais Laurent ne comprenait pas tellement bien quand nous parlions anglais!
Michelle	Mais il s'est bien amusé quand même?
Chantal	Oui, bien sûr. Il a beaucoup aimé la tour de Londres et les joyaux de la Couronne.
Michelle	A propos de bijoux, tu portes une jolie bague aujourd'hui. Tu l'as achetée à Londres?
Chantal	Non, c'est un cadeau!
Michelle	C'est une bague de fiançailles! Elle est à l'annulaire gauche.
Chantal	Oui! Laurent et moi avons décidé de nous marier au mois de juin.
Michelle	Félicitations!

QU'EST-CE QUE ÇA VEUT DIRE?

le repos	*rest*
à l'improviste	*unexpectedly, on the spur of the moment*
échapper (à)	*to escape (from)*
une bague	*a ring*
l'annulaire	*the ring finger*
la cire	*wax*
a été créé	*was created*
le couperet	*the blade, the chopper*
le joyau / le bijou	*the jewel*

Avez-vous compris?

Répondez *vrai* ou *faux*.

1   La correspondante de Chantal lui a téléphoné pour l'inviter.
2   Chantal et Laurent ont passé leurs vacances chez elle.
3   Le projet de vacances avait été prévu plusieurs mois à l'avance.
4   Le musée de cire est un endroit très populaire.
5   Michelle connaît l'origine du musée.
6   Le musée a été créé avant la Révolution de 1789.
7   Chantal, sa correspondante et Laurent sont allés à Greenwich.
8   Laurent comprenait bien l'anglais.
9   Chantal et son amie anglaise se sont bien entendues.
10   Michelle annonce à Chantal qu'elle va se marier.

À VOUS! _____

Imaginez que vous êtes guide à Rouen. Vous êtes en train de faire la visite guidée avec un groupe de touristes. Utilisez vos notes, et racontez l'histoire de quelques endroits historiques.

exemple   Eglise St-Ouen; ancienne abbatiale; 14e s.; l'un des joyaux de l'architecture gothique française.
L'Eglise St-Ouen est une ancienne abbatiale qui a été construite au quatorzième siècle. Elle constitue l'un des joyaux de l'architecture gothique française.

Cathédrale Notre-Dame; reconstruite 13e s. après le terrible incendie de 1200.

Eglise St-Maclou; ravissante construction de style gothique flamboyant; bâtie entre 1437 et 1517.

Place du Vieux-Marché; Jeanne d'Arc brûlée vive 1431.

Beffroi; tourelle originelle remplacée 1382.

Le Gros-Horloge; jadis dans le beffroi; placé dans l'arche qui enjambe la rue, 1527.

Palais de Justice; splendide édifice de la Renaissance; bâti pour abriter l'Echiquier de Normandie.

Un peu de grammaire

Le passif   *The passive voice*

The passive voice (for example, Italian *is spoken / was spoken / has been spoken*) is used less often in French than in English. It is formed with the verb **être**, *to be*, in any tense needed, followed by the past participle. This must agree with the subject.

Le château a été construit	*The castle was built*
La maison sera finie	*The house will be finished*

Note the difference between the active and passive voice:

Le président a ouvert le musée. (active)	*The president opened the museum*
Le musée a été ouvert par le président. (passive)	*The museum was opened by the president.*

The perfect passive
This tense is used in conversation, to describe complete events in the past.

Le musée **a été créé** après la Révolution.	*The museum was created after the Revolution.*
La tour **a été construite** par les Normands.	*The tower was built by the Normans.*

 GRAMMAIRE 23

Exercices

A   Complétez le dialogue au syndicat d'initiative:

Vous	(**1** *Ask how to get to the Hôtel de Normandie.*)
Réceptionniste	Alors, en sortant du syndicat d'initiative, vous tournez à gauche . . .
Vous	(**2** *Repeat what you have to do.*)
Réceptionniste	Oui, puis vous continuez tout droit jusqu'à la cathédrale et vous tournez à droite . . .
Vous	(**3** *Repeat what you have to do and ask if it is far.*)
Réceptionniste	Non, c'est à dix minutes d'ici. Vous traversez la place du Marché, puis vous prenez la première à gauche.
Vous	(**4** *Repeat what you have to do.*)
Réceptionniste	C'est ça. L'Hôtel de Bretagne est à côté du cinéma.
Vous	(**5** *Say that you are looking for the Hôtel de Normandie, not the Hôtel de Bretagne!*)

B   Complétez le dialogue à l'hôtel:

Vous	(**1** *Ask what time they serve breakfast.*)
Réceptionniste	De sept heures à neuf heures.
Vous	(**2** *Say, can you wake me at half past six tomorrow morning?*)
Réceptionniste	Mais naturellement. Pas de problème.
Vous	(**3** *Ask if there's a good restaurant in the area. You have to invite two important clients to dinner.*)
Réceptionniste	Dans ce cas, je vous recommande le restaurant de l'hôtel.
Vous	(**4** *Ask if you have to reserve a table.*)
Réceptionniste	C'est plus prudent. Il y a beaucoup de monde en ce moment. Vous voulez une table pour quelle heure?
Vous	(**5** *Say, for half past eight, for three people. Then ask if there's a garage or a car park.*)
Réceptionniste	Le garage de l'hôtel est complet. Je suis désolé(e).
Vous	(**6** *Ask where you can park your car.*)
Réceptionniste	Il y a un parking à plusieurs niveaux, place Claudel.
Vous	(**7** *Ask if it's far.*)
Réceptionniste	Non, c'est à cinq minutes.
Vous	(**8** *Now ask if they accept credit cards.*)
Réceptionniste	Oui, bien sûr.

C   Utilisez les notes ci-dessous, pour démontrer vos connaissances de la culture française, et pour faire une bonne impression sur votre ami(e).

exemple   **Tour Eiffel** construite 1889.
               Vous savez, la Tour Eiffel a été construite en 1889.

Le radium découvert 1898 par Pierre et Marie Curie.
Le stéthoscope inventé par Laënnec.
Le braille un système d'écriture pour les aveugles; créé par Louis Braille.

Le canal de Suez percé 1869.
Le palais de Versailles construit 17e s. pour le roi Louis XIV.
L'arc de Triomphe inauguré 1836.
La Villette cité des sciences et de l'industrie; créée 1979 sur le site de l'ancien marché national de la viande.

Les Baigneuses tableau peint par Renoir 1918.
Carmen opéra composé par Bizet; 1875.
Hernani pièce écrite par Victor Hugo; mise en scène 1830.
Les Biches ballet composé par Francis Poulenc; mis en scène 1924.
Le Château de ma mère roman écrit par Marcel Pagnol; publié 1958.

D   Vous passez quelques jours à Rouen. Ecrivez une carte postale à des amis. Parlez du temps et dites ce que vous avez fait.

——— Écoutez bien! ———

Sur le ferry

Listen to all the ferry announcements, then check your plan of the boat. Mark in all the places that have been omitted. Then listen to the announcements again, this time changing any information on the notices which is not correct.

Ferry: *Belle Bretagne*
Départ: St-Malo 23h 00
Arrivée: Portsmouth 8h 30

Avis aux voyageurs:
- pont A   Bureau de Change: Réservations – cabines, fauteuils à dossier inclinable

- pont B   Cinéma: Film 1: *Monts et Merveilles*
                                  Film 2: *La Mer cruelle*

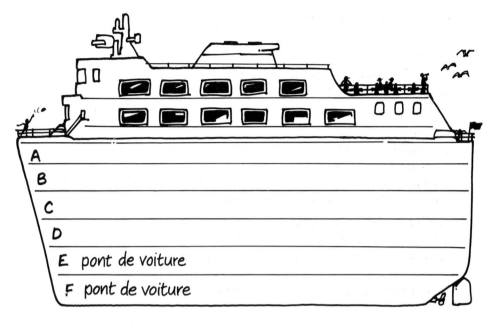

• pont C	Restaurant libre-service:	Repas, snacks, à toute heure
• pont C	Magasin libre-service:	Articles de luxe – bijoux, parfums, vêtements
• pont D	Boutique Mimosa:	Tabac, vins, confiseries
• pont D	Café Tropicana:	Petit déjeuner 6h 30 – 8h 00
• ponts E, F	Ponts de voitures:	Accès défendu durant le voyage

Dans la rue

Listen to Mrs Dupont giving street directions to someone outside the station. Then draw a sketch map of her directions from the station to the Société Bonheur et Fils, Place Dagobert. Include all the landmarks (in French) and the names of the roads.

—— Lecture ——

You are a guide working for a Paris tour operator. Try to find the most suitable hotel for the following clients:

1 A German family with a dog, travelling by car, and wanting a reasonably priced hotel.
2 A group of young fashion designers and artists, interested in the new ideas Paris has to offer.

3 Some elderly Spanish businessmen, wanting peace and quiet close to all the tourist sights.
4 A group of tourists, including several handicapped people, needing a pleasant but modest hotel.
5 A group of wealthy Japanese businessmen, accompanied by their wives.
6 Representatives of a historical society, who enjoy traditional surroundings.
7 A group of middle-aged English women of modest means, visiting the sights of Paris in February.

Hôtel de BRETAGNE★★★★

12, rue Saint-Honoré. Situé au cœur de Paris, près de la place Vendôme. Comble l'homme d'affaires et le touriste le plus exigeant. 124 chbres grand confort (S. de B. / WC (96) ou Dche / WC (28). (Téléphone direct, Radio, TV couleur, Vidéo, Minibar.) Petit déjeuner. 5 Salons séminaires parfaitement équipés et climatisés. Patio. Bar 'La Bretagne' à l'ambiance chaleureuse. A quelques minutes seulement Madeleine, Opéra, Concorde, Musée du Louvre et Grands Magasins. Ouvert toute l'année. Chiens admis. Cartes crédit acceptées. *English spoken. Man spricht Deutsch.*

Hôtel RABELAIS★★★★

131, rue de Molière. Situé dans une rue calme au cœur du Paris historique, dans le quartier des affaires. A proximité de la Bourse, du Louvre et du Musée d'Orsay. 135 chambres grand confort avec S. de B. ou Dche-WC, téléphone direct. TV (Câble et chaînes satellites), Vidéo, Minibar, Coffre-fort, Petit Déjeuner. Ouvert toute l'année. Cartes crédit acceptées. *English spoken. Se habla espanol.*

Grand Hôtel de PANAMA★★★

97, rue Hérold. Proche du Louvre et des Jardins du Palais Royal, dans le quartier pittoresque des anciennes Halles remplacé par le Forum des Halles, univers de la mode et des spectacles, et par son voisin le Centre Beaubourg-Pompidou. Télex et télécopie à disposition de notre clientèle. 65 Chambres tout confort avec S. de B. / WC (42) ou Dche / WC (23), Téléphone direct, Radio, TV couleur, Minibar, Petit déjeuner. Ouverte toute l'année. Chiens non admis. *Si parla italiano. English spoken.*

Hôtel SAINT-JULIEN★★★

67, rue Saint-Roch. Entièrement rénové, l'hôtel Saint-Julien vous offre ses 54 chambres de grand confort. (S. de B. ou Dche / WC. Tél direct, Radio, TV couleur, Minibar, Coffre-fort, Petit déjeuner.) Un accueil chaleureux vous attend à deux pas de l'Opéra et de la Concorde. Fermeture annuelle, février. Chiens en laisse acceptés. Langues étrangères: English, Deutsch, Italiano.

Hôtel des POMMIERS★★

92, quai Saint-Michel. Sur la Seine face à Notre-Dame. Hôtel style rustique. 25 ch. tout confort avec Tél, Radio, TV couleur, dont 15 avec Minibar. Salon dans cave voûtée. Parking prox. Animaux non acceptés. Ouvert toute l'année.

Hôtel de BRIGHTON★★

23, avenue Victoria. Nouvellement restauré. Situé en plein centre de Paris (Métro Châtelet). Décoration raffinée liant avec délicatesse le charme de la vie parisienne avec la tradition anglaise. S. de B. et WC, TV couleur par satellite dans toutes les chambres (32). Tél direct. Langues étrangères: anglais, néerlandais. Ouvert toute l'année.

PACIFIC Hôtel★★

85, rue des Canettes. Hôtel de charme situé au cœur de Saint-Germain-des-Prés. Proche de tous les monuments historiques. Garage. 24 ch. avec téléphone, S. de B. ou D. et WC. Aménagements handicapés. Ascenseur. Ouvert toute l'année. Cartes crédit acceptées.

Hôtel de LAUSANNE★★

77, rue Jacob. Plein cœur Saint-Germain-des-Prés. Hôtel familial, pourvu du dernier modernisme. Calme. Tout confort. 22 ch. avec S. de B. / WC privé ou D. WC privé. Tél. direct, TV couleur, Radio, Petit déjeuner. Park. prox. Chiens admis. *English spoken. Man spricht Deutsch.*

Now choose a hotel for yourself. Justify your choice.

Faites le point!
UNITÉS 13–15

1   Complete the sentences below:

a   L'Afrique est _____ grande que l'Amérique.

b   L'Everest est la plus _____ montagne du monde.

c   La plus haute _____ française se trouve dans les Alpes.

d   Quel est l'océan le plus _____ du monde?

e   La mer du Nord est _____ profonde que la Méditerranée.

f   Les _____ du Niagara sont moins hautes que les _____ Victoria.

g   Le plus haut _____ des Alpes se trouve en Suisse.

h   Le désert de Gobi n'est pas aussi _____ que le désert du Sahara.

i   Le Danube est le _____ le plus long d'Europe.

j   La Corse est la plus grande _____ française.

k   L'Inde est moins _____ que la Chine.

l   Le mandarin est la _____ parlée par le plus grand nombre de gens.

2   Fill in the gaps with *le mien*, etc., accordingly:

a   – As-tu fini tes devoirs?
    – Oui, **les miens** sont finis, et _____?

b   – Avez-vous vu vos élèves?
    – Oui, et vous, avez-vous trouvé _____?

c   – Où est le livre de Simone?
    – _____ est celui qui est sur la table.

d   – Où sont les chaussures des enfants?
    – J'ai trouvé mes chaussures, mais je n'ai pas trouvé _____.

e   – Avez-vous vu ma nouvelle voiture?
    – Oui, mais je préfère _____, elle est plus grande.

3   Complete the dialogue at the hotel reception.

Client	J'ai (**a**)_____ une chambre pour trois (**b**)_____.
Réceptionniste	Oui, monsieur. C'est à quel (**c**)_____?
Client	Gaudin.
Réceptionniste	Ah oui, une chambre avec (**d**)_____, téléphone et téléviseur.

Client	Non, je préfère une chambre avec salle de bain.
Réceptionniste	Pas de problème. Nous en avons une très calme au quatrième (**e**)_____.
Client	Elle (**f**)_____ combien?
Réceptionniste	500 francs.
Client	Le petit déjeuner est (**g**)_____?
Réceptionniste	Non, il est en (**h**)_____, il fait 60 francs.
Client	Bien, je la (**i**)_____.
Réceptionniste	Voici votre (**j**)_____, monsieur.
Client	Merci. Oh, à quelle (**k**)_____ servez-vous le dîner?
Réceptionniste	Je suis (**l**)_____, monsieur, il n'y a pas de (**m**)_____ dans l'hôtel, mais il y en a d'excellents en ville.
Client	Vous avez un (**n**)_____?
Réceptionniste	Non, mais il y a un parking derrière l'hôtel.
Client	Et il y a un ascenseur, j'espère.
Réceptionniste	Oui, il est (**o**)_____ à gauche.

4 Use the diagrams to explain how to get to various places.

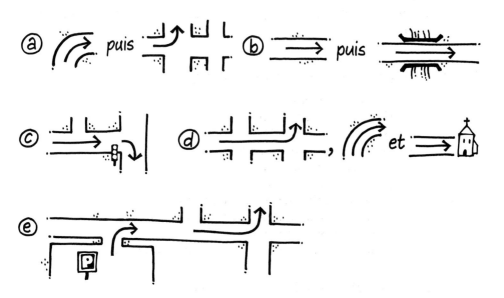

5   Put the verbs in the correct tense:

Samedi dernier, Paul et Paulette (**a**) **décider** d'aller au cinéma, parce que c'(**b**) **être** l'anniversaire de Paulette. Mais avant, ils (**c**) **aller** dîner au restaurant. Ils (**d**) **se changer** avant de sortir; Paulette (**e**) **mettre** une robe élégante, et Paul (**f**) **mettre** une cravate. Comme il (**g**) **pleuvoir**, ils (**h**) **prendre** la voiture. Au restaurant, qui (**i**) **être** très chic, ils (**j**) **bien boire** et (**k**) **bien manger**, et après le repas, ils (**l**) **être** très gais. Quand ils (**m**) **arriver** au cinéma, il (**n**) **être** tard et il y (**o**) **avoir** la queue. Alors, comme Paulette (**p**) **se sentir** très fatiguée, ils (**q**) **rentrer** se coucher.

6   Match the problems and their solutions:

a Il y a une fuite d'eau dans le bloc sanitaire.	1 Cherchons un taxi!
b Il y a une panne d'électricité.	2 On va en louer un autre.
c Le téléviseur ne marche pas.	3 Servez-vous de mon téléphone mobile pour appeler Assistance-Globale.
d Le café a refroidi.	
e La viande n'est pas tendre.	
f La chambre est très sombre.	4 Je vais faire cuire un autre bifteck.
g Je dois prendre le volant, mais j'ai trop bu.	5 J'en ai une autre à vous offrir, qui donne sur le jardin.
h Les dockers sont en grève.	6 Allez à la billetterie immédiatement!
i La voiture est en panne.	
j Je n'ai plus d'argent.	7 Je vais vous en apporter un autre tout de suite.
	8 Téléphonez au plombier le plus vite possible!
	9 Allumez une lampe de poche ou une bougie!
	10 Alors, prenons le Shuttle!

7   Tell the story of the Leverts' first visit to England, by looking at the pictures and choosing the correct answers.

Cette année / cet hiver la famille Levert a décidé de passer ses grandes vacances en Angleterre / aux Etats Unis. Mme Levert a fait la réservation à l'agence immobilière / de voyages où on lui a donné beaucoup de recettes / renseignements sur les endroits intéressants / inutiles à visiter. C'était la dernière / première fois que les enfants prenaient l'aéroglisseur / le ferry, et ils étaient très contents / déçus.

Le jour / mois où ils sont partis il faisait beau, mais le vent / vin soufflait fort. Ils sont arrivés au port / pont un quart d'heure avant / après le départ donc ils n'ont pas dû attendre / entendre longtemps. Aussitôt embarqués, ils ont fait plusieurs tours du bateau / bureau, avant d'aller chercher quelque chose à faire / manger. Les enfants ne voulaient que des frites / glaces, mais Mme Levert a bien dîné. 'Après tout,' a-t-elle dit à son mari / sa mère, 'Nous sommes en retard / vacances, et c'est un repas que je n'ai pas préparé moi-même!'

D'habitude la traversée dure environ deux jours / heures, mais cette fois malheureusement, les vacanciers / étudiants devaient passer trente-trois / trois heures à bord. Il y a eu un orage / une opération, et les passagers ont entendu / vu des éclairs énormes. Tout le monde avait très chaud / peur, et beaucoup de gens se sentaient malades / méchants.

A leur grand soulagement, les Levert sont arrivés sains et saufs à Douvres / Dieppe. Après avoir débarqué, ils se sont tout de suite mis en route pour Canterbury, où ils avaient raison / l'intention de descendre à l'hôtel / la plage, et de se reposer / s'inquiéter un peu.

Seizième UNITÉ

Josée Cousin écrit aux Muller, en Alsace, pour les inviter à passer les vacances chez eux, à Fort-de-France, à la Martinique.

Fort-de-France, le 12 novembre

Chers Marie et François,

Les vacances de Noël approchent et nous nous demandons si vous avez toujours envie de venir nous rendre visite à la Martinique. C'est si beau, et il y a tant de choses à faire pour vous et pour les enfants. Voici quelques exemples pour vous mettre en appétit.

Si vous veniez à Fort-de-France, vous visiteriez beaucoup d'endroits intéressants et vous pourriez acheter des souvenirs et des cadeaux originaux pour vos amis. Je vous emmènerais en voiture faire toutes sortes d'excursions. Je vous montrerais des panoramas splendides comme Diamant, le plus beau site de l'île avec sa plage de 4 kms de long, Grand-Rivière d'où l'on voit l'île de la Dominique, nous irions à la Montagne Pelée, et j'en passe!

Vous pourriez aussi vous reposer sur les plages magnifiques, pendant que les enfants feraient de la planche à voile ou du ski nautique. Vous essaieriez peut-être aussi la plongée sous-marine ou la pêche au gros, qui est devenue très populaire ici depuis quelques années.

Naturellement, nous vous ferions découvrir les spécialités gastronomiques de la région. Vous boiriez du punch et vous mangeriez la délicieuse cuisine créole. Vous verriez des champs de canne à sucre et des cultures d'ananas – tout cela est bien différent de l'Alsace! François pourrait visiter une distillerie de rhum et toi, Marie, je suis sûre que tu prendrais des centaines de photos dans les petits villages de pêcheurs qui sont si pittoresques.

Et si vous le voulez, nous sortirions tous les soirs et je vous jure que nous nous amuserions comme des fous. Il y a des tas de cabarets, boîtes de nuit et discothèques où la musique et la danse sont reines.

J'espère que cette lettre réussira à vous convaincre. Nous serions si heureux de vous revoir! Nous attendons votre réponse avec impatience.

Bien amicalement,

Josée

P.S.: Ci-joint une carte de l'île et quelques photos.

QU'EST-CE QUE ÇA VEUT DIRE?

se demander	*to wonder*
rendre visite à (quelqu'un)	*to visit (someone)*
et j'en passe!	*to mention only a few!*
la pêche au gros	*game fishing*
des cultures (f.) d'ananas (m.)	*pineapple crops / fields*
jurer	*to swear*
s'amuser comme des fous	*to have a wild time*
une reine	*a queen*
réussir	*to succeed, to manage*
convaincre (▨)	*to convince*

Avez-vous compris?

Marie Muller vient de recevoir la lettre de Josée. Elle dit à son mari et à ses enfants ce qu'ils feraient s'ils allaient à la Martinique. Aidez-la.

Si nous allions à la Martinique, nous visiterions beaucoup d'(1) _____ intéressants à Fort-de-France, et nous pourrions acheter des (2) _____ et des (3) _____ originaux pour nos amis. Josée nous emmènerait en (4) _____ faire toutes sortes d'(5) _____. Elle nous montrerait des (6) _____ splendides. Nous pourrions aussi nous (7) _____ sur les plages magnifiques pendant que vous, les enfants, vous feriez de la (8) _____ ou du (9) _____. Nous essaierions peut-être aussi la (10) _____ au gros. Lucien et Josée nous feraient découvrir les (11) _____ de l'île: nous boirions du (12) _____ et nous mangerions de la cuisine (13) _____. Nous verrions des champs de (14) _____ et des cultures d'(15) _____. Toi, François, tu pourrais visiter une (16) _____ et moi je prendrais des centaines de (17) _____ dans les petits (18) _____. Et le (19) _____ nous sortirions et nous nous amuserions comme des (20) _____. Oh, comme je voudrais aller à la Martinique pour les vacances!

À VOUS! _____

Vous rêvez de vacances. Imaginez ce que vous feriez si vous alliez à la Martinique. **'Si j'allais à la Martinique, je *visiterais* . . .'**

Si j'allais à la Martinique, je **1** (**visiter**) les endroits intéressants à Fort-de-France et j' **2** (**acheter**) des souvenirs et des cadeaux originaux. Je **3** (**faire**) beaucoup d'excursions. J' **4** (**aller**) à Diamant, à Grand-Rivière et à la Montagne Pelée. Je **5** (**pouvoir**) aussi me reposer sur la plage. J' **6** (**essayer**) peut-être de faire du ski nautique et de la plongée sous-marine. Je 7 (**boire**) du punch et je 8 (**manger**) des spécialités créoles. Je 9 (**voir**) des champs de canne à sucre. Je 10 (**prendre**) beaucoup de photos. Je 11 (**sortir**) tous les soirs et je 12 (**s'amuser**) beaucoup.

Maintenant, essayez de convaincre un ami / une amie d'aller en vacances à la Martinique avec vous. Dites-lui ce que vous feriez. Utilisez '**on**'.

Si on allait à la Martinique, on visiterait . . .

ET VOUS?

Choisissez un endroit où vous aimeriez aller. Dites ce que vous feriez. Commencez avec: **Si j'allais . . .**

Le groupe **La Compagnie Créole** chante les différences entre Noël à la Martinique et en France avec leur chanson *Bons Baisers de Fort-de-France*. Ecoutez et essayez de chanter avec eux.

Refrain   Noël, Joyeux Noël
Bons baisers de Fort-de-France
Ce soir on éteint la télé
Ce soir on sent qu'on va chanter *(bis)*

Ici les champs recouverts de neige
On ne les connaît qu'en photo
Le père Noël n'a pas de traîneau
Le fond de l'air est bien trop chaud
Ici les portes sont toujours ouvertes
On peut rentrer dans toutes les maisons
Et pour partager nos chansons
On n'a pas besoin d'invitation

Refrain

Y a pas de sapins sur la montagne
On a décoré les manguiers
Y a pas de souliers dans les cheminées
Mais pour tout le monde y a des cadeaux
Ici les champs recouverts de neige
On ne les connaît qu'en photo
Le père Noël n'a pas de traîneau
Mais pour tout le monde y a des cadeaux

Refrain

QU'EST-CE QUE ÇA VEUT DIRE?

un traîneau	*a sleigh*
le fond de l'air est chaud	*there's warmth in the air*
partager	*to share*
un sapin	*a fir tree*
un manguier	*a mango tree*
un soulier	*a shoe*

Avez-vous compris?

Répondez en français.

1   Pourquoi le père Noël ne peut-il pas se déplacer en traîneau à la Martinique?
2   Fait-il froid à la Martinique au mois de décembre?
3   Qu'est-ce que les Martiniquais aiment faire quand ils font la fête?
4   A votre avis, se rendent-ils souvent visite à l'improviste?
5   Pourquoi décorent-ils des manguiers?
6   Quelle tradition existe en France et à la Martinique à Noël?

À VOUS! _____

Reliez pour faire des phrases complètes qui décrivent la vie à la Martinique.

1   Comme il fait chaud . . .
2   Pour voir de la neige . . .
3   Si on veut faire la fête . . .
4   Comme il n'y a pas de sapins . . .
5   Pour recevoir des cadeaux de Noël . . .
6   Quand on veut aller voir des amis . . .

a   on éteint la télé et on chante.
b   on laisse les portes ouvertes.
c   on décore des manguiers.
d   on n'a pas besoin d'invitation.
e   on doit regarder des photos.
f   on ne met pas les souliers dans les cheminées.

ET VOUS? _____

Expliquez comment on célèbre Noël, ou une autre fête importante, chez vous.

Simon Cousin, lui, a envie d'aller aux sports d'hiver. Une nuit, il rêve qu'il est allé en Haute-Savoie, dans les Alpes, pour Noël. Le lendemain, il raconte son rêve à sa sœur.

Simon   J'ai rêvé qu'on était allés à la montagne pour la première fois de notre vie! Les sports d'hiver étaient notre cadeau de Noël.
Annette   Formidable! On était tout seuls?
Simon   Oui, mais on s'était fait des copains pendant le voyage.
Annette   C'était un village avec de jolis petits chalets, comme il y en a dans mon livre de géographie?
Simon   Oui, mais on a été déçus quand le car est arrivé parce qu'il faisait nuit et on n'a pas vu grand-chose. Mais le lendemain matin, c'était exactement comme sur les photos. Les montagnes étaient recouvertes d'une épaisse couverture blanche, les

	branches des sapins ployaient sous le poids de la neige . . .
Annette	On n'avait pas froid?
Simon	Non! Il faisait du soleil et le ciel était aussi bleu qu'ici.
Annette	Alors, qu'est-ce qu'on a fait?
Simon	En attendant notre première leçon de ski, on a fait un immense bonhomme de neige et on s'est battus à coups de boules de neige.
Annette	Génial! Est-ce qu'on a pris des remontées mécaniques?
Simon	Bien sûr. D'abord, le téléphérique. Après ça, on a pris un tire-fesses . . .
Annette	Ça doit être marrant!
Simon	Oui, mais pas facile la première fois. Et pour aller sur les pistes rouges et noires, on utilise des télésièges.
Annette	On a fait du patin à glace?
Simon	On a été à la patinoire. Tu étais muette d'admiration devant les enfants qui faisaient du patinage artistique.
Annette	On a fait de la luge aussi?
Simon	Oui, on s'est bien amusés. C'était super!
Annette	On est restés combien de temps?
Simon	Ça s'est terminé plus tôt que prévu! Un jour, je faisais une descente en ski à toute allure sur une piste noire et je suis tombé dans un ravin.
Annette	Tu t'es cassé la jambe et tous les copains ont écrit quelque chose sur ton plâtre! J'ai vu ça à la télé un jour.
Simon	Je ne sais pas, je me suis réveillé quand je suis tombé!

QU'EST-CE QUE ÇA VEUT DIRE?

une couverture	*a blanket*
ployer	*to bend*
se battre	*to fight*
une remontée mécanique	*a ski-lift* (general)
un téléphérique	*a cable-car*
un tire-fesses	*a ski-tow*
un télésiège	*a chairlift*
un moniteur / une monitrice	*an instructor*
le patinage artistique	*figure-skating*
muet / muette	*dumb*
prévu(e)	*expected, planned*
à toute allure	*at full speed*
une piste noire	*a black run* (ski runs are graded using colours, black being the most difficult)

Avez-vous compris?

Répondez en français.

1 Dans le rêve de Simon, à quelle occasion était-il aux sports d'hiver avec sa sœur?

2 Pourquoi ont-ils été déçus à leur arrivée?

3 Décrivez le paysage qu'ils ont découvert le lendemain matin.

4 Qu'est-ce qu'ils ont fait avant leur leçon de ski?

5 Que doit-on utiliser en montagne si on veut aller plus haut?

6 Quelles autres activités Annette et Simon ont-ils aussi essayées?

7 Comment le rêve de Simon s'est-il terminé?

8 Qu'est-ce que les amis ont coutume de faire quand on se casse un bras ou une jambe?

À VOUS! _____

Maintenant Simon est bien réveillé, mais il rêve toujours d'aller aux sports d'hiver. Reliez.

Si j'allais aux sports d'hiver . . .

1	je me ferais	a	un bonhomme de neige.
2	je porterais	b	des remontées mécaniques.
3	avec mes amis, je ferais	c	des skis et des chaussures sur place.
4	je me battrais		
5	je prendrais	d	à la patinoire.
6	je louerais	e	la jambe.
7	j'irais aussi	f	beaucoup de copains.
8	mais je ne me casserais pas	g	à coups de boules de neige.
		h	un anorak et des lunettes protectrices.

Complétez les phrases avec le vocabulaire ci-dessous.

Ployer	patinoire	muette	à toute allure	monitrice

1   Elle ne peut pas parler. Elle est _____.
2   Je n'aime pas voyager en voiture avec lui. Il roule toujours _____.
3   Vous préférez aller à la piscine ou à la _____, les enfants?
4   Quand je suis allé aux sports d'hiver, j'ai pris des cours de ski. La _____ était très sympa.
5   Le vent faisait _____ le sommet des cocotiers.

ET VOUS? _____

Qu'est-ce que vous feriez dans les situations suivantes?

- S'il faisait beau / S'il faisait mauvais / S'il neigeait
- Si vous aviez faim / soif
- Si vous aviez froid / chaud
- Si vous étiez malade
- Si vous étiez au travail
- Si c'était votre anniversaire
- Si vous gagniez le gros lot à la Loterie Nationale ou au Loto
- Si vous étiez très célèbre
- Si vous étiez en vacances à la mer / à la montagne / à la campagne / dans une grande ville.

- Si vous alliez voir des amis français, quels cadeaux leur emporteriez-vous?
- Si vous deviez vivre dans un autre pays, lequel choisiriez-vous? Pourquoi?

D'autres personnes rêvent ou font des souhaits.

Personne numéro 1: 'J'aimerais un travail qui soit intéressant.'
Personne numéro 2: 'Moi, je préfèrerais un métier qui me donne l'occasion de voyager.'
Personne numéro 3: 'Je voudrais une voiture qui soit fiable, rapide, confortable, économique mais bon marché.'
Personne numéro 4: 'Je cherche une veste qui aille avec ce pantalon.'
Personne numéro 5: 'Il me faudrait quelque chose qui me protège des piqûres de moustiques.'
Personne numéro 6: 'J'aimerais trouver un moyen de transport qui ne soit pas dangereux.
Personne numéro 9: 'Je veux que quelqu'un vienne une fois par semaine et fasse le repassage.'
Personne numéro 10: 'Je voudrais trouver un professeur ou une méthode de français qui me permette d'apprendre rapidement et sans effort.'

QU'EST-CE QUE ÇA VEUT DIRE?

un souhait	*a wish*
fiable	*reliable*
soit*	*is*
aille*	*goes*
ait*	*has*
vienne*	*comes*
fasse*	*does*
le repassage	*the ironing*

*This special form of the verb is called the **subjunctive**. It is used after expressions of wish or preference such as **aimer que, vouloir que, préférer que**. It is also used when '**qui**' introduces a sentence about a person or thing which only exists as an idea in someone's mind. Please refer to Grammar section 21 for more information.

Avez-vous compris?

Qui parle? Donnez les numéros.

1   Quelqu'un dans un magasin de vêtements.
2   Deux personnes qui ont peut-être envie de se marier.
3   Une personne qui n'aime pas voyager.
4   Quelqu'un qui n'aime pas les tâches ménagères.
5   Quelqu'un qui est chez le pharmacien.
6   Deux jeunes qui parlent de leur avenir.
7   Quelqu'un qui aimerait être riche.
8   Deux personnes qui demandent l'impossible!

À VOUS! _____

Complétez avec les verbes ci-dessous.

aille	ait	fasse	fassent	soit	vienne

1   Ils voudraient acheter une maison qui _____ un grand jardin et une piscine.
2   Il me faudrait un livre français qui _____ facile à lire.
3   Le médecin veut qu'ils _____ du sport.

4   Les enfants préféreraient qu'on _____ en vacances en Espagne.
5   Je voudrais qu'il _____ nous voir plus souvent.
6   J'aimerais qu'il _____ beau ce week-end.

— Un peu de grammaire —

Le conditionnel   The conditional tense

This tense expresses what one would do. It is often linked to a
condition introduced by **si** (*if*) . . .

Where the verb following **si** is in the imperfect, the verb in the other
clause is in the conditional:

Si j'allais à la Martinique, je   *If I went to Martinique, I **would***
   boirais du punch.   ***drink** some punch.*
Si vous veniez à Fort-de-France,   *If you came to Fort-de-France, you*
   vous **pourriez** acheter des   ***could** buy original presents.*
   cadeaux originaux.
Qu'est-ce que vous **feriez** si vous   *What **would** you **do** if you went to*
   alliez à la Martinique?   *Martinique?*
Les enfants **feraient de la planche**   The children ***would sailboard.***
   à voile.
Nous **sortirions** tous les soirs.   *We **would go out** every evening.*

To form the conditional tense, use the **stem** of the **future** and the
endings of the **imperfect**. For example, to the stem **fer-** (*faire*), add **ais,
-ais, -ait, -ions, -iez, -aient.**

   GRAMMAIRE 19

— Exercices —

A   Trouvez les réponses aux questions.

1   Qu'est-ce que vous feriez si vous étiez libre ce soir?
2   Que ferait-il s'il n'avait plus d'argent?
3   Que feraient les enfants s'ils avaient faim?
4   Qu'est-ce que tu ferais si tu gagnais à la Loterie Nationale ou au
    Loto?
5   Qu'est-ce qu'elle ferait si elle parlait le français couramment?
6   Que ferait-il s'il avait beaucoup d'argent?
7   Que feriez-vous si des amis français vous rendaient visite?

8   Comment voyageriez-vous si vous alliez d'Angleterre en France?
9   Que ferait-elle si elle ne travaillait pas dimanche prochain?
10   Que ferais-tu si tu allais aux sports d'hiver?

a   Je prendrais le Shuttle.
b   Ils se feraient une omelette ou un sandwich.
c   Il voyagerait beaucoup.
d   Je ferais du ski et de la luge.
e   Elle irait chez des amis.
f   Il chercherait du travail.
g   J'irais au cinéma.
h   Je ferais une croisière autour du monde.
i   Elle chercherait un poste de secrétaire bilingue.
j   Je les emmènerais dans tous les endroits intéressants.

B   Utilisez la liste ci-dessous pour écrire une brochure pour encourager le tourisme en Alsace. Commencez avec: **Si vous veniez en Alsace . . .**

1   visiter Strasbourg, la capitale
2   puis louer une voiture
3   et descendre jusqu'à Colmar
4   voir de vieilles maisons typiques
5   boire de la bière
6   manger de la choucroute
7   pouvoir visiter une brasserie
8   faire des randonnées en montagne et en forêt
9   prendre beaucoup de photos
10   aller à la pêche à la truite
11   en un mot, passer de bonnes vacances!

C   Que feriez-vous si vous alliez en vacances en Bretagne?

D   Aidez les parents à convaincre le reste de la famille d'aller à Strasbourg. Remplacez les infinitifs par l'imparfait ou le conditionnel.
Si on *allait* à Strasbourg, on *voyagerait* ...

Strasbourg, capitale d'Alsace.
Voir cathédrale (horloge astronomique), cité ancienne, la Petite France, château des Rohan, Ponts couverts, Hôtel de Ville. Barrage Vauban, Orangerie (concerts le soir), Musée l'Oeuvre Notre Dame, Musée Alsacien. Promenades sur l'Ile et les canaux. Visite du port autonome en vedette.
Hôtels: *** Le Stendhal (a), *** Grand Hôtel du Cours (b), ** Select Hôtel (c), * La Meule (d), * Le Cheval Blanc (e), Rôtisserie vedette restaurant plein air (f).

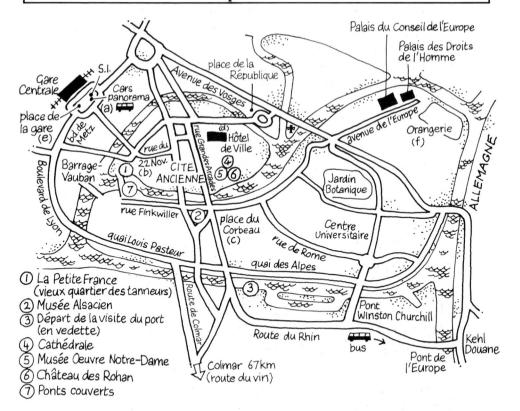

① La Petite France (vieux quartier des tanneurs)
② Musée Alsacien
③ Départ de la visite du port (en vedette)
④ Cathédrale
⑤ Musée Oeuvre Notre-Dame
⑥ Château des Rohan
⑦ Ponts couverts

Si on (**1 aller**) à Strasbourg, on (**2 voyager**) en train et on (**3 arriver**) à la Gare Centrale. On (**4 choisir**) de préférence un hôtel situé près de la

Cité Ancienne. Le lendemain de notre arrivée, on (**5 aller**) à l'Office du Tourisme pour obtenir des renseignements sur la ville. Naturellement, on (**6 visiter**) la cathédrale et le château des Rohan. S'il (**7 faire**) beau, on (**8 faire**) une promenade le long de la rue Finkwiller et on (**9 monter**) sur la terrasse panoramique du barrage Vauban. Si on (**10 être**) fatigués, on (**11 prendre**) un mini-train pour visiter la vieille ville ou bien on (**12 pouvoir**) visiter le port en vedette et faire une promenade sur l'Ile et les canaux. S'il (**13 pleuvoir**), on (**14 aller**) au musée alsacien et au musée de l'œuvre Notre-Dame. Un soir on (**15 assister**) à un concert de musique classique à l'Orangerie.

E   Choisissez la bonne forme du verbe.

> **va** ou **aille**?
>
> **1**   Il cherche une cravate qui _____ avec sa chemise.
> **2**   Il a acheté une cravate qui _____ très bien avec sa chemise.
>
> **est** ou **soit**?
>
> **3**   Je sais qu'elle _____ toujours en retard.
> **4**   Elle veut que le dîner _____ prêt à 8 heures.
>
> **fait** ou **fasse**?
>
> **5**   Elle a une jeune fille au pair qui _____ le repassage.
> **6**   J'aimerais une au pair qui _____ le repassage.
>
> **a** ou **ait**?
>
> **7**   Nous avons une voiture qui _____ dix ans.
> **8**   Nous cherchons une voiture d'occasion qui n' _____ pas plus de deux ans.
>
> **vient** ou **vienne**?
>
> **9**   Je préfèrerais qu'il _____ à 10 heures.
> **10**   Ils ont un jardinier qui _____ deux fois par semaine.
>
> **sont** ou **soient**?
>
> **11**   Ils ont des moniteurs qui _____ très patients.
> **12**   Je voudrais qu'ils _____ moins paresseux.

───────── Écoutez bien! ─────────

You will hear a few short dialogues. Which are the feelings / qualities best expressed by the reactions of the people questioned? Choose from:

Joie Peur Surprise Générosité	Tristesse	Colère	Honnêteté

(More than one can apply in some cases.)

Lecture

Explain to an English friend what activities are on offer in the ski resort of Morzine in winter or write a short leaflet in English using the information below.

Le règne de la glace

Le Palais des Sports

Morzine dispose d'une très belle patinoire artificielle climatisée avec une piste principale, une piste de curling et un bar-restaurant panoramique.

Principales activités:
Ecole de patinage, matches de hockey sur glace, galas de patinage artistique et danse sur glace, curling.
Ouvert tous les jours de 10h à 12h, de 15h à 18h et de 21h à 23h, sauf le dimanche.

Le Palais des Congrès

Le Palais des Congrès, annexe du Palais des Sports, est le lieu de déroulement de nombreux séminaires, banquets, manifestations et animations (films, expositions, conférences, spectacles, concerts . . .)

La force de la nature

À pied

Des promenades sont régulièrement damées pour les piétons sur des itinéraires très agréables. Nombreux parcours.

En traîneaux

La compagnie morzinoise regroupe dix cochers qui vous proposent une promenade originale au rhythme des grelots. Tous les départs se font de la place de l'Office du Tourisme dans des voitures de une à quatre personnes. Une vingtaine de circuits compris entre 50 F et 420 F.

Sur le stade

Stade de slalom au pied du Pléney. Piste sonorisée et éclairée prévue également pour l'organisation de grandes compétitions de ski artistique et acrobatique, coupe de ski hivernants, slaloms parallèles présentés par l'école de ski français, descente aux flambeaux en nocturne.

Bureau des guides et accompagnateurs

Profitez de vos vacances à Morzine pour vous aventurer, en compagnie de guides diplômés, en haute montagne, et pratiquer un ski hors des sentiers battus en randonnée à l'aide de peaux de phoque.

En raquettes

Avec les raquettes, c'est la neige à portée de tous . . . C'est la nature sauvage que notre région a su préserver. Sorties $\frac{1}{2}$ journée – journée ou avec nuit en refuge / transport, fourniture de matériel compris.

À fond le fond

La diversité du relief et des vallées qui environnent Morzine permet une excellente pratique de ski de fond sur cinq zones distinctes. Sur les bords du torrent de la Dranse, 6 km de pistes, 10 km autour du lac de Montriond, 8,5 km sur le plateau de Pléney Chavannes, 25 km dans la vallée de la Manche-L'Erigné et 30 km sur les hauteurs de Super Morzine. Un plan est à votre disposition à l'Office du Tourisme.

Au fil des suspentes

Stages de parapente comprenant matériel, théorie, transport et pratique. Baptême de l'air à partir de 350 FF. Séance découverte à partir de 300 FF.

Sur place

- Mur d'escalade artificiel en plein centre de Morzine
- Bowling: 3 pistes, salles de jeux, billard américain
- 3 discothèques
- Une salle de jeux
- 2 cinémas

Pour toute informations complémentaires, s'adresser à l'Office du Tourisme.

Dix-septième UNITÉ

M. et Mme Brède arrivent à la station-service pour prendre de l'essence.

Le pompiste	Messieurs-dames!
Madame Brède	Faites le plein, s'il vous plaît!
Le pompiste	Ordinaire ou super?
Madame Brède	Du super, bien sûr. Rien n'est trop bon pour ma nouvelle voiture!
Monsieur Brède	Mais qu'est-ce que tu fabriques!
Madame Brède	Calme-toi, Charles, je peux prendre du sans plomb, si tu préfères!
Monsieur Brède	Mais non, voyons, il te faut du gazole!
Le pompiste	Du gazole, monsieur? Alors, pompe numéro deux. Heureusement que je n'avais pas encore commencé!
Monsieur Brède	Tu ne savais pas que tu devais acheter du gazole pour la Petita-Turbo?
Madame Brède	Bien sûr que non! Je ne suis pas mécanicienne!
Le pompiste	Alors, je fais le plein de gazole, maintenant?
Madame Brède	Oui, et pourriez-vous aussi vérifier l'huile et l'eau?
Le pompiste	Très bien, madame. Ouvrez le capot, s'il vous plaît.
Madame Brède	Charles, c'est où, le bouton pour ouvrir le capot?
Monsieur Brède	Quoi! Tu oses conduire cette voiture et tu n'es pas capable d'ouvrir le capot! Eh bien, bravo! Appuie là.
Madame Brède	Ne te fâche pas! Après tout, c'est la première fois que je me trouve au volant de ma propre voiture!
Le pompiste	Tout est parfait. Je vous lave le pare-brise?
Madame Brède	Non merci, ce n'est pas la peine. Ma voiture est toute

	neuve et il n'a pas plu récemment. Mais j'aimerais quand même que tu vérifies la pression des pneus, Charles. On ne peut pas être trop prudent!
Monsieur Brède	Tu as raison. Regarde, la pompe à air est là-bas.
Le pompiste	Alors, ça fait 325 francs.
Madame Brède	Voilà, monsieur.
Le pompiste	Merci bien et bonne route!

QU'EST-CE QUE ÇA VEUT DIRE?

de l'essence	*petrol*
Qu'est-ce que tu fabriques?	*What on earth are you doing?*
sans plomb	*lead-free*
le gazole	*diesel*
le capot	*the bonnet*
oser	*to dare*
appuyer	*to press* (a button)
le pare-brise	*the windscreen*
tout neuf / toute neuve	*brand new*
un pneu	*a tyre*

Avez-vous compris?

Choisissez les bonnes réponses.

1   Les Brède achètent de l'essence sans plomb / du super / de l'ordinaire / du gazole.
2   Ils en achètent dix litres. / Ils font le plein.
3   Le pompiste vérifie l'huile / l'eau / les pneus.
4   Madame Brède sait / ne sait pas comment ouvrir le capot / la portière.
5   Le pare-brise est sale / propre.

À VOUS! _____

Travaillez avec un / une partenaire. Vous êtes à la station-service.

Vous	(**1** *Ask the attendant to fill the tank up.*)
Le / La pompiste	Super ou ordinaire?
Vous	(**2** *Choose the type of petrol you need.*)
Le / La pompiste	Voilà. Ça fait . . .

Vous	(**3** *Ask him / her to check the oil and water.*)
Le / La pompiste	Tout est parfait.
Vous	(**4** *Ask him / her to clean the windscreen.*)
Le / La pompiste	Voilà!
Vous	(**5** *Ask where the air pump is.*)
Le / La pompiste	Là-bas, à droite.
Vous	(**6** *Thank him / her and ask how much it is.*)
Le / La pompiste	Ça fait 350 francs.
Vous	(**7** *Give him / her the money.*)
Le / La pompiste	Merci, et bonne route!

Mme Brède a complètement démoli sa voiture, car elle vient de rentrer dans un arbre. Par miracle, personne n'a été blessé, mais M. Brède est très en colère.

Monsieur Brède	Si tu m'avais écouté, tu m'aurais laissé le volant et ça ne serait pas arrivé!
Madame Brède	Si je ne t'avais pas écouté, nous aurions pris l'autoroute, et ça ne serait pas arrivé!
Monsieur Brède	Si nous n'étions pas partis en retard, tu n'aurais pas conduit si vite.
Madame Brède	Et pourquoi étions-nous en retard? . . . Parce que monsieur ne pouvait se décider à choisir une cravate!
Monsieur Brède	Tu aurais dû te lever plus tôt . . .
Madame Brède	J'en ai assez à la fin, tout est toujours de ma faute!
Monsieur Brède	Avoue que tu roulais vite.
Madame Brède	Je respectais la limite de vitesse, et si l'idiot d'en face n'avait pas doublé dans le virage, je n'aurais pas donné un coup de volant à droite!
Monsieur Brède	Tes réflexes ne sont pas encore tout à fait au point et . . .
Madame Brède	Dis donc, j'ai mon permis de conduire depuis un mois, et pour m'améliorer il me faut de l'expérience.
Monsieur Brède	On n'aurait jamais dû te donner le permis!

Madame Brède	Si on me l'a donné, c'est que je le méritais! Et puis tu peux parler, toi, tu n'es pas non plus un as du volant, loin de là! Il y a trois jours, si je ne t'avais pas dit qu'il y avait un stop, tu ne te serais pas arrêté. Et tout ça parce qu'il y avait une fille en short sur le bord de la route!
Monsieur Brède	Quoi, tout le monde a ses moments d'inattention, c'est humain après tout!
Madame Brède	Ah! Je suis bien contente de te l'entendre dire!

QU'EST-CE QUE ÇA VEUT DIRE?

elle a complètement démoli sa voiture	*she wrote off her car*
rentrer dans	*to crash into* (here)
blessé(e)	*injured, wounded*
avouer	*to admit*
doubler	*to overtake*
le virage	*the bend*
un coup de volant	*a sudden turn of the steering wheel*
le permis de conduire	*the driving licence*
mériter	*to deserve*
un as	*an ace*

Avez-vous compris?

Répondez en français.

1   Qui était au volant?
2   Quelle route voulait prendre Madame Brède?
3   Pourquoi les Brède étaient-ils partis en retard?
4   Madame Brède roulait-elle trop vite?
5   Pourquoi est-elle rentrée dans un arbre?
6   A-t-elle son permis depuis longtemps?
7   Que lui faut-il pour s'améliorer?
8   Monsieur Brède est-il un automobiliste parfait?
9   Qui a détourné son attention trois jours plus tôt?
10   Quelle est l'excuse de Monsieur Brède?

À VOUS! _____

Racontez l'accident de Mme Brède à un ami / une amie.

Si Madame Brède avait (1)_____ son mari, elle lui aurait laissé le
(2)_____.
S'ils avaient pris l'(3)_____ l'accident ne serait pas (4)_____.
S'ils n'étaient pas (5)_____ en retard, elle n'aurait pas (6)_____
si vite.
Si l'idiot d'en face n'avait pas (7)_____ dans le virage elle n'aurait pas
donné (8)_____ à droite.
Et trois jours plus tôt, si elle n'avait pas (9)_____ à son mari qu'il y
avait un (10)_____, il ne se serait pas (11)_____!

Qu'est-ce que vous auriez fait dans les situations suivantes?

1 Si j'avais écouté le professeur de français . . .
2 Si j'étais allé(e) à la Martinique pour les vacances . . .
3 Si ma voiture était tombée en panne ce matin . . .
4 Si j'avais eu de la chance hier . . .

a j'aurais mangé des spécialités créoles et j'aurais bu du rhum.
b j'aurais appris les verbes irréguliers par cœur.
c j'aurais ouvert le capot.
d j'aurais gagné le gros lot au loto.
e le soir, je serais allé(e) dans les cabarets ou dans les discothèques de
   Fort-de-France.
f je serais allé(e) en classe régulièrement.
g j'aurais visité Diamant et sa belle plage.
h j'aurais téléphoné au garagiste.
i j'aurais trouvé un billet de cinq cents francs dans la rue.
j j'aurais fait les devoirs chaque semaine.

Après son accident de voiture, Mme Brède a des douleurs au cou et dans le
dos. Elle a pris rendez-vous chez le médecin.

Le médecin	Ah, Madame Brède! Bonjour. Alors, qu'est-ce qui ne va pas aujourd'hui?
Mme Brède	J'ai des douleurs affreuses au cou et dans le dos. Et ne me dites pas que c'est normal à mon âge!
Le médecin	Vous avez sans doute attrapé un torticolis. Ce n'est pas grave, même si c'est extrêmement désagréable.
Mme Brède	Je vous assure que, cette fois, c'est sérieux! Hier, j'ai eu un accident de voiture. Je suis rentrée dans un arbre.
Le médecin	Personne n'a été blessé, j'espère.
Mme Brède	Non, mais la voiture est bonne pour la casse! Evidemment ce n'était pas de ma faute . . . Et si mon mari n'avait pas insisté, nous aurions pris l'autoroute . . .

Le médecin	Je vais vous examiner. Enlevez votre chemisier, s'il vous plaît. . Oh là là, vous êtes couverte de bleus.
Mme Brède	Ahhh!
Le médecin	Je vous ai fait mal?
Mme Brède	Non, c'est que vous avez les mains froides!
Le médecin	Regardez droit devant vous. Très bien! Maintenant tournez la tête à gauche . . . et maintenant à droite . . . Encore un peu.
Mme Brède	Aïe! Ça me fait mal!
Le médecin	Levez les bras . . . Bien, baissez-les. Quand j'appuie là . . .
Mme Brède	Aïe!
Le médecin	Et là?
Mme Brède	Là, ça va.
Le médecin	Bon, vous pouvez vous rhabiller.
Mme Brède	Alors, docteur, qu'est-ce que j'ai?
Le médecin	Eh bien, je pense qu'il n'y a rien de cassé, mais il faut que vous passiez une radio. En attendant, je vais vous faire une ordonnance pour une crème anti-inflammatoire et des analgésiques.
Mme Brède	Est-ce qu'il faut que je fasse une cure de thalassothérapie? J'ai besoin d'un peu de repos, de préférence au bord de la mer. Je suis très stressée depuis l'accident.
Le médecin	Vous ne souffrez pas de rhumatismes?
Mme Brède	Non, pas encore.
Le médecin	Alors, vous n'avez pas vraiment besoin de cette sorte de cure.
Mme Brède	De kinésithérapie, peut-être?
Le médecin	Il faut qu'on attende les résultats de la radio. Revenez me voir dès que vous les aurez.
Mme Brède	Ne vous inquiétez pas, docteur, je prendrai rendez-vous tout de suite!
Le médecin	Oui, je sais que je peux vous faire confiance.

QU'EST-CE QUE ÇA VEUT DIRE?

des douleurs (f.)	*aches and pains*
un torticolis	*a stiff neck*
bon(ne) pour la casse	*a write-off*
un bleu	*a bruise*
Aïe!	*Ouch!*
il faut que vous passiez* une radio	*you must have an X-ray*
une ordonnance	*a prescription*
il faut que je fasse*	*I must do*
la thalassothérapie	*sea-water therapy*
la kinésithérapie	*physiotherapy*
il faut qu'on attende*	*we must wait (for)*

*The subjunctive form is always used after **il faut que**. You can avoid it by using **devoir**, but note that **il faut que + subjunctive** suggests greater urgency. Refer to Grammar section 21 for more information.

Avez-vous compris?

Répondez *vrai* ou *faux.*

1   Mme Brède va chez le médecin pour ses rhumatismes.
2   Son mari a été blessé dans l'accident de voiture.
3   Il a un torticolis.
4   Mme Brède n'a pas mal quand elle tourne la tête.
5   Elle a des bleus.
6   Elle s'est cassé le bras.
7   Il faut qu'elle passe une radio.
8   Elle a besoin de médicaments contre les douleurs.
9   Elle n'a pas besoin de faire une cure de thalassothérapie.
10   Il faut qu'elle revienne voir le médecin.

À VOUS! _____

Le médecin donne des conseils à différents malades. Aidez-le en ajoutant le bon verbe. Utilisez les verbes ci-dessous.

alliez	fassiez	achetiez	passiez	preniez	mettiez	attendiez

exemple   Il faut que vous **alliez** voir un spécialiste.

1 Il faut que vous _____ rendez-vous avec le spécialiste.
2 Il faut que vous _____ une crème anti-inflammatoire.
3 Il faut que vous _____ une radio.
4 Il faut que vous _____ le résultat de la radio.
5 Il faut que vous _____ une cure de thalassothérapie.
6 Il faut que vous _____ ces médicaments.

Le médecin est appelé chez les Dupré. Alison, la correspondante anglaise de Colette, est malade. Comme elle ne parle pas très bien le français, c'est Madame Dupré qui explique ses symptômes.

Mme Dupré	Bonjour, docteur. C'est Alison, la correspondante anglaise de Colette, qui est malade.
Le médecin	Qu'est-ce qui ne va pas?
Mme Dupré	Elle a mal à la tête, elle a de la fièvre, elle a des douleurs aiguës au ventre . . .
Le médecin	C'est peut-être une crise d'appendicite.
Mme Dupré	C'est ce que j'ai tout de suite pensé, mais elle a déjà été opérée. Elle m'a même fait voir sa cicatrice! Elle fait sans doute une allergie. Elle n'est pas habituée à la cuisine française.
Le médecin	Elle n'a pas de boutons ni de rougeurs. Elle a vomi?
Mme Dupré	Elle n'arrête pas de vomir et elle a la diarrhée. La pauvre petite est dans un état épouvantable. J'ai cru qu'elle allait s'évanouir.
Le médecin	Qu'est-ce qu'elle a mangé?
Mme Dupré	Elle a mangé comme nous. Nous avons mangé des huîtres hier.
Le médecin	Alors, ne cherchez plus. Elle fait une intoxication alimentaire.
Mme Dupré	Elle doit rentrer chez elle la semaine prochaine . . .
Le médecin	Ne vous inquiétez pas, elle devrait aller mieux dans deux ou trois jours.
Mme Dupré	Il faut qu'elle prenne des médicaments?
Le médecin	Je vais lui donner quelque chose pour calmer les crampes d'estomac. Il vaut mieux qu'elle ne mange pas aujourd'hui, mais il faut qu'elle boive beaucoup pour éviter la déshydratation, des petites gorgées d'eau sucrée ou de limonade.
Mme Dupré	De toute façon, elle n'a pas faim en ce moment, la pauvre!
Le médecin	Quand elle pourra prendre un peu de nourriture, donnez-lui du bouillon de légumes et du pain grillé, mais surtout pas de produits laitiers ni de plats relevés. Et puis, il faut qu'elle se repose.

Mme Dupré	Elle n'a pas besoin d'une analyse de sang?
Le médecin	Non, mais rappelez-moi si elle ne va pas mieux dans deux jours, ou si la situation s'aggrave, naturellement.
Mme Dupré	Je peux me faire rembourser par la Sécurité Sociale pour la consultation?
Le médecin	Bien sûr, je vais remplir la feuille de maladie, comme d'habitude.

QU'EST-CE QUE ÇA VEUT DIRE?

aigu(ë)	*acute, sharp*
une cicatrice	*a scar*
dans un état épouvantable	*in a frightful state*
un bouton	*a spot* (here)
une intoxication alimentaire	*food-poisoning*
une rougeur	*a rash*
il faut qu'elle prenne	*she must take*
il faut qu'elle boive	*she must drink*
il vaut mieux que (+ subjunctive)	*it is better*
du bouillon	*broth, stock*
une analyse de sang	*a blood test*
la consultation	*the visit*
la feuille de maladie	a special form to be filled in in order to be reimbursed for the doctor's fees and the medicines (on average, 70% of the costs)

Avez-vous compris?

Répondez en français.

1 Qui est malade chez les Dupré?
2 Décrivez ses symptômes.
3 Quels sont les trois diagnostics possibles?
4 Pourquoi les deux premiers diagnostics sont-ils rejetés?
5 Est-ce que c'est une maladie de longue durée?
6 Est-ce que le médecin prescrit beaucoup de médicaments?
7 Quels sont ses conseils?
8 Quand elle pourra manger de nouveau, qu'est-ce qu'Alison devra éviter?
9 Faut-il qu'on lui fasse une analyse de sang?

10   Qu'est-ce que le médecin doit faire pour que Mme Dupré soit remboursée?

À VOUS! _____

Vous êtes médecin. Diagnostiquez les maladies.

1	Une insolation	**a**	Très mal aux yeux, inflammation des paupières
2	Une angine		
3	La grippe	**b**	Mal au cœur, mal au ventre, de la diarrhée
4	Une entérite	**c**	Une toux sévère, des difficultés respiratoires
5	La rougeole		
6	Une bronchite	**d**	La peau rouge, des maux de tête
7	Une crise d'appendicite	**e**	Douleur aiguë au ventre, à droite, juste au-dessous du nombril
8	Une conjonctivite		
		f	De la fièvre, des frissons, mal partout
		g	Très mal à la gorge
		h	Mal à la tête, mal aux yeux, de la fièvre, des boutons

A Nuits-Saint-Georges, nous retrouvons Henri dans la salle d'attente du vétérinaire. En attendant son tour, il bavarde avec d'autres clients.

Première dame	Oh, le beau chat! Comment s'appelle-t-il?
Henri	Moustache.
Deuxième dame	Il est vraiment splendide! Il est encore jeune, n'est-ce pas?
Henri	Il a tout juste un an.
Première dame	Qu'est-ce qu'il a?
Henri	Il boite depuis deux jours et il ne touche pas à sa nourriture. Même le foie qu'il adore, il n'en veut pas!
Deuxième dame	Vous croyez qu'il s'est cassé la patte?
Henri	S'il s'était cassé une patte, il ne pourrait pas marcher. Je crois qu'il s'est battu, qu'il a été blessé et que la plaie s'est infectée.
Deuxième dame	Il a sans doute un abcès.

Petit garçon	Mon Loulou, il a un abcès à la dent.
Henri	Ton lapin a un abcès?
Petit garçon	C'est pas un lapin, c'est un chinchilla. Le vétérinaire, il lui a fait une radio la semaine dernière et il va l'opérer aujourd'hui.
Première dame	Mon pauvre Bijou avait la hanche cassée quand j'ai été le chercher à la SPA. On pense qu'il avait été jeté par une fenêtre du deuxième étage.
Deuxième dame	Oh! Quelle horreur!
Première dame	Et il y a deux semaines, il a eu une crise cardiaque. Il faut dire qu'il est vieux maintenant.
Petit garçon	Il a quel âge?
Première dame	Il a quinze ans. Comme les personnes âgées, il faut qu'il mène une vie calme et qu'il prenne toutes sortes de médicaments.
Henri	Et vous, madame, on dirait que votre chien a mal aux yeux.
Deuxième dame	Oui. Achille aussi, il est vieux. Il fait du diabète et il est presque aveugle maintenant. Il faut qu'on lui fasse des piqûres régulièrement.
Petit garçon	Moi, je déteste les piqûres, les vaccins, les prises de sang, les suppositoires . . .
Homme	Je me demande bien ce que le vétérinaire va faire à mon perroquet!
Petit garçon	Il s'appelle comment?
Homme	Coco.
Petit garçon	Salut, Coco! . . . Salut, Coco! . . . Réponds-moi! . . . Salut, Coco! . . . Eh ben, il est pas bavard, pour un perroquet!
Homme	C'est là tout le problème. Ça va faire une semaine qu'il ne parle plus!

QU'EST-CE QUE ÇA VEUT DIRE?

boiter	*to limp*
la plaie	*the wound*
mener	*to lead*
la hanche	*the hip*
la SPA (Société Protectrice des Animaux)	*the French equivalent of the RSPCA*
on dirait que . . .	*it looks as if . . .*
une prise de sang	*a blood test*
aveugle	*blind*
un perroquet	*a parrot*

Avez-vous compris?

Répondez *vrai* ou *faux*.

1   Le perroquet est aveugle et il boite.
2   Moustache s'est cassé la patte.
3   Bijou est un chien de la SPA.
4   Il a été maltraité quand il était jeune.
5   Achille a perdu l'appétit.
6   Il fait du diabète.
7   Il a besoin de piqûres.
8   Loulou n'est pas un lapin.
9   Le chinchilla a passé une radio.
10   Il a mal aux dents.

À VOUS!

Votre ami(e) anglais(e) s'est brûlé le bras. Vous avez du *Derma Spray*. Expliquez-lui les propriétés du produit et comment il faut s'en servir.

Solution antiseptique (usage externe)

Derma Spray prévient et traite l'infection
*   des plaies superficielles souillées
*   des écorchures et coupures
*   des brûlures du 1er degré
*   des piqûres d'insectes

Mode d'emploi: Lire attentivement la notice d'emploi, logée dans le capuchon. 1 à 4 pulvérisations par jour, directement sur la plaie. Ne pas appliquer sur des lésions eczématisée ni sur les muqueuses. Ne pas vaporiser dans les yeux.

Ne pas percer ou brûler même après usage.
Ne pas exposer à la chaleur.

Qui parle? Un professeur? un médecin? un gendarme? Qu'est-ce que vous en pensez?

1   Il faut que vous donniez ce médicament à votre chien trois fois par jour.
2   Il faut que vous fassiez les devoirs régulièrement.
3   Votre fille a la grippe. Il faut qu'elle reste au lit, qu'elle prenne de l'aspirine et qu'elle boive beaucoup d'eau.

4   Il faut que vous finissiez cette lettre et que vous l'envoyiez par fax
    avant midi, sinon nous perdrons une grosse commande.

5   Il est dangereux, il est armé. Il faut que vous le mettiez en prison
    immédiatement.

6   Vous avez mal aux dents. Il faut que je vous fasse un plombage tout de
    suite.

7   Il faut que je prenne la température et la tension des malades, que je
    fasse des prises de sang et des piqûres . . .

8   Il faut que je lise des rapports, que j'utilise l'ordinateur et que je
    réponde au téléphone.

9   Vous voulez ouvrir un compte bancaire? Alors il faut que vous
    remplissiez ce formulaire.

10 Il faut que j'aie beaucoup d'énergie et de patience, mais surtout, il faut
    que j'aime travailler avec les jeunes.

Au collège, à Luçon, Georges Chevalier parle avec ses collègues Jeanne Chouan et Mademoiselle Jonas.

Georges	Dites-moi, Mademoiselle Jonas, que pensez-vous de la musique moderne?
Mlle Jonas	Je ne l'aime pas du tout, surtout la pop musique!
Jeanne	Il y a des chansons qui me plaisent, mais moi, je préfère de beaucoup la chanson française traditionnelle, les chansons de Barbara ou de Charles Aznavour, par exemple, ou bien d'Edith Piaf et de Georges Brassens . . .
Mlle Jonas	A mon avis, c'était un vieux, qui chantait faux.
Georges	Au contraire, je trouve qu'il chantait bien.
Jeanne	A mon avis, c'était un poète qui avait beaucoup d'humour. Et j'aime bien son côté libertaire; il donne à réfléchir.
Mlle Jonas	C'est ça, défendez les anarchistes maintenant. Vous trouvez que nous n'avons pas assez de problèmes à l'école! De toute façon, la politique, c'est la politique, la poésie, c'est la poésie, et la chanson, c'est la chanson!
Georges	D'abord, il est bon de pouvoir exprimer ses idées politiques. Et d'autre part, beaucoup de poèmes ont été mis en musique et sont devenus de grands succès.
Jeanne	C'est vrai, ça. *Le Déserteur* de Boris Vian, les poèmes d'Aragon chantés par Léo Ferré, *Les Feuilles mortes* de Prévert . . . Ça démocratise la poésie, ça la met à la portée de tous et je pense que c'est une bonne chose.
Georges	Je suis entièrement d'accord, mais je dois avouer que moi, je suis fanatique de jazz. Et j'ai un faible pour la Compagnie Créole.

Jeanne	Moi aussi. Quel rythme, quel rayon de soleil!
Mlle Jonas	Je ne peux pas supporter la musique moderne! Que ce soit le rock, le jazz, les chansons populaires ou la musique folklorique, j'ai horreur de ça! En revanche, j'adore la musique classique!
Jeanne	Est-ce que vous jouez d'un instrument de musique?
Mlle Jonas	Naturellement. Je joue du piano et de la clarinette. Avant de venir ici, je faisais partie d'une harmonie.
Jeanne	Vous donniez des concerts?
Mlle Jonas	Bien sûr, régulièrement. Nous étions tous amateurs, mais nous étions connus dans la région et nous faisions toujours salle comble. Et je joue du piano pour me détendre. Malheureusement, je n'ai pas de piano ici.
Jeanne	Moi, j'ai appris quand j'étais petite, mais j'étais plutôt paresseuse et je préférais sortir et m'amuser. Maintenant, je regrette d'avoir abandonné.
Georges	Moi aussi, j'ai des regrets. Je jouais de la trompette et mon professeur m'a dit que j'étais doué. Si j'avais travaillé, j'aurais pu faire partie d'un groupe de jazz ou d'une fanfare.
Mlle Jonas	Et moi, si j'avais été vraiment douée, j'aurais pu étudier au Conservatoire et je ne serais pas devenue professeur d'histoire et de géographie!
Georges	Pourquoi pas professeur de musique?
Mlle Jonas	Ah non, la musique c'est ma passion, c'est sacré!

QU'EST-CE QUE ÇA VEUT DIRE?

donner à réfléchir	to make you think
démocratiser	to make easily accessible to the ordinary person
mettre à la portée de tous	to bring within everyone's reach
avoir un faible pour	to have a soft spot for / to be partial to
je ne peux pas supporter	I can't stand
que ce soit	whether it be
en revanche	on the other hand
une harmonie	a wind band
faire salle comble	to pack the house
une fanfare	a brass band
se détendre	to relax
le Conservatoire	the Paris Conservatoire (national music school now housed in the Cité de la Musique in La Villette)

Avez-vous compris?

Qui parle? Georges, Jeanne ou Mlle Jonas?

1   A mon avis, c'était un poète qui avait beaucoup d'humour.
2   Je joue du piano pour me détendre.
3   Je préfère de beaucoup la chanson française traditionnelle.
4   Il est bon de pouvoir exprimer ses idées politiques.
5   J'ai horreur de la musique moderne.
6   Je regrette d'avoir abandonné.
7   J'ai un faible pour la Compagnie Créole.
8   La musique c'est ma passion, c'est sacré.
9   Ça démocratise la poésie et je pense que c'est une bonne chose.
10   Avant de venir ici, je faisais partie d'une harmonie.
11   Si j'avais travaillé, j'aurais pu faire partie d'un groupe de jazz.
12   Au contraire, je trouve qu'il chantait bien.
13   En revanche, j'adore la musique classique.
14   Il y a des chansons qui me plaisent.
15   Je suis fanatique de jazz.

À VOUS! _____

Exprimez vos goûts à propos de différentes sortes de musique. Utilisez quelques-unes des expressions ci-dessous.

j'aime bien . . .	je préfère . . .	j'adore . . .
j'ai horreur (de) . . .	je suis fanatique de . . .	je déteste . . .
j'ai un faible pour . . .	. . . me plaît / plaisent	je n'aime pas du tout . . .
je ne peux pas supporter . . .	. . . ne me plaît / plaisent pas	. . . c'est ma passion

Utilisez certaines des expressions ci-dessous . . .

je trouve que   je pense que   il est bon de   en revanche

(mal)heureusement   de toute façon

je dois avouer que   au contraire   à mon avis

. . . pour donner votre avis en ce qui concerne les choses suivantes:

la Loterie Nationale / le Loto   la poésie
les animaux familiers   l'Union Européenne
la SPA   les zoos

les harmonies / fanfares
les fastfoods
les cartes de crédit
les émissions sportives à la télé
les jeux télévisés

la cuisine chinoise
les téléphones mobiles
les disques compacts
les ordinateurs
les grandes surfaces

── Un peu de grammaire ──

Le plus-que-parfait

The pluperfect

This is a compound tense used in French in the same way as it is in English.

j'avais travaillé   *I had worked*
elle était allée   *she had gone*

It is often used with the conditional perfect to express how circumstances might have been different.

Le conditionnel passé

The conditional perfect

Si j'avais travaillé, j'**aurais pu** faire partie d'un orchestre.

Si je ne t'avais pas écouté, nous **serions partis** de bonne heure.

*If I had worked, I **would have been able** to join an orchestra.*

*If I hadn't listened to you, we **would have left** early.*

───── Exercices ─────

A   Complétez le dialogue.

Client(e)	Le plein, s'il vous plaît!
Vous	(**1** *Say fine, two or four star?*)
Client(e)	Ah non, du sans plomb, je suis vert(e) maintenant! Et pourriez vous aussi vérifier l'huile et l'eau?
Vous	(**2** *Say of course. Ask the customer to open the bonnet.*)
Client(e)	Attendez un instant. Voilà!
Vous	(**3** *Say everything's fine. Offer to wash the windscreen.*)
Client(e)	Non merci, il est propre. Dites-moi, est-ce que vous avez des cartes de la région?
Vous	(**4** *Say yes. You sell maps in the shop.*)
Client(e)	Et vous acceptez les cartes de crédit?

Vous	(**5** *Of course, Sir / Madam.*)
Client(e)	Je vous dois combien?
Vous	(**6** *Say how much the bill comes to.*)

B Un historien distrait a mélangé les phrases. Reliez-les correctement.

1 Si Jeanne d'Arc ne s'était pas battue contre les Anglais . . .

2 Si les Romains avaient aussi bu la potion magique . . .

3 Si Marie-Antoinette n'avait pas dit: «Qu'ils mangent de la brioche» . . .

4 Si on n'avait pas assassiné l'archiduc Ferdinand . . .

5 Si Napoléon avait traversé la Manche . . .

6 Si Adam avait refusé de manger la pomme . . .

7 Si Dalila n'avait pas coupé les cheveux de Samson . . .

8 Si Guillaume le Conquérant était resté en Normandie . . .

9 Si Christophe Colomb ne s'était pas perdu . . .

10 Si Henry VIII avait vécu plus longtemps . . .

a la première guerre mondiale n'aurait pas éclaté en 1914.

b il n'aurait pas perdu sa force.

c elle n'aurait pas été brûlée à Rouen.

d Astérix et Obélix n'auraient pas pu les battre.

e les hommes seraient restés au paradis.

f il n'aurait pas découvert l'Amérique.

g il aurait probablement épousé une septième femme.

h il serait peut-être devenu empereur des Anglais.

i il n'aurait pas tué le roi Harold.

j elle n'aurait pas perdu la tête.

C Trouvez l'intrus.

1	des crampes	un bleu		du sang
	un torticolis	des rhumatismes	des douleurs	

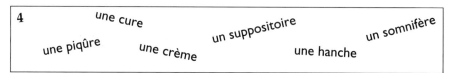

D　Complétez la conversation.

- Comme il est beau, votre chien! Comment s'appelle-t-il?
- (**1** *Say his name is Rollo.*)
- Et qu'est-ce qu'il a exactement? On dirait qu'il a mal aux yeux.
- (**2** *Tell the other person he / she is right. The dog is almost blind because of diabetes.*)
- Il faut qu'il prenne beaucoup de médicaments, alors?
- (**3** *Say no, but he has to have injections regularly. Ask about the other person's cat.*)
- Il a eu une crise cardiaque il y a deux semaines. Si je ne l'avais pas emmené chez le vétérinaire tout de suite, il ne serait pas là aujourd'hui!
- (**4** *Say, the person is lucky. Ask if the cat has to lead a quiet life now.*)
- Oui, il faut qu'il se repose, et qu'il prenne un quart d'aspirine par jour.
- (**5** *Say, you had a heart attack three years ago.*)
- Vous étiez très stressé(e)?
- (**6** *The doctor told you if you had taken more exercise and eaten less fat you wouldn't have been ill.*)
- Mais on ne sait jamais. Après tout, mon chat était très actif et il ne mangeait pas de gâteaux à la crème!

E　C'est très important. Alors, remplacez **devoir** par **il faut que/qu'**. N'oubliez pas d'utiliser le subjonctif.

exemple　**Vous devez mettre** du *Derma Spray*.
　　　　Il faut que vous mettiez du *Derma Spray*.

1　Je dois prendre des médicaments.
2　Il doit aller à l'hôpital.

3 Vous devez faire une cure.
4 Elle ne doit pas boire de lait.
5 Je dois être chez le vétérinaire à 10 heures.
6 Vous devez passer une radio.
7 Il doit venir une fois par mois.
8 Vous ne devez pas manger.

F   Imaginez que vous êtes Monsieur ou Madame Brède. Ecrivez une
     réponse à la lettre de votre amie, Claude.

Caen, le 10 septembre,

Mes chers amis,

J'ai été très déçue de ne pas avoir
eu l'occasion de vous revoir mercredi dernier. Charles,
quand tu m'as téléphoné, tu ne m'as pas donné
beaucoup de détails. Comment l'accident est-il arrivé?
Qui était au volant? Je sais que tu viens d'avoir ton
permis, Irène. J'espère que tu ne roulais pas trop vite.

Depuis mon accident, il y a deux ans, j'ai
beaucoup souffert. J'étais toujours fourrée chez le médecin.
Il m'a prescrit toutes sortes de médicaments, des crèmes
anti-inflammatoires, des calmants, des somnifères, mais
je continuais à souffrir, et je ne me sentais pas
bien du tout. J'ai même vu un kinésithérapeute, ce
qui m'a coûté une fortune. Finalement, on m'a conseillé
un homéopathe qui exerce dans la région. Il a fait des
merveilles et maintenant je suis en pleine forme. Je
pourrais vous donner son numéro de téléphone si
jamais vous en avez besoin.

Est-ce que vous avez déjà fait des projets de vacances?
Nous, on a décidé d'aller au Maroc, car Jean a des cousins
là-bas. Ce sera ma première visite dans le Maghreb et
j'espère que ce seront des vacances inoubliables!
Bien affectueusement,
Claude

——— Écoutez bien! ———

Le Déserteur

Listen to *Le Déserteur* by Boris Vian, sung by Mouloudji, and try to find the reasons the deserter gives to those in authority for refusing to go to war.

——— Lecture ———

1   Explain briefly why each member of the family fell for the Petita-Super.
2   Who else fell for the car, and why?
3   What material covers the seats?
4   What can be found even in the boot?
5   What are the windows like?
6   What is special about the wing mirror?
7   Describe the locking system.
8   Is there another way of opening and locking the boot?
9   What are the features of the back window?
10 Why is it so easy to drive and park?
11 Why are its road-holding capacities particularly good?
12 With what norms does it comply?
13 Which gadget checks the petrol consumption?
14 For how long is the car guaranteed against corrosion?
15 Why does the man thank the Petita-Super at the end?

Vive la Petita-Super!

LA DERNIÈRE-NÉE DES PETITA EST. . .SUPER!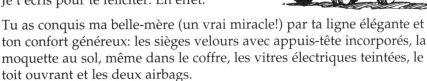

Chère Petita-Super,

Je t'écris pour te féliciter. En effet:

Tu as conquis ma belle-mère (un vrai miracle!) par ta ligne élégante et ton confort généreux: les sièges velours avec appuis-tête incorporés, la moquette au sol, même dans le coffre, les vitres électriques teintées, le toit ouvrant et les deux airbags.

Tu as conquis ma femme (elle a l'esprit très pratique) par ton équipement: le volant réglable, le tableau de bord sobre, mais où rien ne manque, le rétroviseur extérieur qu'on peut régler de l'intérieur, le verrouillage centralisé avec fonction anti-effraction et télécommande, la deuxième commande d'ouverture du coffre au poste de conduite, la lunette arrière dégrivante avec essuie-glace électrique et lave-glace.

Tu as conquis mes enfants (c'est peut-être dommage?) qui apprennent à conduire: avec ta radio-cassette stéréo, tes 4 haut-parleurs et ton antenne électrique; avec tes vitesses faciles à passer, ta direction assistée, aucun problème pour se garer dans les places les plus petites; sur route, avec tes quatre roues indépendantes et ton freinage ABS, tu es puissante, fiable, souple et précise. Et tu es conforme aux normes anti-pollution européennes.

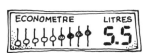

Moi aussi tu m'as conquis, car tu es super-économe (je suis un peu radin!): 4,6 l aux cent km à 100 km/h, 6,2 l à 120 km/h et 7.1 l en ville selon les normes de la CE (Génial ton économètre!) Et bravo pour tes six ans de garantie anti-corrosion totale.

Finalement, tu as conquis le directeur de ma banque (il est plus radin que moi!) par ton super-petit prix.

MERCI PETITA-SUPER, POUR UNE FOIS, NOUS SOMMES TOUS D'ACCORD!

Dix-huitième UNITÉ

Martin rend visite à son ami Henri, à l'improviste.

Henri	Tiens, bonjour Martin. Quelle bonne surprise! Entrez, entrez. Ça va?
Martin	Bonjour Henri. Ça va merci, et vous? Je ne vous dérange pas, j'espère?
Henri	Pas du tout! Je suis en train de lire mon guide de Paris. C'est très intéressant.
Martin	Ah, toujours le rat de bibliothèque, hein! En fait, c'est la raison pour laquelle je suis venu vous voir. Je n'ai rien à lire et je sais que vous avez une bibliothèque bourrée de volumes de toutes sortes. J'aimerais vous emprunter un ou deux livres, parce que je m'ennuie un peu.
Henri	D'accord. Qu'est-ce que vous cherchez exactement, de la poésie, des pièces classiques, de la philosophie, des biographies? J'ai les œuvres complètes de Ronsard, de Corneille, de Descartes . . .
Martin	Mon Dieu, non! Je pensais à quelque chose de moins sérieux, de plus moderne, quelque chose de facile à lire, comme un roman policier, par exemple.
Henri	Je n'en ai pas beaucoup, vous savez. J'ai quelques romans policiers de Simenon et d'Agatha Christie.
Martin	Je peux y jeter un coup d'œil?
Henri	Mais naturellement. En attendant, je vais chercher une bonne bouteille à la cave. Vous prendrez bien un verre?
Martin	Volontiers, mon cher Henri, avec plaisir!

QU'EST-CE QUE ÇA VEUT DIRE?

un rat de bibliothèque	*a bookworm* (lit. *a rat*)
s'ennuyer	*to be bored*
bourré(e) de	*crammed with*
une pièce (de théâtre)	*a play*
les œuvres complètes (f.)	*the complete works*
un roman	*a novel*
jeter un coup d'œil (à)	*to glance (at)*
volontiers	*willingly*

Avez-vous compris?

Répondez *vrai* ou *faux*.

1   Henri avait invité son ami Martin.
2   Quand Martin est arrivé, Henri était en train de lire.
3   Henri fréquente régulièrement la bibliothèque municipale.
4   Martin a rendu visite à Henri pour lui emprunter des livres.
5   Henri a surtout des livres de littérature contemporaine.
6   Martin ne s'intéresse pas à la littérature classique.
7   Martin a envie de lire un roman policier.
8   Martin voulait aussi jeter un coup d'œil à la cave d'Henri.

À VOUS! _____

Donnez les contraires.

exemple   Quelque chose de **grand**. Quelque chose de **petit**.

1   Quelque chose d'ennuyeux.
2   Quelque chose de difficile.
3   Quelque chose d'amusant.
4   Quelque chose de tragique.
5   Quelque chose de bon marché.
6   Quelque chose d'original.
7   Quelque chose de rare.
8   Quelque chose de laid.
9   Quelque chose de propre.
10   Quelque chose de lent.
11   Quelque chose de fiable.
12   Quelque chose de reposant.

Complétez avec le bon verbe.

remédier
toucher
jeter un coup d'œil
(s')habituer   (à quelque chose)
croire
penser

a – Avez-vous vu mon nouveau dictionnaire?
   – Non. Est-ce que je peux y _____?
b – Tu n'as pas oublié que l'anniversaire de Paul est lundi prochain?
   – Non, j'y _____.
c – Vous a-t-elle raconté ce qu'il lui est arrivé en Espagne?
   – Oui, mais je n'y _____ pas.
d – Encore un problème!
   – Ne vous inquiétez pas. On va y _____ le plus vite possible.
e – Alors, vous préférez les verres de contact aux lunettes, n'est-ce pas?
   – Oui, je m'y _____ petit à petit.
f – C'est chaud?
   – Oui. N'y _____ pas, tu vas te brûler!

ET VOUS? _____

Qu'est-ce que vous aimez lire? Parlez d'un de vos livres / journaux / magazines favoris.

Tout d'abord, Martin feuillette *Maigret et son mort* de Georges Simenon. Il lit un extrait où Maigret est chez lui, au lit. Il réfléchit à l'enquête en cours et demande même l'aide de sa femme.

Elle ferma les stores, s'assura que son mari ne manquait de rien et sortit sur la pointe des pieds. La porte n'était pas refermée qu'il dormait profondément. Sa vaisselle finie, la cuisine mise en ordre, elle hésita un bon moment à rentrer dans la chambre pour aller prendre son tricot qu'elle avait oublié. Elle écouta d'abord, entendit un souffle régulier, tourna le bouton avec précaution et s'avança sur la pointe des pieds sans faire plus de bruit qu'une bonne sœur. C'est à ce moment-là que, tout en continuant à respirer comme un homme endormi, il prononça d'une voix un peu pâteuse:

   – Dis donc! Deux millions et demi en cinq mois . . .

   Il avait les yeux fermés, le teint très coloré. Elle crut qu'il parlait dans son sommeil, s'immobilisa néanmoins pour ne pas le réveiller.

   – Comment ferais-tu pour dépenser ça, toi?

   Elle n'osait pas répondre, persuadée qu'il rêvait; toujours sans remuer les paupières, il s'impatienta:

– Réponds, Madame Maigret.

– Je ne sais pas, moi, chuchota-t-elle. Combien as-tu dit?

– Deux millions et demi. Probablement beaucoup plus.

Il se retourna pesamment, et un de ses yeux s'entrouvrit un instant pour se fixer sur sa femme.

– On en revient toujours aux courses, tu comprends? Ecoute, Madame Maigret. Il y a un détail que je voudrais connaître tout de suite. Où y avait-il des courses mardi dernier? Dans la région parisienne, bien entendu. Téléphone!

A ce moment-là, il avait les deux yeux ouverts. Il était donc complètement réveillé. Elle passa dans la pièce voisine, laissa la porte ouverte pendant le temps qu'elle téléphonait. Ce fut très court. On aurait dit que l'employé qui lui répondait avait l'habitude de ces questions-là, et il devait connaître son calendrier des courses par cœur, car il lui donna le renseignement sans hésiter. Or, quand Mme Maigret revint dans la chambre pour répéter à Maigret ce qu'on venait de lui dire, celui-ci dormait à poings fermés, la respiration assez sonore pour s'appeler ronflement.

Maigret et son mort, Georges Simenon (Texte adapté)

QU'EST-CE QUE ÇA VEUT DIRE?

feuilleter	*to leaf through*
réfléchir	*to think, reflect*
en cours	*current*
elle ferma* (fermer)	*she closed*
les stores (m.)	*blinds*
elle sortit* (sortir)	*she went out*
elle entendit* (entendre)	*she heard*
une bonne soeur	*a nun*
elle crut* (croire)	*she believed / she thought*
les paupières (f.)	*eyelids*
chuchoter	*to whisper*
les courses (f.)	*the races* (here)
ce fut* (être)	*it was*
or	*now; but then*
elle revint* (revenir)	*she returned*
dormir à poings fermés	*to be fast asleep* (lit. *with clenched fists*)
un ronflement	*snoring*

*These verbs are in the past historic, which is the equivalent of the perfect tense, but it is used only in writing. For a more detailed explanation, please refer to the Grammar Box on page 345.

Avez-vous compris?

Trouvez les équivalents anglais.

1	Elle sortit sur la pointe des pieds.	a	*She left the door open.*
2	Elle hésita un bon moment.	b	*I don't know, she whispered.*
3	Elle écouta d'abord.	c	*She thought he was talking in his sleep.*
4	Elle entendit un souffle régulier.	d	*One of his eyes half opened.*
5	Elle tourna le bouton avec précaution.	e	*She came back into the room.*
		f	*First she listened.*
6	Elle crut qu'il parlait dans son sommeil.	g	*She heard regular breathing.*
		h	*He turned over heavily.*
7	Il s'impatienta.	i	*She went out on tip-toe.*
8	Je ne sais pas, chuchota-t-elle.	j	*She hesitated for a good moment.*
9	Il se retourna pesamment.	k	*She turned the knob carefully.*
10	Un de ses yeux s'entrouvrit.	l	*He became impatient.*
11	Elle laissa la porte ouverte.		
12	Elle revint dans la chambre.		

À VOUS! _____

Mettez les phrases dans le bon ordre. La première phrase est bonne.

1 Quand elle ferma la porte de la chambre, Maigret dormait déjà profondément.

2 Il était alors complètement réveillé car il avait les yeux ouverts.

3 Il lui demanda de téléphoner pour savoir s'il y avait eu des courses mardi dernier.

4 Ensuite elle retourna dans la chambre pour aller prendre son tricot.

5 Elle crut qu'il parlait dans son sommeil, mais il se retourna et la regarda.

6 Elle fit la vaisselle, et mit la cuisine en ordre.

7 Elle passa dans la pièce voisine.

8 C'est alors que Maigret lui parla.

9 Quand elle revint dans la chambre Maigret dormait à poings fermés.

10 Ce fut très court car l'employé lui donna le renseignement sans hésiter.

11 Elle s'avança sans faire de bruit.

Martin remet *Maigret et son mort* sur l'étagère et prend un autre livre. Il s'agit de *La Gloire de mon père*, le premier volume des souvenirs d'enfance de Marcel Pagnol. Il tombe sur la page où la famille s'est réunie pour discuter le départ en vacances. Ils avaient loué une maison, mais il fallait tout emporter. Plus un déménagement qu'un départ en vacances!

Un soir, l'oncle Jules et la tante Rose vinrent dîner à la maison. Ce fut un dîner-conférence, pour la préparation du grand départ, qui devait avoir lieu le lendemain.

L'oncle Jules, qui se flattait d'être un organisateur, déclara d'abord qu'à cause de l'état des chemins, il n'était pas possible de louer une voiture importante, qui aurait d'ailleurs coûté une fortune – peut-être même vingt francs!

Il avait donc loué deux voitures: un petit camion de déménagement, qui transporterait ses propres meubles, ainsi que sa femme, son fils et lui-même, au prix de sept francs cinquante.

Cette somme comprenait la puissance d'un déménageur qui serait à notre service toute la journée.

Pour nous, il avait trouvé un paysan, qui s'appelait François, et dont la ferme était à quelques centaines de mètres de la villa. Ce François venait deux fois par semaine vendre ses fruits au marché de Marseille.

En remontant chez lui, il transporterait nos meubles au prix raisonnable de quatre francs. Cet arrangement enchanta mon père, mais Paul demanda:

– Et nous, nous monterons sur la charrette?

– Vous, dit l'Organisateur, vous prendrez le tramway jusqu'à La Barasse, et de là, vous rejoindrez votre paysan à pied. Augustine aura une petite place sur le chariot, et les trois hommes suivront à pied, avec le paysan.

Les trois hommes acceptèrent cette idée avec joie, et la conversation, qui dura jusqu'à onze heures, devint absolument féérique, car l'oncle

Jules parla de chasse, puis mon père parla des insectes, si bien que jusqu'à mon réveil, je tirai des coups de fusils sur des mille-pattes, des sauterelles et des scorpions.

La Gloire de mon père, Marcel Pagnol (Texte adapté)

QU'EST-CE QUE ÇA VEUT DIRE?

une étagère	*a shelf*
il s'agit de . . .	*it is about . . .*
se réunir	*to meet, to get together*
la charrette / le chariot	*cart*
la chasse	*shooting, hunting*
tirer un coup de fusil	*to shoot* (with a shotgun)
un mille-pattes	*millipede*
une sauterelle	*a grasshopper*

Avez-vous compris?

Répondez en français.

1   Pourquoi l'oncle et la tante de Marcel étaient-ils venus dîner?
2   Le départ en vacances était-il imminent?
3   Pourquoi l'oncle Jules avait-il décidé de louer deux voitures?
4   L'oncle Jules et la tante Rose avaient combien d'enfants?
5   Qu'est-ce que l'oncle Jules avait obtenu pour 7F 50?
6   Qui était François et où sa ferme était-elle située?
7   Où allait-il deux fois par semaine et pourquoi?
8   Que pourrait-il faire sur le chemin du retour?
9   Comment voyageraient Marcel, ses parents et son frère?
10 Comment s'appelait la mère de Marcel Pagnol?
11 Pourquoi les enfants n'allèrent-ils pas au lit de bonne heure?
12 A quoi rêva Marcel cette nuit-là et pourquoi fit-il un tel rêve?

À VOUS! _____

Aidez Marcel à raconter la fin de la soirée (le dernier paragraphe) à un copain:

Les trois hommes **ont accepté** . . .

Maintenant, écrivez l'avant-dernier paragraphe en utilisant le futur immédiat:

– Et nous, nous **allons monter** sur la charrette? . . .

Pendant leur petite dégustation, Henri et Martin continuent à bavarder.

Martin	Est-ce que vous pourriez me prêter *La Gloire de mon père* de Pagnol? J'aimerais bien le relire.
Henri	Volontiers, mon cher Martin. Prenez aussi la suite, *Le Château de ma mère*, *Le Temps des amours* et *Le Temps des secrets*.
Martin	Vous avez aussi ses pièces de théâtre, *Marius, Fanny, César* . . .
Henri	Naturellement, je les ai toutes. Et j'ai aussi *Jean de Florette* et *Manon des sources*. Vous avez vu les films?
Martin	Bien sûr! Avec Yves Montand, Emmanuelle Béart, Daniel Auteuil et Gérard Depardieu, excellent! Mais la vie dans les collines de Provence n'est pas aussi idyllique que je le croyais. Et ça ne montre pas les Méridionaux sous un jour très favorable!
Henri	N'oubliez pas que ça passait au début du siècle. Les choses ont changé depuis. Et le soleil, c'est comme l'argent, ça ne fait pas le bonheur. J'ai rencontré une jeune femme de Grasse pendant mon séjour à Paris. Elle était vraiment sympathique. Je ne me rappelle plus comment elle s'appelait . . . Sophie . . . Sandrine . . . non, c'était Sylvie . . . Elle riait beaucoup, elle faisait des farces, elle racontait des plaisanteries avec son merveilleux accent . . .
Martin	A propos de Paris, vous me parliez de vos lectures.
Henri	C'est vrai. Quand vous êtes arrivé, je lisais mon guide pour m'instruire un peu. La culture générale, c'est très important, vous ne trouvez pas?

QU'EST-CE QUE ÇA VEUT DIRE?

une colline	*a hill*
sous un jour favorable	*in a favourable light*
les Méridionaux	*the people from the South*
méridional(e)	*southern*
faire des farces	*to play practical jokes*
une plaisanterie	*a joke*
(s')instruire	*to educate (oneself)*
la culture générale	*general knowledge*

Avez-vous compris?

Complétez les phrases ci-dessous.

1   Martin voudrait e_____ des livres de Marcel Pagnol parce qu'il
    aimerait les r_____.
2   Pagnol a écrit des r_____ et des p_____ de t_____.
3   Yves Montand joue dans deux f_____ tirés de romans de
    Pagnol.
4   Les habitants du Midi de la France ont l'accent m_____.
5   Au début du s_____, la vie dans les c_____ de Provence
    n'était pas toujours facile.
6   L'été, dans le Midi, il fait toujours du s_____.
7   L'a_____ ne fait pas le b_____!
8   Sylvie aimait raconter des p_____ et faire des f_____.
9   Henri est un vrai rat de bibliothèque parce qu'il adore la
    l_____.
10 Il lisait son g_____ de Paris pour améliorer sa c_____
    g_____.

À VOUS! ―――――――――――――――――

Connaissez-vous des films français? Comment traduiriez-vous ces titres en
anglais?

1 La reine Margot (avec Isabelle Adjani et Daniel Auteuil)

2 La Dentellière (avec Isabelle Huppert)

3 Les Parapluies de Cherbourg (avec Catherine Deneuve)

4 Un Homme et une femme (avec Jean-Louis Trintignant et Anouk Aimée)

5 Et Dieu créa la femme (avec Jean-Louis Trintignant et Brigitte Bardot)

6 Jour de fête (de Jacques Tati)

7 A bout de souffle (avec Jean-Paul Belmondo)

8 Les Quatre cents coups (avec Jean-Pierre Léaud)

9 Tintin et le lac aux requins (dessin animé franco-belge)

10 Les Douze travaux d'Astérix (dessin animé)

11 Je t'aime, moi non plus (de Serge Gainsbourg, avec Jane Birkin)

12 Ascenseur pour l'échafaud (avec Jeanne Moreau et Georges Poujouly)

13 Les Cent et une nuits (d'Agnès Varda, avec Michel Piccoli et Marcello Mastroiani)

14 Les Amants du Pont-Neuf (avec Juliette Binoche)

15 Le Grain de sable (avec Delphine Seyrig et Michel Aumont)

———— Jeu de rôles ————
PARTENAIRE A

(Partenaire B, tournez à la page 344)

A1 Vous téléphonez à votre ami(e) pour l'inviter au concert. Demandez-lui s'il / si elle est libre, et renseignez-vous sur ses goûts. Utilisez le *Figaroscope* pour suggérer plusieurs concerts.

CLASSIQUE

CHŒUR ET ORCHESTRE DE PARIS. Elena Prokina (soprano), David Rendall (ténor), Benjamin Luxon (baryton), Pierre Pince-maille (orgue), Maîtrise des Hauts-de-Seine, Mstislav Rostropovich (direction). «War Requiem» de Britten. Dans le cadre du Festival de Saint-Denis. Saint-Denis. Basilique, place de la Légion-d'Honneur, Saint-Denis. Accès Saint-Denis-Basilique. Tél 48.13.12.12. Prix : 50 à 250 F. 20 h 30. ◆ *La méditation sur la guerre du plus grand compositeur anglais de ce siècle.*

DENIS BOURIAKOV, ANDREI KOVALINSKI. Flûte, trompette, Dmitri Boulgakov (haut-bois), Alexeï Nagovitsine (violon), Dmitri Maslennikov (violoncelle), Evguenia Semeina (orgue). Œuvres de Buxtehude, Corelli, Haendel, Bach, Debussy, Scriabine, Tchaïkovski, Kreisler, Arban. Eglise Saint-Eustache, 2, rue du Jour (1er). M° Les Halles. Tél 45.22.28.74. Prix : 120 F. 20 h 30. ◆ *Une église à l'heure russe.*

LES TROMPETTES DE VERSAILLES. Œuvres de Vivaldi, Telemann, Haendel. Sainte-Chapelle, 4, bd du Palais (1er). M° Cité, Saint-Michel, Châtelet. Loc Fnac, Virgin. Prix : 90 à 150 F. 21 h. ◆ *Fanfares baroques sous les plus belles verrières de Paris.*

JAZZ
ANNE DUCROS & CURTIS BOYD TRIO. Latitudes Saint-Germain, 7, rue Saint-Benoît (6e). M° Saint-Germain-des-Prés. Tél 42.61.53.53. Prix : 110 à 130 F (1ere consommation). 22 h 30. ◆ *Standards du jazz par une chanteuse française de grand talent accompagnée par le trio d'un remarquable batteur.*

BENJAMIN LEGRAND ET YASMINE. Hot Brass, 211, av. Jean-Jaurès (19e). M° Porte-de-Pantin. Tél 42.00.14.14. Prix : 90 F. 21 h 30. ◆ *Standards du jazz et du blues par un duo de voix très séduisant.*

CHARLIE SLIDE QUINTET. Caveau de la Huchette, 5, rue de la Huchette (5e). M° Saint-Michel. Tél 43.26.65.05. Prix : 60, 70 F. 22 h. ◆ *Jazz des origines, mais jazz de swing et de danse dans ce Caveau de la Huchette devenu lieu de ralliement pour tous les connaisseurs.*

ROCK
JOVANOTTI. Café de la danse, 5, passage Louis-Philippe (11e). M° Bastille. Tél 47.00.57.59. 19 h 30. ◆ *Du rap italien engagé par un artiste qui fait une énorme carrière dans la péninsule.*

MAZZY STAR. Arapaho, 30, av. d'Italie (Centre Italie II) (13e). M° Place-d'Italie. Tél 43.48.24.84. Prix : 90, 100 F. 20 h 30. ◆ *Guitare versatile, voix translucide, David Robak et Hope Sandoval jouent pour un mélange de musique psychédélique, de blues, de country et de folk acoustique.*

VARIÉTÉS
BARBARA SEIBOLD. Aktéon-Théâtre, 11, rue du Général-Blaise (11e). M° Saint-Ambroise. Tél 43.38.74.62. Prix : 100 F. 20 h 30. ◆ *Artiste à découvrir.*

PHILIPPE LÉOTARD. Hôtel d'Albret, 31, rue des Francs-Bourgeois (4e). M° Saint-Paul. Tél 45.08.55.25. 21 h. ◆ *Le comédien-chanteur pour un hommage à Léo Ferré, accompagné par son fidèle complice l'accordéoniste Philippe Servain.*

TSF. Palais des Glaces, 37, rue du Faubourg-du-Temple (10e). M° République. Prix : 140 F. 21 h. ◆ *Sans doute l'un des meilleurs groupes vocaux du moment. Cinq chanteurs, virtuoses du wap-doo-wap, qui swinguent avec une belle énergie.*

Henri et Martin parlent maintenant de l'histoire de Paris.

Martin	Je n'ai jamais compris pourquoi nous avons un obélisque égyptien à Paris.
Henri	C'est un cadeau. Il a été offert au roi Louis-Philippe. Il provient du temple de Ramsès II.
Martin	Et maintenant, nous avons aussi une pyramide! Je me demande qui a eu cette idée saugrenue?
Henri	Sa construction a été décidée par François Mitterrand qui était alors président de la République. Au début, beaucoup de Parisiens trouvaient ça choquant. Mais je suppose que depuis 1988, ils s'y sont habitués.
Martin	Pourquoi cet engouement pour l'Egypte? Je parie que c'est de la faute de Napoléon, comme d'habitude.
Henri	Tout juste! Il y a mené une expédition à la fin du dix-huitième siècle. C'est la raison pour laquelle le Grand Louvre, comme on l'appelle maintenant, abrite un nombre considérable de trésors égyptiens.
Martin	Et vous avez eu le temps de visiter le musée d'Orsay aussi?
Henri	Bien sûr! Il est ouvert depuis 1986, et il attire toujours autant de monde.
Martin	Qu'est-ce qu'on peut y voir?

Henri   Des œuvres françaises du dix-neuvième siècle. Elles y sont exposées de façon très originale.

Martin   Voilà encore une idée bien audacieuse, aménager un musée dans une ancienne gare. Tous les gouvernements français, de droite comme de gauche, adorent les innovations architecturales. Le Centre Pompidou, le quartier des Halles, le quartier de la Défense et la Grande Arche . . .

Henri   Pensez-vous que la tour sans fins aura le même succès que la tour Eiffel?

Martin   Seul l'avenir nous le dira!

QU'EST-CE QUE ÇA VEUT DIRE?

Tout juste!	*Indeed it is!*
provenir (de)	*to come (from)*
une idée saugrenue	*a daft / crazy idea*
un engouement	*a craze*
Pourquoi cet engouement pour . . . ?	*Why are people so smitten by . . . ?*
abriter	*to house (here)*
attirer	*to attract*
aménager (en)	*to convert (into)*
l'avenir (m.)	*the future*
la tour sans fin	*the never-ending tower*

Avez-vous compris?

Répondez en français.

1   Quel président de la République décida la construction de la pyramide du Louvre?

2   Est-ce que cette décision fit l'unanimité?

3   Quand la France commença-t-elle à s'intéresser à l'Egypte?

4   Que peut-on voir au musée d'Orsay?

5   Que pense Martin de l'attitude des gouvernements français en ce qui concerne l'architecture?

6   Qu'est-ce qui pourrait peut-être, un jour, faire concurrence à la tour Eiffel?

À VOUS!

Lisez la biographie, puis racontez à un ami / une amie ce que vous venez d'apprendre.

exemple   Gustave Eiffel **est né** à Dijon en 1832. Il **a fini** . . .

Gustave Eiffel

Il naquit à Dijon en 1832. Il finit ses études d'ingénieur en 1855, et à l'âge de 23 ans commença sa carrière dans une compagnie de chemins de fer. Pour construire rapidement des ponts, il proposa d'utiliser une structure d'acier préfabriquée. En 1861 il construisit à Bordeaux le premier pont métallique. Il construisit les écluses du canal de Panama et des usines en Egypte. Il bâtit le piédestal de la Statue de la Liberté qui se trouve dans la baie de New York. Il devint riche en même temps que célèbre. Pour l'Exposition Universelle de 1889, il proposa de faire construire une tour de fer de 300 mètres de haut. L'idée fut acceptée, mais beaucoup de Parisiens protestèrent. On envoya au gouvernement des pétitions demandant de raser 'cette hideuse monstruosité'. Gustave Eiffel mourut à Paris en 1923.

ET VOUS?

Parlez d'un bâtiment ou d'un musée que vous trouvez particulièrement intéressant, ou bien racontez la vie d'une personne dont vous connaissez la biographie.

Quelques pages tirées du guide d'Henri Boivin:

La tour Eiffel est le bâtiment parisien le plus universellement connu.
Beaucoup de protestations furent écrites contre sa construction. Elle fut
construite pour l'Exposition Universelle de 1889. Avec ses 300 mètres, c'était
alors le bâtiment le plus haut du monde. La tour se compose de 15 000
pièces, dans lesquelles furent percés 7 millions de trous. On la repeint tous
les sept ans. Il faut 45 tonnes de peinture et 20 000 heures de travail.

Elle joua un rôle important dans l'histoire des communications.

Elle fut célébrée par des peintres comme Dufy, Utrillo, par des poètes
comme Aragon, Breton, des cinéastes . . . Elle fut pendant longtemps la
première visite du voyageur qui venait à Paris, et chaque année, plus de
3 millions de curieux lui rendent encore visite.

La construction de **l'Opéra** fut décidée pour remplacer celui qui avait brûlé
en 1860, et où l'empereur Napoléon III aimait aller. Un concours fut organisé
et 171 architectes y prirent part. Le gagnant, Charles Garnier, fut choisi à
l'unanimité. L'Opéra fut inauguré en 1875 par Mac-Mahon, premier
président de la IIIe République.

Des matériaux très coûteux comme le marbre et l'albâtre furent utilisés. Les marches de l'escalier d'honneur ont 10 mètres de large. La décoration crée une atmosphère de fête et de luxe.

Le plafond fut repeint en 1964 par Chagall. Il a pour thème neufs opéras et ballets célèbres comme *La Flûte enchantée* de Mozart et *Pelléas et Mélisande* de Debussy.

La place de la Concorde fut choisie pour mettre une statue équestre du roi Louis XV, et elle fut dessinée par l'architecte Gabriel. La statue s'éleva au milieu de la place de 1763 à 1792, date à laquelle elle fut remplacée par une statue de la Liberté et une guillotine. Pendant la Révolution, 1119 personnes furent décapitées place de la Concorde; parmi elles, le roi Louis XVI, sa femme Marie-Antoinette, Charlotte Corday et Robespierre . . .

L'obélisque de Louqsor fut dressé au centre en 1836. Il provient du temple de Ramsès II, et fut offert au roi Louis-Philippe. Il mesure plus de 22 mètres et pèse 230 tonnes. Ses quatres faces sont recouvertes de hiéroglyphes célébrant les exploits de Ramsès II.

Le côté nord de la place s'ouvre sur la rue Royale où se trouve le célèbre restaurant Maxim's. Le côté ouest s'ouvre sur l'avenue des Champs-Elysées. A l'est se trouve le jardin des Tuileries le long duquel fut construite la rue de Rivoli et ses fameuses arcades, et au sud, on traverse la Seine par le pont de la Concorde.

Avez-vous compris?

Faites le test sur Paris.

1   Cet endroit fut choisi pour mettre une statue équestre du roi Louis XV.
2   Ce cadeau fut offert au roi Louis-Philippe.
3   La construction de cet édifice fut décidée pour remplacer celui qui avait brûlé en 1860.
4   La rue de Rivoli fut construite le long de ce jardin célèbre.
5   Elle joua un rôle important dans l'histoire des communications. Elle fut célébrée par des peintres ainsi que par des poètes.
6   L'Opéra fut inauguré par cette personne en 1875.
7   Le prénom d'une reine d'origine autrichienne qui fut décapitée pendant la Révolution.
8   Cette partie du bâtiment fut repeinte par Chagall en 1964.

À VOUS! _____

Corrigez les erreurs dans ce guide de Paris.

1   Le roi Louis-Philippe fut décapité place de la Concorde.
2   Les marches de la tour Eiffel ont 10 mètres de large.
3   La place de la Concorde fut dessinée par l'architecte Charles Garnier.
4   L'obélisque de Louqsor fut construit pour l'Exposition Universelle de 1889.
5   Le plafond de l'Opéra Garnier repeint par Chagall célèbre les exploits de Ramsès II.
6   L'obélisque de Louqsor joua un rôle important dans l'histoire des communications.
7   Des matériaux très coûteux, comme le marbre et l'albâtre, furent utilisés dans la construction de la tour Eiffel.

8   En 1792, la tour Eiffel fut remplacée par une guillotine.
9   La construction de la tour sans fins fut décidée par François Mitterand. Elle fut terminée en 1988.
10   Le Centre Pompidou fut aménagé dans une ancienne gare de Paris. Il abrite des œuvres du XIXème siècle. Il ouvrit ses portes en 1986.

——— Jeu de rôles ———
PARTENAIRE B

(Partenaire A: tournez à la page 337)

B1   Votre ami(e) vous téléphone pour vous inviter à aller au concert. Répondez à ses questions.

B2   Vous téléphonez à votre ami(e) pour l'inviter à une exposition. Demandez-lui s'il /si elle est libre, et renseignez-vous sur ses goûts. Proposez quelques expositions mentionnées dans le *Figaroscope*.

MUSEES / EXPOS

AGNÈS BRACQUEMOND, SCULPTURES, RELIEFS. Fondation Jean Arp, 21–23, rue des Châtaigniers, Clamart-Meudon. Tél : 45.34.22.63. Jusqu'au 4 septembre. Ven, sam, dim de 14 h à 18 h et sur rendez-vous. Prix : 20 F. TR : 15 F. ◆ *La forme sortie de la terre et l'éloge de la femme.*

ANDY WARHOL. Espace photographique de Paris, Nouveau Forum des Halles, place Carrée – 4 à 8, Grande Galerie (1ᵉʳ). Tél : 40.26.87.12. M° Châtelet-Les-Halles. Jusqu'au 31 juillet. Tlj sf lun de 13 h à 18 h, sam, dim jusqu'à 19 h. ◆ *Avec Andy Warhol les chroniques sociales (et photographiques) se transforment en une série de portraits qui parlent de décrépitude et de vieillesse. Une société follement artificielle et bien oubliée aujourd'hui.*

ART – PAYS-BAYS – XXE SIÈCLE, LA BEAUTÉ EXACTE, DE VAN GOGH A MONDRIAN. Musée d'Art moderne de la Ville de Paris, 12, ave de New York (16ᵉ). Tél : 40.70.11.10. M° Alma-Marceau. Jusqu'au 17 juillet. Tlj sf lun et fêtes de 10 h à 17 h 30, sam dim de 10 h à 19 h. Ouvert. Excep. le 14 juillet de 10 h à 19 h. Ateliers pour enfants. Prix : 40 F (comprenant l'exposition Du concept à l'image). TR : 30 F. ◆ *Après la Belgique et l'Allemagne un point de vue sur la peinture des Pays-Bas à travers l'autoportrait, le paysage et l'abstraction. Et 80 oeuvres de Mondrian. Un événement exceptionnel.*

CHAGALL ET SES TOILES, EXPOSITION-JEU A LA DÉCOUVERTE D'UN GRAND PEINTRE POUR ENFANTS 4–12 ANS. Jardin d'Acclimatation, musée en Herbe, bois de Boulogne, boulevard des Sablons (16ᵉ). Tél : 40.67.97.66. M° Sablons. Jusqu'au 30 décembre. Tlj de 10 h à 18 h, sam de 14 h à 18 h, du 6 juillet au 4 septembre Ateliers tlj de 14 h 30 à 16 h. Réserv.: 40.67.97.66. Prix : 15 F, atelier: 20 F. TR : 12 F (groupes). ◆ *Autour de la reproduction du «Rêve» et de treize autres œuvres de Chagall, une manière ludique de découvrir le cheminement créatif d'un artiste.*

CHAOS, AUX LIMITES DU PRÉDICTIBLE. Palais de la découverte, antichambre de la salle 49, ave Franklin-Roosevelt (8ᵉ). Tél : 40.74.80.00. M° Franklin-Roosevelt. Jusqu'au 25 septembre. Tlj sf lun de 9 h 30 à 18 h, dim de 10 h à 19 h. Prix : 22 F. TR : 15 F. ◆ *Un parcours à travers la science et la théorie du chaos à partir de simulations sur ordinateur et de films vidéo. Passionnant.*

PARLER PROVINCES: DES IMAGES, DES COSTUMES. Musée national des arts et traditions populaires, 6, av du Mahatma-Gandhi (16ᵉ). Tél : 44.17.60.00. M° Sabons, bus 73. Jusqu'au 26 décembre. Tlj sf mar de 9 h 45 à 17 h 15. Prix : 17 F. TR : 11 F. ◆ *Naissance de la mode ou tout au moins ce qui va la populariser : le catalogue. Un excellent témoignage sur la diversité du vêtement dans les campagnes.*

IMPRESSIONNISME, LES ORIGINES
1859–1869. Grand Palais, galeries nationales, ave W-Churchill, ple Clemenceau, ave Gal-Eisenhower (8ᵉ). Tél : 44.13.17.30. M° Champs-Elysées-Clemenceau. Jusqu'au 8 août. Tlj sf mar de 10 h à 20 h, mer jusqu'à 22 h. Prix : 55 F, lun.: 38 F, visit. sur réservations à partir de 14h: 60 F. TR : 38 F. ◆ *C'est dans l'atelier de Nadar que naquit l'Impressionnisme. Une vraie révolution avec l'éclosion de jeunes artistes nommés Renoir, Monet, Bazille, Pissarro, Cézanne . . . Cette exposition explore les dix premières années fondatrices d'une esthétique qui allait déboucher sur l'art moderne. Louez vos places.*

VISITEURS DE L'EMPIRE CÉLESTE. Musée national des Arts asiatiques – Guimet, 6, place d'Iéna (16ᵉ). Tél : 47.23.61.65. M° Iéna. Jusqu'au 26 août. Tlj sf mar de 9 h 45 à 18 h. Prix : 33 F (comprenant la visite du musée). TR : 24 F. ◆ *Miroir de l'exotisme, la Chine nous renvoie l'image de nous-mêmes, simples touristes ou visiteurs officiels. Et nous récupère.*

── Un peu de grammaire ──

Le passé simple

The past historic tense

This is a past tense which is the equivalent of the perfect, but is only used in written narratives. It occurs therefore mostly in the third person. Here is the third person form of regular verbs.

-er verbs

il / elle ferma	*he / she closed*
ils / elles fermèrent	*they closed*

-re verbs

il / elle entendit	*he / she heard*
ils / elles entendirent	*they heard*

-ir verbs

il / elle finit	*he / she finished*
ils / elles finirent	*they finished*

Two common irregular forms are:

il / elle eut (avoir)	*he / she had*
il / elle fut (être)	*he / she was*

Note that whenever a conversation occurs in a past tense in a written narrative, the perfect is used.

– Est-ce que tu **as vu** Antoinette? **demanda**-t-elle.

This also applies in the passive voice:

Written form

Un concours fut organisé	*A competition was organised*

Spoken form

Un concours a été organisé	*A competition was organised*

 GRAMMAIRE 22, 23

Exercices

A   Maigret interviewe son jeune collègue Lapointe. Répondez aux questions en français.

Entrouvrant la porte des inspecteurs, Maigret appela le petit Lapointe qui venait d'arriver.

— Assieds-toi.

Il referma la porte avec soin, répéta au jeune homme de s'asseoir et tourna deux ou trois fois autour de lui en lui jetant des coups d'œil curieux.

— Tu es ambitieux?

— Oui, monsieur le commissaire. Je voudrais faire une carrière comme la vôtre. C'est même de la prétention que cela s'appelle, n'est-ce pas?

— Tes parents ont de l'argent?

— Non. Mon père est employé de banque, à Meulan, il a eu du mal à nous élever convenablement, mes sœurs et moi.

— Tu es amoureux?

Il ne rougit pas, ne se troubla pas.

— Non. Pas encore. J'ai le temps. Je n'ai que vingt-quatre ans et ne veux pas me marier avant d'avoir assuré ma situation.

— Tu vis seul en meublé?

— Heureusement, non. Ma plus jeune sœur, Germaine, est à Paris aussi. Elle travaille dans une maison d'édition rue du Bac. Nous vivons ensemble et, le soir, elle trouve le temps de nous faire la cuisine, cela fait des économies.

— Elle a un amoureux?

— Elle n'a que dix-huit ans.

— Quand tu es allé rue de Turenne, es-tu revenu ici tout de suite?

Il rougit soudain, hésita un bon moment avant de répondre.

— Non, avoua-t-il enfin. J'étais tellement fier et heureux d'avoir découvert quelque chose que je me suis payé un taxi et que je suis passé par la rue du Bac pour mettre Germaine au courant.

— C'est bien, mon petit. Merci.

Lapointe, troublé, inquiet, hésitait à s'en aller.

L'Amie de Madame Maigret (texte adapté), Georges Simenon

1   Lapointe était-il dans le bureau des inspecteurs depuis longtemps quand Maigret l'appela?
2   Que dit Maigret au jeune homme deux fois?
3   Quelle était l'ambition de Lapointe?
4   Ses parents étaient-ils riches?
5   Lapointe était-il enfant unique?
6   Quel âge avait-il?

7   Avait-il une petite amie, et voulait-il se marier?
8   Habitait-il seul?
9   Quel âge avait Germaine, et où travaillait-elle?
10   Que faisait-elle le soir, et pourquoi?
11   Pourquoi Lapointe était-il si fier et heureux après sa visite rue de Turenne?
12   Comment alla-t-il rue du Bac?

B   Complétez un autre extrait de *L'amie de Madame Maigret*, en utilisant les verbes ci-dessous.

demanda	servait	s'informa	rentra	éveilla	
demanda	été acheté	coucha	coupa	as commencé	

Madame Maigret venait de se coucher quand il (**1**)_____ sur la pointe des pieds. Comme il se déshabillait dans l'obscurité, pour ne pas l'éveiller, elle lui (**2**)_____:
– Le chapeau?
– Il a effectivement (**3**)_____ par la comtesse Panetti.
– Tu l'as vue?
– Non, mais elle a environ soixante-quinze ans.
     Il se (**4**)_____, de mauvaise humeur, ou préoccupé, et il pleuvait toujours quand il s'(**5**)_____, puis il se (**6**)_____ en se rasant.
– Tu continues ton enquête? (**7**)_____-t-il à sa femme, qui, en bigoudis, lui (**8**)_____ son petit déjeuner.
– J'ai autre chose à faire? (**9**)_____-t-elle sérieusement.
– Je ne sais pas. Maintenant que tu (**10**)_____ . . .

          L'amie de Madame Maigret (texte adapté), Georges Simenon

C   Lisez cet extrait et faites-en un résumé en anglais.

Eh bien, m'écriai-je, moi je peux vous dire que son père a beaucoup d'argent! Je suis entré dans la maison, et j'ai vu des meubles comme au musée Longchamp. Et un piano!
     – Un piano? demanda la tante Rose. Ça serait bien la première fois qu'on en verrait un dans ces collines.
     – Eh bien, moi je l'ai vu! Et tout ça c'est dans une salle à manger où il y a un tapis par terre qui est immense. Et puis, il y a une armoire formidable, qui s'appelle un «livigroub»!
     – Comment? demanda Joseph, surpris.
     – Un «livigroub».
     – Qui t'a dit ça? demanda ma mère.
     – La dame. Elle a dit: «Les verres sont dans le livigroub» . . . Et ils y

étaient. Mon père, les sourcils froncés, essayait de comprendre. Ma mère, qui ne savait pas grand-chose, mais qui devinait tout, dit timidement:

– C'est peut-être un mot anglais.

– J'y suis, s'écria Joseph. Un living-room! Ce n'était pas l'armoire, mais la salle où se trouvait l'armoire!

– C'est sûrement ça, dit l'oncle Jules, et c'est bien dommage. Parce qu'un «livigroub», ça m'intriguait, c'était poétique.

Le Temps des secrets (texte adapté), Marcel Pagnol

D   Regardez bien les dessins, puis racontez ces deux histoires en utilisant les phrases ci-dessous.

1   Toute la famille était souriante et détendue.
2   C'est Milord, le numéro 3, qui passa le premier le poteau d'arrivée.
3   Ils mangèrent les choses les plus chères sur le menu et burent une bouteille de champagne!
4   Ils parièrent finalement sur le cheval numéro trois, Milord, qui était le favori.
5   Par un beau matin d'été, les Moreau se sont préparés à partir en week-end.
6   Trop tard! Il vit avec horreur sa nouvelle voiture disparaître dans l'eau en faisant 'glouglou'!
7   Ils l'encouragèrent en criant 'Vas-y, Milord!'.
8   Monsieur Moreau commença à pêcher.
9   Madame Moreau mit toutes leurs affaires dans le coffre, la tente, la canne à pêche de son mari, le panier du pique-nique et le barbecue.
10   Frappée d'horreur, elle poussa un cri.
11   Suzanne et Jules étaient fous de joie d'avoir gagné.
12   Ils s'installèrent aux bords d'une jolie petite rivière.
13   Il y a quelques semaines Suzanne et Jules allèrent à une course de chevaux.
14   Les pieds dans l'eau, sa femme regardait les cygnes, pendant que les enfants préparaient à manger.
15   Pour fêter ça, ils allèrent déjeuner au restaurant.
16   Une demi-heure plus tard, ils observèrent les chevaux dans l'enclos.
17   Entendant sa fille, Monsieur Moreau leva brusquement les yeux.
18   Avant de se décider, ils étudièrent le programme des courses.
19   Quand ils arrivèrent au champ de courses, le gardien leur indiqua une place au parking.
20   Tout à coup, leur fille Annie vit la voiture rouler lentement, mais inexorablement, vers la rivière.

21   Pendant que les chevaux couraient, Suzanne et Jules avaient les yeux fixés sur lui.

Faites nos jeux!

Qui a dit quoi? Testez votre culture générale!

5 'Elle a l'esprit de Caligula et la bouche de Marilyn Monroe.' (à propos de Margaret Thatcher)

6 'L'enfer c'est les autres.'

7 'Une femme qui n'est pas aimée est une femme perdue.'

1 *'Le monde par vos soins ne se changera pas.'*

2 **'Quand la couleur est à son éclat, la forme est à sa plénitude.'**

8 'La femme est donnée à l'homme pour avoir des enfants; elle est sa propriété comme l'arbre à fruits est la propriété du jardinier.'

3 'Je pense, donc je suis.'

4 'J'aimerais bien être une bonne actrice mais c'est ennuyeux, alors je préfère être sexy.'

9 *'La gauche est un lourd fardeau à porter. C'est celui de tous les crimes commis en son nom, à commencer par le Goulag.'*

10 'Les hommes sont des femmes
            comme les autres.'

11 'L'homme est né libre, mais partout
je le vois en fers.'

12 *'La religion est l'opium du peuple.'*

13 'La cuisine est comprise dans toutes
            les langues du monde.'

14 'Je sais que j'ai le corps d'une
femme frêle et faible, mais j'ai le
cœur et l'estomac d'un roi . . .'

16 **'C'est un petit pas pour l'homme
mais un grand pas pour
l'humanité.'**

15 'Je voulais le Grand Louvre ancré
dans le présent sans porter
ombrage au passé.'

a	Elisabeth 1ère – reine d'Angleterre:	1533–1603
b	René Descartes – philosophe, mathématicien et physicien:	1596–1629
c	Molière (Jean-Baptiste Poquelin) – auteur dramatique français:	1622–1673
d	Jean-Jacques Rousseau – écrivain et philosophe d'origine suisse:	1712–1778
e	Napoléon Bonaparte – empereur des Français:	1769–1821
f	Karl Marx – philosophe allemand, économiste et théoricien du socialisme:	1818–1883
g	Paul Cézanne – peintre français:	1839–1906
h	Gabrielle 'Coco' Chanel – couturière, créatrice de parfums et de bijoux:	1883–1971
i	Groucho Marx – acteur américain:	1890–1977
j	Jean-Paul Sartre – philosophe et écrivain français:	1905–1980
k	François Mitterrand – homme politique, ancien président de la République:	1916–
l	Ieoh Ming Pei – architecte et urbaniste américain d'origine chinoise:	1917–
m	Yves Montand – chanteur et comédien français d'origine italienne:	1921–1991
n	Paul Bocuse – cuisinier français:	1926–
o	Neil Armstrong – cosmonaute américain:	1930–
p	Brigitte Bardot – comédienne française:	1934–

Faites le point!
UNITÉS 16–18

1   Write a letter to a hotel in Cannes asking for more details. Include the following points:

- The hotel has been recommended by friends who spent their holiday there two years ago.
- You want to know the cost for the whole family, full board.
- Say how many rooms you need (with bath, etc.).
- Ask if the hotel is far from the station as you will come by train.
- Say how long, and when you want to stay at the resort.
- Say you hope for a swift reply.

2   Link the phrases to make meaningful sentences.

1	Si j'étais martiniquais . . .	a	il pleuvrait beaucoup.
2	Nous irions plus vite . . .	b	si nous nous levions tôt.
3	Si vous y alliez en automne . . .	c	je prendrais de l'aspirine.
4	Je serais moins triste . . .	d	si c'était plus intéressant.
5	Nous viendrions plus souvent . . .	e	si nous prenions l'avion.
6	Si elle avait mal aux dents . . .	f	je parlerais français.
7	Si j'avais mal à la tête . . .	g	elle irait chez le dentiste.
8	Nous pourrions visiter la ville . . .	h	s'il y avait du soleil.

3   Put the vocabulary below in categories. Use the following headings:

a   La voiture et les transports
b   Les sports et les loisirs
c   La santé et le corps humain

aveugle	consultation	patinoire
boiter	essence	pêche
camion	fusil	piqûre
capot	harmonie	pneu
chariot	luge	roman
charrette	muet	télésiège
chasse	ordonnance	torticolis
cicatrice	pare-brise	traîneau

4 Link the phrases to make meaningful sentences.

1	Si j'avais gagné au Loto . . .	a	j'aurais pris des téléskis.
2	Si tu avais pris l'autoroute . . .	b	l'accident ne serait pas arrivé.
3	Si on était partis à l'heure . . .	c	s'il s'était cassé la jambe.
4	Si on était allés à la Martinique . . .	d	on aurait été à la pêche au gros.
5	S'il avait choisi une cravate plus rapidement . . .	e	j'aurais acheté une Rolls Royce.
		f	tu n'aurais pas eu mal à la tête.
6	Si j'étais allé aux sports d'hiver . . .	g	il n'aurait pas été en retard.
7	Si tu n'avais pas bu trop de rhum . . .	h	je n'aurais pas conduit si vite.
8	Il aurait passé une radio . . .		

5 Choose the correct answer.

a Elle cherche un pull-over qui aille / va avec son pantalon.
b Ils ont une femme de ménage qui vienne / vient deux fois par semaine.
c Je voudrais qu'il est / soit moins timide.
d J'aimerais un mari qui fait / fasse le repassage.
e Je sais qu'elle prend / prenne des somnifères.
f J'ai une jeune fille au pair qui fait / fasse la cuisine.
g Il veut que le déjeuner soit / est prêt à midi et demi.
h Je préférerais qu'elle vienne / vient à neuf heures.

6 Link the phrases to make meaningful sentences.

1	Elle est assez grande . . .	a	pour que je puisse ouvrir la porte.
2	Avant de regarder la télé . . .	b	il faut qu'on prenne de l'exercice.
3	Il faut que tu boives beaucoup de lait . . .	c	pour qu'on puisse la laisser seule.
		d	pour avoir de bonnes dents.
4	Donnez-moi la clé . . .	e	il faut que vous fassiez vos devoirs.
5	Puisque j'ai rendez-vous avec le chef . . .	f	il faut que je sois à l'heure.
6	Pour être en forme . . .		

7 What are you being asked to do? Use **il faut que je** . . . or **il ne faut pas que je** . . .

a Allez tout droit!
b Prenez la deuxième rue à gauche!
c Soyez prudent!
d Ne buvez pas d'alcool!
e Ne doublez pas dans le virage!
f Respectez la limite de vitesse!

g   Ayez de la patience!
h   Faites attention!

8 Complete the text with the verbs below.

répondit   enleva   se demanda   ouvrit   remercia   dit   jeta   frappa

Pierre (**a**)_____ la porte de sa chambre, (**b**)_____ sa veste et,
épuisé, tombant de fatigue, s'allongea sur le lit. Il défit sa cravate et
la (**c**)_____ par terre. Il pensait à la douche qu'il allait prendre
dans quelques minutes; mais pour cela, il fallait faire un effort.
Quelqu'un (**d**)_____ doucement à la porte.
    – Tu es là, Pierre? Tu dors?
    – Entre, (**e**)_____-il.
C'était sa tante, qui faisait le ménage et la lessive depuis la mort de
sa mère.
    – Voici les chemises que j'ai repassées hier, (**f**)_____-elle en les
posant sur la commode.
    Il la (**g**)_____.
    – Que ferais-je sans elle? (**h**)_____-t-il.

Grammaire

Basic grammatical terms used in this section.

Noun

A noun is a word used to identify a person, a place or a thing.
example: **man, cat, town, theatre.**
A proper noun is the name given to a particular person or place.
example: **Guillaume, Paris.**

Article

There are two types of articles.
1   The Definite article – in English, **the**.
example: **the** dog.
2   The indefinite article – in English, **a** or **an**.
example: **a** student, **an** animal.

Adjective

An adjective is a word giving more information about a noun.
example: a **tall** man, a **ginger** cat, an **old** town, a **good** theatre.

Verb

A verb is a word expressing action, existence or occurrence.
example: to **speak**, to **be**, to **seem**.
The form given in dictionaries is called the **infinitive**. When a verb is used in connection with a person or persons, it is said to be **conjugated**.
example: he **reads**, I **see**.
The time (past, present, future) is the **tense**. The conjugation of some French verbs is irregular and must be learnt by heart. (See table page 382.)

Adverb

An adverb is a word giving more information about a verb or an adjective.
example: She drives **slowly**, they speak **quickly**, this is a **very** beautiful dress.

Preposition

A preposition is a word that connects one element of a sentence to another.
example: he lives **in** Paris, the book is **on** the chair, a bag **of** sweets, they speak **to** the woman, they went **to** the theatre.

Subject and object of verbs

The subject is the person or thing doing the action.
The object is the person or thing to which the action is being done.

In **the woman is knitting a jumper, the woman** is the subject, and **a jumper** is the object.

In **three children are talking to the woman, three children** is the subject, and **the woman** is the object.

a jumper is called a **direct object** because there is no preposition linking it to the verb.

the woman in the second example is called an **indirect object** because it is preceded by the preposition **to**.

Pronoun

A pronoun is a short word used to replace a noun which has been mentioned before.
example: – Do you know Paris?
                          – Yes I went **there** last year.
The use of **there** avoids the repetition of **Paris**.
example: – Do you like Mary?
                          – I have met Mary only once but I don't like **her**.
The use of **her** avoids the repetition of **Mary**.
example: – Do you like learning French?
                          – Yes, but I find **it** difficult.
The use of **it** avoids the repetition of **French**.
There are different types of pronouns, depending on the part they play in a sentence.

▌ LA PREPOSITION 'À'

'**à**' can translate the English '*in*', '*at*' and '*to*'.
example: Le magasin ouvre **à** 8 heures. (*The shop opens at 8 o'clock.*) Elle habite **à** Rouen. (*She lives in Rouen.*) Il va souvent **à** Strasbourg. (*He often goes to Strasbourg.*)
Note that:
– if the name of the town includes the definite article '**le**', '**à**' changes to '**au**'.
example: Je travaille **au** Mans. (*I work in Le Mans.*) Nous allons prendre le bateau **au** Havre. (*We will take the boat at Le Havre.*)
– when talking about a feminine country such as la France, la Belgique, la Suisse, l'Angleterre, l'Espagne, etc. (most countries are feminine), you must use the preposition '**en**'.
example: Elle vit **en** Angleterre. (*She lives in England.*) J'ai des amis **en** Belgique. (*I have some friends in Belgium.*)
Note that for small far away islands, '**à la**' is often used instead.
example: Je voudrais aller **à la** Martinique. (*I'd like to go to Martinique.*) Ils sont allés en vacances **à la** Guadeloupe. (*They went on holiday to Guadeloupe.*)
– for masculine countries, use '**au**'.
example: Nous avons de la famille **au** Canada. (*We have relatives in Canada.*) Il va souvent **au** Japon pour affaires. (*He often goes to Japan on business.*)
– when the country is plural, use '**aux**'.
example: Ils sont allés **aux** Pays-Bas récemment. (*They recently went to the Netherlands.*) J'ai une amie qui habite **aux** Etats-Unis. (*I have a friend who lives in the United States.*)
Remember that the combinations '**a + le**' and '**a + les**' are always replaced by '**au**' and '**aux**' respectively.

2 DEPUIS/IL Y A

Depuis

Depuis can be translated into English by **since** or **for**.

a Since

example: depuis hier (*since yesterday*); depuis 1994 (*since 1994*); depuis mes vacances (*since my holidays*).

b For

If the action referred to is still going on, the present indicative and **depuis** are used in French, whereas the perfect tense and **for** are used in English.

example: Elle **habite** à Rouen **depuis** cinq ans. (*She's been living in Rouen for five years.*); Nous **apprenons** le français **depuis** six mois. (*We've been learning French for six months.*).

Il y a

a When used in a past context, '**il y a**' translates the English '**ago**'. According to the meaning of the sentence, it can be used either with the perfect or with the imperfect tense.

example: J'ai commencé il y a deux mois. (*I started two months ago.*) Il y a trois ans, j'habitais dans le Midi. (*Three years ago, I lived in the South of France.*)

Note that 'il y a' always comes before the expression of time, whereas 'ago' comes after.

b In its more common usage, 'il y a' (*there is/there are*) can of course also be used in the past. '*There was/there were*' is either '**il y a eu**' (perfect) or '**il y avait**' (imperfect).

example: Tout le monde écoutait la radio quand il y a eu une coupure de courant. (*Everybody was listening to the radio when there was a power cut.*) Il y avait beaucoup de monde dans la pièce. (*There were a lot of people in the room.*)

3 ADJECTIFS

a In French the adjectives agree in gender and number with the nouns they qualify. The usual form of the feminine is an extra **-e**.

example: Il est français, elle est française. (*He is French, she is French.*)

The usual form of the plural is an **-s**.

example: Je suis grand, nous sommes grands. (*I am tall, we are tall.*)

If the adjective already ends with an **-e**, no change occurs for the feminine. If it already ends with an **-s**, or an **-x**, no change occurs for the plural.

example: Il est célèbre, elle est célèbre. (*He is famous, she is famous.*); Le livre est gris, les livres sont gris. (*The book is grey, the books are grey.*); Il est heureux, ils sont heureux. (*He is happy, they are happy.*)

b If the adjective qualifies several nouns, masculine and feminine, the masculine form takes preference.

example: Le chat et la chienne sont noirs. (*The cat and the bitch are black.*); Paul et Elisabeth sont intelligents. (*Paul and Elisabeth are intelligent.*)

c In some cases, the adjective does not agree with the noun.

   i   When a colour is itself qualified.

example: des yeux **bleu** clair (*light blue eyes*); une robe **vert** pomme (*an apple-green dress*).

   ii When a noun is used as a colour.
     example: des chaussures **marron** (*reddish brown shoes*) (un marron = *a chestnut*).

d Not all adjectives form their plural by adding an **-s**. Adjectives in **-eau** add an **-x**.
example: de beaux enfants (*beautiful children*); des frères jumeaux (*twin brothers*).
Some adjectives in **-al** become **-aux**.
example: loyal → loyaux, *but* final → finals.

e Not all adjectives form their feminine simply by adding an **-e**. Here are some of the most common changes.

-er	→	-ère	as in dernier, dernière (*last*).
-l	→	-lle	as in culturel, culturelle (*cultural*).
-n	→	-nne	as in bon, bonne (*good*); indien, indienne (*Indian*).
-f	→	-ve	as in sportif, sportive (*sporty*).
-x	→	-se	as in heureux, heureuse (*happy*).

f Some feminine forms are completely irregular and must be learnt by heart. Here are some of the most common ones: blanc, **blanche** (*white*); frais, **fraîche** (*fresh, cool*); sec, **sèche** (*dry*); favori, **favorite** (*favourite*); long, **longue** (*long*); nouveau, **nouvelle** (*new*).

g Generally adjectives are placed after the noun they qualify, particularly colours, nationalities and long adjectives.
example: un manteau **rouge** (*a red coat*); une voiture **américaine** (*An American car*); une remarque **intelligente** (*an intelligent comment*).
Some very common adjectives however precede the noun they qualify, such as: **autre** (*other*); **beau** (*beautiful*); **bon** (*good*); **grand** (*big, tall*); **gros** (*big, fat*); **haut** (*high*); **jeune** (*young*); **joli** (*pretty*); **large** (*wide*); **long** (*long*); **mauvais** (*bad*); **même** (*same*); **petit** (*small*).
example: une **grande** maison (*a big house*); un **autre** jour (*another day*); un **gros** gâteau (*a big cake*).

h Some adjectives change their meaning whether they precede or follow the noun they qualify.
example: ma **propre** chemise (*my own shirt*), *but* ma chemise **propre** (*my clean shirt*); l'**ancienne** maison (*the former house*), *but* la maison **ancienne** (*the old house*); la **dernière** semaine (*the final week*), *but* la semaine **dernière** (*last week*); de **pauvres** enfants (*unfortunate children*), *but* des enfants **pauvres** (*poor children*).

i Some of the adjectives which usually precede the nouns they qualify have a special masculine form if the noun starts with a **vowel** or an **h mute**.
example: un **beau** livre (*a beautiful book*), *but* un **bel** homme (*a handsome man*); un **nouveau** train (*a new train*), *but* un **nouvel** avion (*a new plane*); un **vieux** pont (*an old bridge*), *but* un **vieil** ami (*an old friend*).

j If a noun in the plural is preceded by an adjective the indefinite article **des** is replaced by **de/d'**.
example: Il y a **des ports pittoresques**. (*There are picturesque ports.*), *but* Il y a **de vieilles églises**. (*There are old churches.*)

❹ LE PASSÉ COMPOSÉ AVEC AVOIR

This is a past tense which can translate several English forms.
example: J'ai mangé (*I have eaten, I ate*).

It is a compound tense formed with an **auxiliary verb** (generally 'avoir') conjugated in the present tense, and the **past participle** of the verb used. The regular past participles (corresponding to the English **-ed** form such as *opened, talked, walked*, etc.) are formed as follows:

Infinitive	Past participle
jouer (*to play*)	joué (*played*)
choisir (*to choose*)	choisi (*chosen*)
perdre (*to lose*)	perdu (*lost*)

example: J'ai aidé ma mère. (*I have helped my mother.*) Nous avons bavardé. (*We chatted.*) Les pommes de terre ont brûlé. (*The potatoes got burnt.*) J'ai fini mes devoirs. (*I have finished my homework.*) Avez-vous dormi jusqu'à midi? (*Did you sleep till midday?*) Mon frère a perdu sa montre. (*My brother lost his watch.*)

Note that verbs ending in **-frir** and **-vrir** (souffrir, ouvrir, etc.) change to **-fert** and **-vert**, etc.).

example: J'ai ouvert une bonne bouteille. (*I opened a good bottle.*)

Prendre and verbs based on it (comprendre, apprendre, etc.) change to **pris** (compris, appris, etc.).

example: J'ai pris la tension de plusieurs malades. (*I took the blood pressure of several patients.*)

A number of verbs have **irregular past participles** which must be learnt by heart. The most common ones are:

avoir (*to have*) – **eu**, boire (*to drink*) – **bu**, conduire (*to drive*) – **conduit**, connaître (*to know*) – **connu**, courir (*to run*) – **couru**, croire (*to believe*) – **cru**, devoir (*to have to/must/to owe*) – **dû**, dire (*to say/to tell*) – **dit**, écrire (*to write*) – **écrit**, être (*to be*) – **été**, faire (*to do/to make*) – **fait**, falloir (*to be necessary*) – **fallu**, lire (*to read*) – **lu**, mettre (*to put*) – **mis**, plaire (*to please*) – **plu**, pleuvoir (*to rain*) – **plu**, pouvoir (*to be able to/can*) – **pu**, recevoir (*to receive*) – **reçu**, rire (*to laugh*) – **ri**, savoir (*to know*) – **su**, suivre (*to follow*) – **suivi**, vivre (*to live*) – **vécu**, voir (*to see*) – **vu**, vouloir (*to want*) – **voulu**.

example: Nous avons eu du homard. (*We had lobster.*) J'ai eu mal à la tête. (*I had a headache.*) Vous avez bien bu. (*You drank a lot.*) J'ai dû rester au lit. (*I had to stay in bed.*) J'ai écrit à Sylvie. (*I wrote to Sylvie.*) J'ai été malade. (*I was ill.*) Il a fait des piqûres. (*He gave some injections.*) Elle a lu un rapport. (*She read a report.*) J'ai mis une robe neuve. (*I put on a new dress.*) Il a plu dimanche dernier. (*It rained last Sunday.*) J'ai reçu beaucoup de cadeaux. (*I received a lot of presents.*) Nous avons vu des éclairs. (*We saw some flashes of lightning.*)

LE PASSÉ COMPOSÉ AVEC ÊTRE

Most verbs are conjugated with 'avoir'. The following list of verbs which are conjugated with 'être' must be learnt by heart. The majority work in pairs, so they are not too hard to remember. As most past participles are regular, we have only given the irregular ones:

aller – *to go*	**rester** – *to stay*
venir – *to come* (venu)	**entrer** – *to enter/to come in*
arriver – *to arrive*	**sortir** – *to go out*
partir – *to leave/to depart*	**monter** – *to go up/to get on*
naître – *to be born* (né)	**descendre** – *to go down/to get off*
mourir – *to die* (mort)	**retourner** – *to go back*
tomber – *to fall*	**passer** – *to go past/by/through*, etc.

Note that the verbs based on these (e.g. devenir – *to become*, renaître – *to be reborn*, etc.) behave in exactly the same way.

example: Les cambrioleurs sont arrivés en voiture. (*The burglars arrived by car.*) Trois hommes sont descendus. (*Three men got out.*) Le quatrième est resté au volant. (*The fourth one stayed at the wheel.*) Ils sont entrés dans la banque. (*They went into the bank.*) Ils sont partis à toute vitesse. (*They left at full speed.*) Nous sommes allés au Syndicat d'Initiative. (*We went to the tourist office.*) Jeanne d'Arc est née en 1412. (*Joan of Arc was born in 1412.*) Marie Curie est morte en 1901. (*Marie Curie died in 1901.*)

Some of these verbs can be conjugated with 'avoir'. This happens when they have a direct object, in which case their meaning can change. Here are a few examples:

Sortir   Elle est sortie à huit heures. (*She went out at eight o'clock.*) Elle a sorti un livre de son sac. (*She took a book out of her bag.*)

Monter   Ils sont montés dans le train à Rouen. (*They got on the train in Rouen.*) Ils sont montés au septième étage. (*They went up to the seventh floor.*) J'ai monté l'escalier avec difficulté. (*I went up the stairs with difficulty.*) Il a monté la tente. (*He put up the tent.*)

Descendre   Nous sommes descendus du taxi devant le cinéma. (*We got out of the taxi in front of the cinema.*) Elle a descendu l'escalier à toute vitesse. (*She came down the stairs at full speed.*)

Retourner   Je suis retourné en Corse. (*I went back to Corsica.*) Elle a retourné la photo. (*She turned the photograph over.*)

Passer   Ils sont passés par Paris. (*They went via Paris.*) Elle est passée devant l'église. (*She went/walked/drove, etc., past the church.*) Elle a passé son permis de conduire. (*She took her driving test.*) Nous avons passé un mois en Bretagne. (*We spent a month in Brittany.*)

As you have noticed from the examples, the past participles of the verbs conjugated with 'être' agree with the subject; like adjectives, they agree in number and gender, i.e. adding an 's' to mark the plural, and an 'e' to mark the feminine.

6 LE PASSÉ COMPOSÉ DES VERBES RÉFLÉCHIS

All verbs used reflexively are also conjugated with 'être'.

example: Il a lavé sa voiture. (*He washed his car.*) **But:** Il s'est lavé en dix minutes. (*He washed in ten minutes.*) Elle a réveillé son mari. (*She woke her husband up.*) **But:** Elle s'est réveillée tôt. (*She woke up early.*) Ils ont levé la tête. (*They looked up/raised their heads.*) **But:** Ils se sont levés. (*They got up.*) Je me suis couché vers minuit. (*I went to bed at about midnight.*) Ils se sont baignés. (*They had a swim.*) Tu t'es assis(e). (*You sat down.*)

As with all the verbs conjugated with 'être', the past participle of reflexive verbs agrees with the subject, unless the verb has a direct object, in which case the past participle behaves like those of verbs conjugated with 'avoir'.

example: La bouteille s'est cassée. (*The bottle broke/got broken.*) **But:** Claire s'est cassé la jambe. (*Claire broke her leg.*)

7 RÈGLES GÉNÉRALES SUR LE PASSÉ COMPOSÉ

a Negative sentences

Only the auxiliary verb ('avoir' or 'être') is put between the two negative words.

example: Vous **n'**avez **rien** fait. (*You did nothing/You didn't do anything.*) Nous n'avons **pas** travaillé. (*We didn't work.*)
When a pronoun is used, as usual, it remains directly in front of the auxiliary verb.
example: Nous **ne** nous sommes **pas** disputés. (*We didn't argue.*) Je **ne** lui ai **pas** répondu. (*I didn't answer her.*)

b Questions

The usual rules about making questions apply. When the inversion is used, as in English, only the auxiliary verb comes in front of the subject.
example: A quelle heure sont-ils entrés? (*At what time did they come in?*) Avez-vous dormi jusqu'à midi? (*Did you sleep till midday?*) Est-ce que vous avez regardé la télé? (*Did you watch the telly?*) Avez-vous perdu quelque chose? (*Have you lost something?*)
When a pronoun is used, it remains in front of the auxiliary verb.
example: Pourquoi **vous** êtes-vous disputés? (*Why did you argue?*) **Lui** a-t-elle parlé? (*Did she talk to him/her?*)

c Pronouns

Following the general rule, pronouns come directly before the verb, in this case, the auxiliary verb 'avoir' or 'être'. As mentioned above, this applies also in negative and interrogative sentences.
example: J'en ai pris deux fois. (*I took some twice – i.e. I had two helpings.*) Ma sœur m'a parlé. (*My sister talked to me.*) Je lui ai fait croire . . . (*I made him/her believe . . .*)
Although the past participle of a verb conjugated with 'avoir' generally remains unchanged, when the verb is **preceded by a direct object**, the past participle agrees with this object. This situation occurs for instance when the direct object comes in the form of a direct object pronoun or when the relative pronoun **que/qu'** is used.
example: Paul m'a envoyé une carte postale; je l'ai **reçue** ce matin. (*Paul sent me a postcard: I got it this morning.*) La robe **que** j'ai **empruntée** est à ma sœur. (*The dress that I borrowed belongs to my sister.*)
In most cases, the agreement is not noticeable when speaking. Exceptions to this are 'mis/mise(s)' and 'pris/prise(s)'.
example: Tu as vu mes clés? Je ne sais pas où je les ai **mises**. (*Have you seen my keys? I don't know where I put them.*)

d Adverbs

Adverbs generally come after the auxiliary verb 'avoir' or 'être'.
example: Nous avons **bien** dormi. (*We slept well.*) J'ai **trop** bu, j'ai **trop** chanté. (*I drank too much, I sang too much.*) Le film a **enfin** commencé. (*The film finally started.*) Nous nous sommes **bien** amusés. (*We enjoyed ourselves.*) Tu t'es **vite** déshabillé. (*You undressed quickly.*)
Long adverbs such as **lentement** and **tranquillement** usually follow the past participle.
example: Il s'est habillé **lentement**. (*He got dressed slowly.*)

e Inversion after direct speech

This applies to all tenses, but is very commonly used with the perfect tense. After direct speech, the inversion must take place in French. As a result, the euphonic 't' is used rather extensively with the third person singular (il/elle).

example: Je ne sais pas laquelle choisir, a-t-elle soupiré. (*I don't know which one to choose, she sighed.*)

. . . a répondu Francine. (*. . . answered Francine.*)

. . . a-t-elle demandé. (*. . . she asked.*)

. . . a-t-il dit. (*. . . he said.*)

8 ON

On can be used with two meanings in French.

First it can be used in a very general sense.

example: **On** boit du cidre en Normandie. (*One drinks cider in Normandy.*).

Note that this general meaning can also be translated in English by **you** or **they**.

More familiarly, **on** can be used in French to mean **nous**.

example: **On** regarde la télé et **on** joue au ping-pong. (*We watch the T.V. and play table tennis.*).

Note that the ending of the verb is the same as **il/elle** (*he/she*) even when **on** means **nous** (*we*).

Note that when **on** = **nous**, the possessives, adjectives, past participles, etc., agree with the subject 'on' represents.

example: Paul et moi, on est allés à Bayeux. (*Paul and I, we went to Bayeux.*)

9 LES PRONOMS RELATIFS

A relative pronoun introduces a subordinate clause which refers to persons, animals or things which have just been mentioned. The noun or sentence in question is called the antecedent. Relative pronouns translate into English as '*who*', '*whom*', '*whose*', '*which*' and '*that*'.

a 'Qui'

When the antecedent is the **subject** of the verb in the relative clause, the relative pronoun is '**qui**'.

example: Dijon est une ville **qui** est connue pour sa moutarde. (*Dijon is a town which is known for its mustard.*)

The antecedent 'ville' is the subject of 'est connue'.

La Bourgogne est une région **qui** produit de bons vins. (*Burgundy is a region which produces good wines.*)

The antecedent 'région' is the subject of 'produit'.

b 'Que'

When the antecedent is the **object** of the verb in the relative clause, the relative pronoun is '**que**' or '**qu'** '.

example: Le camembert est le fromage **que** Claire préfère. (*Camembert is the cheese that Claire prefers.*)

The antecedent 'camembert' is the object of 'préfère', 'Claire' being the subject.

Le Nuits-Saint-Georges est le vin préféré d'Henri. C'est un vin **qu'**il adore. (*Nuits-*

Saint-Georges is Henri's favourite wine. It's a wine that he loves.)
The antecedent 'vin' is the object of 'adore', 'il' (Henri) being the subject.
Note that the relative pronoun can never be omitted in French, whereas it is
sometimes left out in English.
example: Camembert is the cheese Claire prefers. It's a wine he loves.
Also note that, as we have seen, in the perfect tense, the past participle of a verb
conjugated with 'avoir' remains unchanged unless there is a direct object before the
verb, in which case the past participle agrees with it. This happens frequently in
relative clauses as the direct object, being the antecedent, precedes the verb.
*example: La robe que j'ai empruntée est à ma sœur. (The dress that I borrowed is my
sister's.) Les chaussures qu'il m'a prêtées sont trop grandes. (The shoes he lent me are
too big.)*

c 'Dont'

'Dont' translates the English *'whose'*, *'of whom'* and *'of which'*. It is used with verbs
such as 'se servir de' (*to use*), 'avoir besoin de' (*to need*) and 'avoir envie de' (*to fancy*).
*example: La girafe est un animal dont le cou est très long. (The giraffe is an animal
whose neck is very long.) Le médecin est la personne dont on a besoin quand on est
malade. (The GP is the person one needs when one is ill. Literally: the person of whom one
has need.) Un dictionnaire est un livre dont les traducteurs se servent souvent. (A
dictionary is a book translators often use. Literally: a book of which translators make use.) Le
manteau dont elle a envie coûte trop cher. (The coat she fancies is too expensive. Literally:
the coat for which she has a fancy.)*

d Prepositions

'**qui**' (whom) refers only to people when used with a preposition.
*example: C'est le couple à qui nous avons vendu la maison. (This is the couple to whom
we sold the house.) Les amis avec qui nous avons dîné. (The friends with whom we had
dinner.)*
For animals and things, and also for people, *'whom'*/*'which'* translates as follows:

lequel	**laquelle**
(masculine singular)	(feminine singular)
lesquels	**lesquelles**
(masculine plural)	(feminine plural)

*example: Laquelle de ces deux maisons préférez-vous? (Which of these two houses do
you prefer?)*
When accompanied by the prepositions '**de**' or '**à**', the rules of the partitive must be
followed.
With '**de**': duquel, de laquelle, desquels, desquelles. (Although in this case, 'dont'
would probably be used – see paragraph c above.)
With '**à**': auquel, à laquelle, auxquels, auxquelles.
*example: L'arbre auquel il a coupé les branches (The tree of which he cut the branches)
La lettre à laquelle j'ai répondu (The letter to which I answered) Les touristes
auxquels/à qui il montre la tour Eiffel (The tourists to whom he shows the Eiffel tower).*
But it is straightforward with other prepositions.
example: Les lunettes avec lesquelles je regarde la télé (The glasses with which I watch

TV) Le chien sans lequel il s'ennuie (*The dog without which he gets bored*) Les enfants pour lesquels/pour qui elle prépare un gâteau (*The children for whom she is preparing a cake*).

Note that 'où' is usually used for place and time (in preference to '*in which*', '*on which*', '*at which*', etc.).

example: La maison où il habite n'a pas de jardin. (*The house in which he lives has no garden.*) A l'heure où il arrive, il est trop tard. (*At the time when/at which he arrives, it is too late.*) Le jour où il va partir (*The day when /on which he will go*)

e 'Ce qui', 'Ce que', 'Ce dont'

These translate '*what*', meaning '*that which*'. Here again, '**ce qui**' is used when it is the **subject**, and '**ce que**' or '**ce qu'**' is used when it is the **object** of the relative clause.

example: Allons voir ce qui se passe. (*Let's go and see what's going on.*) Je me demande ce qui va arriver. (*I wonder what will happen.*) Je ne sais pas ce que Paul veut dire. (*I don't know what Paul means.*) Savez-vous ce qu'elle a fait? (*Do you know what she did?*)

When the verb is followed by the preposition 'de', '**ce dont**' is used.

example: Nous ne savons pas ce dont vous avez besoin. (*We don't know what you need. Literally: what you have need of.*) Il sait ce dont elle a peur. (*He knows what she is afraid of.*)

10 LES PRONOMS DÉMONSTRATIFS

a 'The one(s)/those'

'**The one(s)/those**' translate into French as follows:

celui	**celle**
(masculine singular)	(feminine singular)
ceux	**celles**
(masculine plural)	(feminine plural)

example: Celui qui a inventé le stéthoscope (*The one who invented the stethoscope*) Ceux qui ont découvert le radium (*The ones who discovered radium*) Celle que je préfère a un grand jardin. (*The one I prefer has a big garden.*) Ce sont celles dont j'ai besoin. (*They are the ones I need.*)

See section 9 for the use of 'qui', 'que' and 'dont'.

b 'This/that one' and 'these/those'

When having to differentiate between two similar things, '**-ci**' is used for the nearer, and '**-là**' for the one further away.

example: Je préfère celle-ci. (*I prefer this one.*) Je veux celui-là. (*I want that one.*) Nous détestons ceux-ci, mais nous aimons bien ceux-là. (*We hate these, but we quite like those.*)

Note that 'celui-ci/celle-ci', etc., can also be used to translate '**the latter**' instead of 'ce dernier/cette dernière', etc.

example: Paul et Jean ont parlé à Pierre. Celui-ci/ce dernier n'a pas répondu. (*Paul and Jean spoke to Pierre. The latter didn't answer.*)

1 AVANT/APRÈS

'Avant' and 'après' are very easy to use if they are followed by a noun.
example: Avant le match. (*Before the match.*) Après la classe. (*After the class.*)
But when they are followed by a verb, strict rules must be observed to keep the language clear and simple.
With '**avant**', use the preposition '**de**', followed of course by the **infinitive**, whatever form the English takes, even if there is a personal pronoun or a name. (These should only appear in the other clause in French.)
example: Avant de sortir, Paul a mis son manteau.
This is the only way to translate into French the following English sentences:
Before Paul went out, he put his coat on.
Before he went out, Paul put his coat on.
Before going out, Paul put his coat on.
Qu'a-t-elle fait avant de s'endormir? (*What did she do before falling/she fell asleep?*) Vous vous êtes disputés avant de vous coucher. (*You had an argument before going/you went to bed.*)
Similarly, whatever form the English takes, always use '**après**' followed by the **perfect infinitive** to translate 'after'. The perfect infinitive is formed by using the infinitive of the auxiliary verb ('avoir' or 'être') with the past participle of the verb.
example: Après avoir mangé au restaurant, Laurent et Chantal sont allés au cinéma.
This is the best way to translate the following:
After Laurent and Chantal had eaten at a restaurant, they went to the cinema.
After they had eaten at a restaurant, Laurent and Chantal went to the cinema.
After eating at a restaurant, Laurent and Chantal went to the cinema.
After having eaten at a restaurant, Laurent and Chantal went to the cinema.
Qu'est-ce que vous avez fait après avoir quitté le bureau? (*What did you do after leaving the office?*) Après être allée à la billetterie, elle a fait des courses. (*After going to the cash dispenser, she did some shopping.*)
So make sure you always remember '**avant de/d'**' and '**après avoir/être**'. It is simple but generally quite different from the English structure. Don't be tempted to translate word for word.

2 LE FUTUR

a Formation

The **stem** is the full infinitive of the verb (donner, partir, choisir, etc.), except in the case of '-re' verbs when the 'e' must be dropped so that the stem ends in an 'r' (vendre → **vendr** . . ., prendre → **prendr** . . . etc.). To this stem, add the following **endings** (which happen to be those of the present indicative of 'avoir'):

J' _____**ai**   Nous _____**ons**
Tu _____**as**   Vous _____**ez**
Il/Elle _____**a**   Ils/Elles _____**ont**

example: jouer (*to play*)
je jouerai (*I'll play*)
tu joueras
il/elle jouera
nous jouerons
vous jouerez
ils/elles joueront

finir (*to finish*)
je finirai (*I'll finish*)
tu finiras
il/elle finira
nous finirons
vous finirez
ils/elles finiront

répondre (*to answer*)
je répondrai (*I'll answer*)
tu répondras
il/elle répondra
nous répondrons
vous répondrez
ils/elles répondront

b Irregularities

Verbs ending in '**-yer**' change their 'y' to an 'i', although verbs ending in '-ayer' can either retain the 'y' or change to 'i'. (To avoid confusion, it might be safer to always change the 'y' to 'i'.)
example: employer (*to employ*) → J'emploierai, tu emploieras, etc.

nettoyer (*to clean*) → Je nettoierai, tu nettoieras, etc.
ennuyer (*to annoy*), s'ennuyer (*to be bored*) → Je (m') ennuierai, etc.
essuyer (*to wipe*) → J'essuierai, tu essuieras, etc.
essayer (*to try*) → J'essayerai *or* J'essaierai, etc.
payer (*to pay*) → Je payerai *or* Je paierai, etc.
Verbs with a mute 'e' double the consonant or add a grave accent, and keep the same stem throughout the conjugation.
example:

acheter (*to buy*)
j'achèterai
tu achèteras
il/elle achètera
nous achèterons
vous achèterez
ils/elles achèteront
appeler (*to call*)
j'appellerai
tu appelleras
il/elle appellera
nous appellerons
vous appellerez
ils/elles appelleront

jeter (*to throw*)
je jetterai
tu jetteras
il/elle jettera
nous jetterons
vous jetterez
ils/elles jetteront

But note that verbs with 'é' + consonant + 'er' retain the 'é' throughout the conjugation.
example: répéter (*to repeat*): Je répéterai, tu répéteras, etc.
espérer (*to hope*): J'espérerai, tu espéreras, etc.

You must learn the following irregular futures by heart because the stems change considerably (although, as usual, the endings remain the same):

aller (*to go*)
j'irai, tu iras, il/elle ira, etc.

il faut (*it is necessary, one must*)
il faudra

apercevoir (*to get a glimpse of*)
j'apercevrai

pleuvoir (*to rain*)
il pleuvra

(s') asseoir (*to sit down*)
je m'assoirai *or* je m'assiérai

pouvoir (*can*)
je pourrai

avoir (*to have*)
j'aurai

recevoir (*to receive*)
je recevrai

courir (*to run*)
je courrai

savoir (*to know*)
je saurai

cueillir (*to pick*)
je cueillerai

tenir (*to hold*)
je tiendrai

devoir (*must*)
je devrai

il vaut mieux (*it is better*)
il vaudra mieux

envoyer (*to send*)

j'enverrai

venir (*to come*), **devenir** (*to become*), **revenir** (*to come back*)
je viendrai, je deviendrai, je reviendrai

être (*to be*)
je serai

voir (*to see*)
je verrai

faire (*to do, to make*)
je ferai

vouloir (*to want*)
je voudrai

c Uses

This tense is used to translate the English 'shall' and 'will' when they express something which is going to happen.

example: Ils iront en vacances en Bretagne; ils boiront du cidre et ils mangeront des crêpes. (*They will go on holiday to Brittany; they'll drink cider and they'll eat pancakes.*)
Note that 'shall' and 'will' are often used in their contracted form '-'ll'.

'Aller' + infinitive is also frequently used in French to express the future, particularly the near future.

example: Je vais lui téléphoner tout de suite. (*I'll telephone him/her straight away.*)
Unlike English, in a future context, the future tense must be used in French after conjunctions of time such as '**quand**', '**lorsque**' (*when*) and '**dès que**', '**aussitôt que** (*as soon as*).

example: Quand **je serai** en Alsace, je boirai beaucoup de bière. (*When **I am** in Alsace, I shall drink a lot of beer.*) Les enfants iront à la plage dès qu'**ils arriveront**. (*The children will go to the beach as soon as **they arrive**.*)

It is common to find a condition expressed by '**si**' (*if*) linked with a sentence in the future tense. As in English, the clause starting with 'si' (if) is in the present tense.

example: S'il fait beau, je ferai de la voile. (*If the weather is fine, I'll go sailing.*) Nous irons à l'étranger si nous avons assez d'argent. (*We shall go abroad if we have enough money.*)

When 'aller' (*to go*) is used in the future tense, it is usual to omit the pronoun 'y' (*there*), for sound's sake.

example: – Connaissez-vous Paris? (*Do you know Paris?*) – Non, mais **j'irai** l'année prochaine. (*No but **I'll go there** next year.*)

Finally, beware of the various meanings of 'shall' and 'will' in English. They don't necessarily express the idea of the future. 'Shall' may express *Do I have to?*, so you must use 'devoir'.
example: Shall I telephone her? (Dois-je lui téléphoner?)
'Will' may well express a request or a refusal, in which case you must use 'vouloir'.
example: Will you open the window, please? (Voulez-vous ouvrir la fenêtre, s'il vous plaît.)
I asked her to do it, but she won't. (Je lui ai demandé de la faire, mais elle ne veut pas.)

13 LE FUTUR ANTÉRIEUR

The future perfect is formed by using the future tense of the auxiliary verb 'avoir' or 'être', and the past participle of the other verb.
example: J'aurai acheté (*I shall have bought*) Il aura vu (*He will have seen*) Vous serez arrivé. (*You will have arrived.*)
It is usually found after a conjunction of time.
example: Quand j'aurai acheté ma maison, je n'aurai plus d'argent. (*When I have bought my house, I'll have no money left.*) Lorsqu'il aura vu Paul, il sera content. (*When he's seen Paul, he will be happy. Literally: when he will have seen Paul . . .*)
Note that after a conjunction of time, the future perfect is not used in English. All the rules of the perfect tense concerning past participle agreements, pronouns, negative and interrogative sentences, etc., apply to this tense. Please refer to section 7.

14 LE PARTICIPE PRÉSENT

a Formation

To form the present participle, take the 'nous' form of the verb in the present tense, drop the '-ons', and add '-ant' instead.
example:
chanter – nous chantons → chantant (*singing*)
manger – nous mangeons → mangeant (*eating*)
choisir – nous choisissons → choisissant (*choosing*)
partir – nous partons → partant (*leaving*)
vendre – nous vendons → vendant (*selling*)
prendre – nous prenons → prenant (*taking*)
boire – nous buvons → buvant (*drinking*)
voir – nous voyons → voyant (*seeing*)
There are three exceptions:
avoir → ayant (*having*)
être → étant (*being*)
savoir → sachant (*knowing*)

b Uses

The present participle is generally used when two actions are taking place simultaneously. When used as a verb, it is invariable.
example: Une dame est entrée, portant un chapeau sur la tête. (*A lady came in, wearing a hat.*) Ils sont sortis en courant. (*They ran out*: lit. *They came out running.*)

Laurant et Chantal font des projets en regardant les dépliants sur l'Alsace. (*Laurent and Chantal make some plans while looking at the leaflets on Alsace.*)
En sortant de l'hôtel, tournez à gauche. (*On leaving the hotel, turn left.*)
It is often accompanied by 'en', which can be translated by '*while*', '*on*', '*in*', or '*by*'.
example: Un vieux monsieur a fait tomber son portefeuille en mettant une lettre à la poste. (*An old man dropped his wallet while posting a letter.*)
'Tout en' is used for emphasis, particularly when the two actions seem contradictory or incompatible.
example: Elle m'a servi tout en bavardant avec une autre cliente. (*She served me while chatting to another customer.*)
'En' is not used when the actions are not simultaneous, generally when '*as a result*' is understood. This is also often the case with the form '*having done*'.
example: Entendant la voiture, elle est descendue et a mis son manteau. (*Hearing the car, she went downstairs and put her coat on.*) Ayant découvert son erreur, il s'est excusé. (*Having discovered his mistake, he apologised.*)
Note that '*having ...*' is translated by 'étant ...' if the verbs are conjugated with 'être'.
example: Etant allé (*having gone*), étant arrivé (*having arrived*), s'étant couché (*having gone to bed*), m'étant levé (*having got up*), etc.
Also note that a verb in the present participle form can be used as an adjective, in which case it agrees in gender and number with the noun it qualifies.
example: Une histoire intéressante. (*An interesting story.*) Ils sont charmants. (*They are charming.*)

c Other translations of the '-ing' form

Although the English translation of the present participle is the '-ing' form, the present participle is not an equivalent of the English gerund. Most of the time, the latter is rendered in French by the infinitive.
example: *I hate ironing.* (Je déteste repasser.) *She loves dancing.* (Elle adore danser.) *They are afraid of answering.* (Ils ont peur de répondre.)
The infinitive is also used after verbs of perception such as 'écouter', 'entendre', 'regarder', 'voir', etc.
example: *I listened to him talking.* (Je l'ai écouté parler.) *They saw him taking the bag.* (Ils l'ont vu prendre le sac.)
All prepositions, except '**en**', are followed in French by the infinitive.
example: *Without answering* (sans répondre), *after having taken* (après avoir pris), *before leaving* (avant de partir), etc.
Descriptive words are translated by the French past participle.
example: *They were sitting.* (Ils étaient assis.) *She was lying.* (Elle était couchée.)
Note that '*standing*' is translated by '**debout**', which is invariable.
example: *We were standing.* (Nous étions debout.)
The English '-ing' form can also be simply the indication of an action in progress.
example: *He was singing.* (Il chantait.)
Remember that there is only one form in French to translate the two English present tenses.
example: Il travaille. (*He works/ He is working.*)

15 L'IMPARFAIT

a Formation

To form the imperfect tense, first get the **stem** by taking the '**nous**' form of the present indicative and dropping the '**-ons**'.
example:
envoyer (*to send*): nous envoyons → **envoy** . . .
choisir (*to choose*): nous choisissons → **choisiss** . . .
prendre (*to take*): nous prenons → **pren** . . .
Then, add the following **endings**:

Je _____**ais**	Nous _____**ions**
Tu _____**ais**	Vous _____**iez**
Il/Elle _____**ait**	Ils/Elles _____**aient**

example:

j'envoyais (*I was sending*)	je choisissais (*I was choosing*)
tu envoyais	tu choisissais
il envoyait	il choisissait
nous envoyions	nous choisissions
vous envoyiez	vous choisissiez
ils envoyaient	ils choisissaient
je prenais (*I was taking*)	
tu prenais	
il prenait	
nous prenions	
vous preniez	
ils prenaient	

Note that, fortunately, the stem of many -er verbs is the same as the one used for the present indicative. (See Verb tables.)
example: porter (*to carry, to wear*): nous portons → **port** . . . → nous portions.
The only verb that does not follow the above rule is '**être**' (*to be*). It must be learnt by heart, particularly as it is widely used in this tense:

j'étais	nous étions
tu étais	vous étiez
il/elle/on/c'était	ils/elles étaient

But as you can see, the endings are the same as for all the verbs. The only time the endings show any irregularities is with the verbs ending in '-cer' and '-ger', such as manger (*to eat*), nager (*to swim*), commencer (*to start*), etc. The 'nous' and 'vous' forms require neither the extra 'e' nor the cedilla (ç), as the 'g' or 'c' are in both cases followed directly by an 'i':

je mangeais	je commençais
tu mangeais	tu commençais
il/elle mangeait	il/elle commençait
nous mangions	nous commencions
vous mangiez	vous commenciez
ils/elles mangeaient	ils/elles commençaient

b Uses

This tense is used to express various ideas in the past.

It is the tense used for descriptions.

example: La plage était magnifique. (*The beach was gorgeous.*) Il faisait beau, le ciel était bleu et il n'y avait pas un nuage. (*The weather was fine, the sky was blue and there wasn't a single cloud.*)

It is used to express an unfinished (at the time), continuous action. It can be translated by '*was/were _____ ing*'. But beware, in English, the '-ing' form is not always used, even if it is understood.

example: Des paons se promenaient majestueusement. (*Peacocks walked/were walking about majestically.*) Des singes sautaient de branche en branche. (*Monkeys jumped/were jumping from branch to branch.*)

It is also the tense to express that something used to be done regularly. It is often accompanied by expressions such as 'tous les jours/chaque jour' (*every day*), 'toutes les semaines/chaque semaine' (*every week*), etc., 'quelquefois' (*sometimes*), 'de temps en temps' (*from time to time*), 'quand' (meaning '*whenever*'), 'souvent' (*often*), 'à chaque fois' (*every time*), 'souvent' (*often*), 'régulièrement' (*regularly*), 'rarement' (*rarely*), etc.

example: J'allais souvent à la piscine quand j'étais petit. (*I often used to go/went to the swimming pool when I was small.*) Tous les matins je me levais de bonne heure. (*Every morning I used to get up/got up early.*) Après le petit déjeuner, je retournais à la plage. (*After breakfast, I used to go back/went back to the beach.*)

As you can see, the idea of 'used to' may be only understood in English. Whether it is actually used or not, the imperfect tense is required in French.

The imperfect tense is also used in reported speech. This means that something is not said directly, but reported, repeated by another person. Reported speech generally follows a phrase such as '*He said that . . .*', '*I told him that . . .*', etc. A verb in the present tense will be used in the imperfect tense when direct speech is turned into reported speech.

Direct speech: Elle a dit: «**Je vais** à Marseille». (*She said 'I am going to Marseilles'.*)

Reported speech: Elle a dit qu'**elle allait** à Marseille. (*She said that she was going to Marseilles.*)

Direct speech: J'ai répondu: «**Je suis** désolé!». (*I answered: 'I am sorry!'.*)

Reported speech: J'ai répondu que **j'étais** désolé. (*I answered that I was sorry.*)

Direct speech: J'ai dit: «Les gens **partent** en vacances». (*I said 'People are going on holiday'.*)

Reported speech: J'ai dit que les gens **partaient** en vacances. (*I said that people were going on holiday.*)

Note that 'that' can sometimes be omitted in English, but never in French.

example: J'ai dit **que** j'étais désolé. (*I said I was sorry.*)

6 LE PASSÉ COMPOSÉ OU L'IMPARFAIT?

When talking about what happened in the past it is often necessary to use both the perfect and the imperfect tenses. As we have seen, the **imperfect** expresses how things were (description), what used to happen (habit, repetition) and what was still going on at the time (unfinished action). The **perfect** expresses what took place, that is to say a single completed event. As a result, the latter is the tense used when an event interrupts an action in progress.

example: Quand le professeur est entré, une élève dansait sur le bureau. (*When the teacher came in – interruption, a pupil was dancing on the desk – action in progress.*) L'élève qui lisait a fermé son livre. (*The pupil who was reading – action in progress, shut his book – completed action interrupting the action in progress.*) Le garçon qui dormait s'est réveillé. (*The boy who was sleeping – action in progress, woke up – completed action interrupting the action in progress.*)

The imperfect is also used with '**depuis**'.

example: J'habitais à Paris depuis deux ans quand j'ai décidé d'aller à l'étranger. (*I had been living in Paris for two years when I decided to go abroad.*) Il travaillait depuis cinq minutes quand Paul a téléphoné. (*He had been working for five minutes when Paul telephoned.*)

It is also the tense used with '**venir de**'.

example: Elle venait de se lever quand Jean est arrivé. (*She had just got up when Jean arrived.*) Nous venions de sortir quand il a commencé à pleuvoir. (*We had just gone out when it started to rain.*)

17 COMPARATIFS ET SUPERLATIFS

a *What to use*

To express the idea of 'more', '**plus**' is always used in French.

example: plus beau/belle/beaux/belles (*more beautiful*), plus vieux/vieux/vieilles (*older – literally: more old*).

'*The most*' is the same with the appropriate definite article in front.

example: le plus beau/la plus belle/les plus beaux/les plus belles (*the most beautiful*) le plus vieux/la plus vieille/les plus vieux/les plus vieilles (the *oldest – literally: the most old*).

'*Less*' is rendered by '**moins**'.

example: moins haut (*less high*), moins profond (*less deep*).

'*The least*' is the same with the definite article in front.

example: le moins haut/la moins haute/les moins hauts/les moins hautes (*the least high*).

Note that 'moins' is used far more frequently in French than '*less*' is used in English.

example: L'Amérique est moins grande que l'Afrique (*Literally: America is less big than Africa. But in English one would prefer to say: America is not as big as Africa.*)

Equality expressed in English by '*as*' is rendered by '**aussi**'.

example: Est-ce que la France est aussi peuplée que le Royaume-Uni? (*Is France as populated as the United Kingdom?*)

Note that after a negative, '**si**' can be used instead of '*aussi*'.

example: La Seine n'est pas aussi longue que la Loire *or* La Seine n'est pas si longue que la Loire. (*The river Seine is not as long as the river Loire.*)

'*Than*' and '*as*' are translated by '**que/qu'**'.

example: Le désert du Sahara est plus grand que le désert de Gobi. (*The Sahara desert is larger than the Gobi desert.*) La Sardaigne n'est pas aussi grande que la Sicile. (*Sardinia is not as big as Sicily.*)

b *Adjectives*

Don't forget that even used comparatively, the adjectives must agree in number and gender with the noun they qualify.

example: L'océan le plus profond. (*The deepest ocean.*) – Masculine singular.
La mer la plus profonde. (*The deepest sea.*) – Feminine singular.
Le plus haut col des Alpes. (*The highest pass in the Alps.*) – Masculine singular.
Les chutes Victoria sont plus hautes que les chutes du Niagara. (*The Victoria falls are higher than the Niagara falls.*) – Feminine plural.
There are, of course, some irregular comparatives and superlatives which must be learnt by heart.
example:

Ordinary adjective	Comparative	Superlative
bon (*good*)	meilleur (*better*)	le meilleur (*the best*)
mauvais (*bad*)	plus mauvais *or* pire (*worse*)	le plus mauvais *or* le pire (*the worst*)

When the superlative is used, the adjective can come before or after the noun. When it follows the noun, the definite article must be repeated.
example: La plus grande île *or* L'île la plus grande. (*The largest island.*) Le plus long fleuve *or* Le fleuve le plus long. (*The longest river.*)

c Adverbs

Adverbs can also be used in comparisons.
example: Il va au cinéma moins souvent que son frère. (*He doesn't go to the cinema as often as his brother. Literally: less often.*) Les Anglais parlent plus lentement que les Français. (*English people speak more slowly than French people.*)
Make sure that you don't mix up adjectives and adverbs, particularly 'bon' (*good*) and 'bien' (*well*), as they have the same comparative and superlative in English, i.e. '*better*' and '*best*'. If you have to translate '*better*' or '*best*' into French, always ask yourself what part they play in the sentence, whether they qualify a noun (*adjective*) or a verb or an adjective (*adverb*).

	Comparative	Superlative
bon – *adjective*	meilleur – *better*	le meilleur – *the best*
bien – *adverb*	mieux – *better*	le mieux – *best*

example: Elisabeth travaille mieux que Paul; elle a de meilleurs résultats. (*Elizabeth works better – adjective – than Paul; she has better – adverb – results.*)
Another source of confusion is the adverb 'vite' (*quickly, fast*). There are two reasons for this. First of all, 'vite' doesn't end in '-ment' like most adverbs (the equivalent of '-ly' in English). Secondly, '*fast*' can equally be used as an adjective or an adverb in English. (*He has got a fast car* – adjective. *He runs fast* – adverb.) '*Quick*' and '*quickly*' are often used in comparisons, and mistakes are easily made.
example: Paul court plus vite que sa sœur. (*Paul runs faster* – adverb – *than his sister.*)
Paul est le garçon le plus rapide de sa classe. (*Paul is the fastest* – adjective – *boy in his class.*)
Another common adverb which behaves irregularly is 'beaucoup' (*much, many, a lot*).

	Comparative	Superlative
beaucoup	plus (*more*)	le plus (*most*)

example: Ma fille travaille plus que mon fils. (*My daughter works more than my son.*)
C'est lui qui mange le plus. (*He's the one who eats most.*)
Note that '*much more*' translates literally as 'beaucoup plus'.
example: Il marche beaucoup plus lentement. (*He walks much more slowly.*)
This, of course, applies to adjectives as well.

example: Nous sommes beaucoup plus heureux maintenant. (*We are much happier now – Literally: much more happy.*)

d Others

The strong or emphatic pronoun is often used in comparisons.
example: Elle danse mieux que moi. (*She dances better than I do. Literally: than me.*)
Je patine moins bien que lui. (*I don't skate as well as he does. Literally: less well than.*)
Il est pire que nous. (*He is worse than we are. Literally: than us.*)
'Plus', 'moins' and 'aussi' followed by a noun are rendered thus:
example: Plus de monde. (*More people.*) Moins d'argent. (*Less money.*) Autant de liberté. (*As much freedom.*) Autant d'élèves. (*As many pupils.*)
Before a number 'than' is translated by 'de'.
example: Il y a plus de douze étudiants. (*There are more than twelve students.*) C'est à moins de six kilomètres. (*It's less than six kilometres away.*)
'More and more' is translated by 'de plus en plus'.
example: Il va à Paris de plus en plus souvent. (*He goes to Paris more and more often.*)

18 LES PRONOMS POSSESSIFS

The possessive pronouns translate English expressions such as '*mine*', '*my own*', '*my one(s)*', '*yours*', etc.

| | Singular | | Plural | |
	Masculine	Feminine	Masculine	Feminine
mine	le mien	la mienne	les miens	les miennes
yours	le tien	la tienne	les tiens	les tiennes
his/hers/its	le sien	la sienne	les siens	les siennes
ours	le nôtre	la nôtre	les nôtres	les nôtres
yours	le vôtre	la vôtre	les vôtres	les vôtres
theirs	le leur	la leur	les leurs	les leurs

Like the possessive adjectives ('mon', 'ma', 'mes', etc.), they agree in gender and number with the noun possessed, not the possessor.
Note that 'leur' doesn't take an 'e' in the feminine.
example: – Regarde **mon dessin**. (*Look at my drawing.*) – **Le mien** est plus coloré. (*Mine is more colourful.*) – Tu as vu **les dessins** de Simon? (*Have you seen Simon's drawings?*) – Oui, **les siens** sont horribles! (*Yes, his are horrible!*) – Où est **la clé** de Paul? (*Where is Paul's key?*) – **La sienne** est sur la table, mais j'ai perdu **la mienne**. (*His is on the table, but I've lost mine.*)
The possessive pronouns are frequently used in comparisons.
example: Ma cravate coûte moins cher que la sienne. (*My tie is cheaper than his.*) Notre maison est plus grande que la leur. (*Our house is bigger than theirs.*)
Note that possession can also be expressed by using '**être à**' followed by the strong or emphatic pronoun.
example: – A qui est cette voiture? (*Whose car is this?*) – Elle est à nous/C'est la nôtre. (*It's ours.*) – Cette valise est à toi?/C'est ta valise? (*Is this your suitcase?*) – Oui, elle est à moi./Oui, c'est la mienne. (*Yes, it's mine.*)
To translate '*a . . . of mine/yours*', etc. you must use 'un(e) de mes/tes . . .' etc., in French.
example: C'est une de mes clientes. (*She is a customer of mine. Literally: She is one of my customers.*) C'est un de leurs amis. (*He is a friend of theirs.*)

19 LE CONDITIONNEL

a This tense is formed by using the same stem as the future tense (see section 12, including the list of irregular verbs) and by adding the same endings as the imperfect tense (see section 15).

example:

danser	**lire**	**aller**
je danserais (*I would dance*)	je lirais (*I would read*)	j'irais (*I would go*)
tu danserais	tu lirais	tu irais
il/elle danserait	il/elle lirait	il/elle irait
nous danserions	nous lirions	nous irions
vous danseriez	vous liriez	vous iriez
ils/elles danseraient	ils/elles liraient	ils/elles iraient

b The conditional is normally used to express *'would'*, and sometimes *'could'* and *'should'*.

example: Nous aimerions visiter la région. (*We would like to visit the district.*) Je voudrais aller à la Martinique. (*I would like to go to Martinique.*) Il ne pourrait pas y aller. (*He couldn't go/He wouldn't be able to go.*) Vous devriez téléphoner. (*You should telephone.*)

But beware whenever you come across *'would'* in English, and think first of its meaning in the sentence before translating it into French, because it has got various uses in English which are rendered differently in French. If it means *'used to'*, then the imperfect tense must be used.

example: *He would always come with me.* (Il venait toujours avec moi.)

If it expresses volition (often a refusal), then 'vouloir' must be used.

example: *They would never do their homework.* (Ils ne voulaient jamais faire leurs devoirs.)

If it is a polite request, then use 'voulez-vous' ('veux-tu' if using the familiar form).

example: *Would you follow me, please?* (Voulez-vous me suivre, s'il vous plaît?)

c The conditional is most often found in conditional clauses, i.e. when the ideas expressed are hypothetical.

example: S'ils allaient à la Martinique, les Muller verraient Lucien et Josée. (*If they went to Martinique, the Mullers would see Lucien and Josée.*) Vous visiteriez beaucoup d'endroits intéressants si vous veniez à Fort-de-France. (*You would visit a lot of interesting places if you came to Fort-de-France.*)

Be careful not to use the conditional tense in the clause starting with 'si' (='if'). 'If' + 'simple past' is always translated by 'si' + 'imperfect'.

example: *If I went* (si j'allais), *if he ate* (s'il mangeait), *if she sung* (si elle chantait).

The conditional tense is used in the other clause. Note that 'si' followed by 'il/ils' becomes 's'', but remains in its full form before 'elle/elles'.

Do not confuse 'si = if' with 'si = yes', i.e. the emphatic 'yes' answering a negative question or statement.

example: – Vous n'êtes pas de Londres? (*You are not from London?*) – Si, je suis de Londres. (*Yes, I am from London.*)

d One can also frequently come across the conditional tense in reported speech. A verb used in the future tense in direct speech will change to the conditional tense in reported speech.

example:

Direct speech

Elle a dit: «S'il fait beau, nous irons à la plage.» (She said: *'If the weather is fine, we will go to the beach'.*)

Ils ont dit: «Quand nous irons à la Martinique, nous boirons du rhum.» (*They said: 'When we go to Martinique, we'll drink rum'.*)

Reported speech

Elle a dit que s'il faisait beau, nous irions à la plage. (*She said that if the weather was fine, we would go to the beach.*)

Ils ont dit que quand ils iraient à la Martinique, ils boiraient du rhum. (*They said that when they went to Martinique, they would drink rum.*)

Note that, unlike English, the future or the conditional must be used in French, when implied, after conjunctions of time such as 'quand/lorsque' (*when*), 'dès que/aussitôt que' (*as soon as*) etc. See section 12c.

20 LE PLUS-QUE-PARFAIT ET LE CONDITIONNEL PASSÉ

a   The pluperfect and the conditional perfect are compound tenses based on the perfect tense, i.e. they are formed by using the auxiliary verb 'avoir' or 'être', and the past participle of the verb.

In the pluperfect tense, the auxiliary verb is conjugated in the imperfect.

In the conditional perfect, the auxiliary is conjugated in the conditional.

example:	*example:*
écouter	**écouter**
j'avais écouté (*I had listened*)	j'aurais écouté (*I would have listened*)
tu avais écouté	tu aurais écouté
il/elle avait écouté	il/elle aurait écouté
nous avions écouté	nous aurions écouté
vous aviez écouté	vous auriez écouté
ils/elles avaient écouté	ils/elles auraient écouté
aller	**aller**
j'étais allé(e) (*I had gone*)	Je serais allé(e) (*I would have gone*)
tu étais allé(e)	tu serais allé(e)
il était allé	il serait allé
elle était allée	elle serait allée
nous étions allé(e)s	nous serions allé(e)s
vous étiez allé(e)(s)	vous seriez allé(e)(s)
ils étaient allés	ils seraient allés
elles étaient allés	elles seraient allées
se perdre	**se perdre**
je m'étais perdu(e) (*I had got lost*)	je me serais perdu(e) (*I would have got lost*)
tu t'étais perdu(e)	tu te serais perdu(e)
il s'était perdu	il se serait perdu
elle s'était perdue	elle se serait perdue
nous nous étions perdu(e)s	nous nous serions perdu(e)s
vous vous étiez perdu(e)(s)	vous vous seriez perdu(e)(s)
ils s'étaient perdus	ils se seraient perdus

elles s'étaient perdues   elles se seraient perdues

Note that all the rules of the perfect tense apply, i.e. agreements, negative sentences, use of pronouns, etc. (see section 7).

b The pluperfect is generally used to describe something which went on one step further back in the past.

example: Il a mis la cravate qu'elle avait achetée pour son anniversaire. (*He put on the tie that she had bought for his birthday.*)

The pluperfect and the conditional perfect are also used in a hypothetical context. In that case, the pluperfect is used in the clause starting with 'si' (=*if*). The conditional perfect is used in the other clause.

example: Ça ne serait pas arrivé si nous avions pris l'autoroute. (*It wouldn't have happened if we had used the motorway.*) Si nous n'étions pas partis en retard, tu n'aurais pas conduit si vite. (*If we hadn't left late, you wouldn't have driven so fast.*)

The pluperfect is used in reported speech, when the perfect tense is used in direct speech.

example: Elle a dit: «J'ai oublié mes lunettes.» (*She said: 'I have forgotten my glasses'.*) **But:** Elle a dit qu'elle avait oublié ses lunettes. (*She said that she had forgotten her glasses.*)

In the same way, the conditional perfect is used in reported speech when the future perfect is used in direct speech.

example: Il a dit «Nous partirons quand nous aurons fini». (*He said 'we will leave when we have finished'.*) **But:** Il a dit que nous partirions quand nous aurions fini. (*He said we would leave when we had finished.*)

c With '**depuis**' (=*for*), do not use the pluperfect but the imperfect tense, just as you use the present when the action is still going on, as opposed to the perfect.

example: Elle apprend l'anglais depuis six mois. (*She's been learning English for six months.*) Elle apprenait l'anglais depuis six mois quand elle est allée en Angleterre. (*She had been learning English for six months when she went to England.*)

Also remember that '*has just*' is translated by the present of '**venir (de)**', and that similarly, '*had just*' is translated by the imperfect of 'venir (de)'.

example: Ils viennent d'acheter une nouvelle voiture. (*They have just bought a new car.*) Ils venaient d'acheter une nouvelle voiture quand ils ont eu un accident. (*They had just bought a new car when they had an accident.*)

11 LE SUBJONCTIF

The subjunctive has almost disappeared from the English language but it is still very much in use in French. It is required after certain verbs and expressions.

a Formation

To form the present subjunctive, use the *stem* of the 'ils' form of the present tense of the verb. Add the following endings: -e, -es, -e, -ions, -iez, -ent, except for '**avoir**' (qu'il **ait**) and '**être**' (qu'il **soit**).

Other frequently used irregular verbs are '**aller**', '**faire**' and '**venir**'. Please refer to the Verb Table for the full conjugations.

Note that verbs in the subjunctive often look and/or sound the same as the ordinary present tense.

J'aimerais un métier qui me **donne** l'occasion de voyager. (*I'd like a job which gives me the opportunity to travel.*)

b Uses

It is used after verbs of wish or preference such as **vouloir que**, **aimer que**, **préférer que**.
example: Je veux que quelqu'un **vienne** une fois par semaine. (*I want someone to come once a week.*)
J'aimerais qu'elle **fasse** le repassage. (*I'd like her to do the ironing.*)
It is also used when 'qui' introduces a sentence about a special person or thing which exists as an idea in someone's mind. Compare the following: J'ai un travail qui est intéressant. (*I have an interesting job.*) – ordinary present tense expressing a real fact.
Je voudrais un travail qui soit intéressant. (*I would like an interesting job.*) – subjunctive expressing something in the mind.
J'ai une veste qui va avec ce pantalon. (*I have a jacket which matches these trousers.*) – ordinary present tense expressing a real fact.
Je cherche une veste qui aille avec ce pantalon. (*I'm looking for a jacket which matches these trousers.*) – subjunctive expressing something in the mind.
As well as being used to express uncertainty and to describe hypothetical situations, the subjunctive is always used after the following expressions:

Il faut que	*it is necessary that*
Il vaut mieux que	*it is better to*
Pour que	*so that*

You can avoid the subjunctive form after **il faut que** by using a pronoun plus the infinitive, or by using **devoir**.
Compare:

Il faut je prenne des médicaments.	
Il me faut prendre des médicaments.	*I must take some medicines.*
Je dois prendre des médicaments.	

Note that the use of the subjunctive makes the necessity sound more urgent.
The subjunctive is used after many more expressions in French. We have only dealt with what occurs in this book.

22 LE PASSÉ SIMPLE

The Past Historic is a simple past tense and corresponds to the English form '*he did*', '*I said*', '*we saw*', etc.

a Formation

There are three basic types of past historic. All '-er' verbs behave in the same way.
example:
chanter

je chant**ai** (*I sang*)	nous chant**âmes**
tu chant**as**	vous chant**âtes**
il/elle chant**a**	ils/elles chant**èrent**

The other verbs follow either the '-i' or the '-u' type.
'-ir', '-re' and some irregular verbs follow the '-i' type.

example:

sortir

je sortis (*I went out*)	nous sortîmes
tu sortis	vous sortîtes
il/elle sortit	ils/elles sortirent

perdre

je perdis (*I lost*)	nous perdîmes
tu perdis	vous perdîtes
il/elle perdit	ils/elles perdirent

Many irregular verbs follow the '-u' type.

example:

boire

je bus(*I drank*)	nous bûmes
tu bus	vous bûtes
il/elle but	ils/elles burent

The past historic of common irregular verbs must be learnt by heart for two reasons. First, to know whether they are an '-i' or an '-u' type, and secondly, because some of them have got an irregular stem. Here are two lists to help you, but you will also find them in the verb table.

'-i' type:

(s')asseoir (*to sit*) il (s')assit
dire (*to say*) il dit
écrire (*to write*) il écrivit
faire (*to do, to make*) il fit
mettre (*to put*) il mit
prendre (*to take*) il prit
rire (*to laugh*) il rit
voir (*to see*) il vit

'-u' type:

avoir (*to have*) il eut
apercevoir (*to catch sight of*) il aperçut
recevoir (*to receive*) il reçut
boire (*to drink*) il but
connaître (*to know*) il connut
paraître (*to seem*) il parut
courir (*to run*) il courut
croire (*to believe*) il crut
devoir (*to have to, must*) il dut
être (*to be*) il fut
lire (*to read*) il lut
mourir (*to die*) il mourut
pleuvoir (*to rain*) il plut
pouvoir (*to be able to, can*) il put
savoir (*to know*) il sut
vivre (*to live*) il vécut
vouloir (*to want*) il voulut

Also refer to the verb tables for verbs ending in -cer, -ger.

'Venir' and 'tenir' do not follow any of these three types.

venir (*to come*)

je vins	nous vînmes
tu vins	vous vîntes
il/elle vint	ils/elles vinrent

tenir (*to hold*)

je tins	nous tînmes
tu tins	vous tîntes
il/elle tint	ils/elles tinrent

Note that many irregular past historic forms are similar to the past participle of the verb.

example: Prendre (*to take*), pris (*taken*), il prit (*he took*).

Connaître (*to know*), connu (*known*), il connut (*he knew*).

This is useful to remember, but it is not a rule and there are some exceptions.

example: Voir (*to see*), vu (*seen*) *but* il vit (*he saw*).

b Use

In its use, the Past Historic is equivalent to the perfect tense.

example: **il fit** is equivalent to **il a fait** (*he did*), **je dis** to **j'ai dit** (*I said*), **nous vîmes** to **nous avons vu** (*we saw*), etc.

But nowadays, the tense has ceased to be used in everyday spoken French and is only used in written narratives and speeches. Therefore, in conversation and in letters, you must use the perfect tense.

This explains the fact that this tense is hardly ever used with the second persons ('tu' and 'vous').

When writing in the past, you can choose either the perfect tense or the past historic to recount single completed events, i.e. what happened, what people did or said.

However, you should not switch from one tense to the other; you must be consistent.

But if you have chosen the past historic, you **must** use the perfect tense people are talking (i.e. in direct speech), as the past historic is only a written tense.

example: Quand tu es allé rue de Turenne, es-tu revenu ici tout de suite? (*When you went rue de Turenne, did you come straight back here?*)

Il rougit soudain, hésita un bon moment avant de répondre. (*He blushed suddenly, hesitated a long time before he answered.*)

If you need to describe an unfinished action in the past, then you must use the imperfect tense.

example: A ce moment-là, il avait les deux yeux ouverts. Il était donc complètement réveillé. Elle passa dans la pièce voisine, laissa la porte ouverte pendant le temps qu'elle téléphonait. (*At that moment, both his eyes were open. He was therefore wide awake. She went into the next room, left the door open while she was telephoning.*)

23 LA VOIX PASSIVE

a The passive voice is as easily formed in French as in English. One uses the verb 'to be'/'**être**' in any tense needed, followed by the past participle of the verb used as an adjective. In French, of course, the latter agrees in number and gender with the subject.

example: La statue du roi a été remplacée par une guillotine. (*The statue of the king was replaced by a guillotine.*) Plus de mille personnes ont été décapitées. (*Over a thousand people were beheaded.*) La tour Eiffel fut construite en 1889. (*The Eiffel tower was built in 1889.*) Un concours fut organisé. (*A competition was organised.*) Des matériaux coûteux furent utilisés. (*Expensive materials were used.*)

Note that both the perfect tense (a été/ont été) and the past historic (fut/furent) correspond to the same English form, the former being used in spoken or everyday language, the latter being used in writing or speeches.

La maison sera finie à la fin du mois. (*The house will be finished at the end of the month.*) La maison serait finie si les ouvriers n'étaient pas en grève. (*The house would be finished if the workers weren't on strike.*) Elle était aimée de tous. (*She was loved by all.*)

b The passive voice tends to be used far less in French than in English. When the agent is not mentioned, the active voice is used with '**on**'.

example: On a remplacé la statue par une guillotine. (*The statue was replaced by a guillotine.*)

Note that English expressions such as '*He was asked*', '*I was given*', etc., cannot be put in the passive voice in French, because '*he*' and '*I*' would be indirect objects in the active (demander à, donner à). Only a direct object can become the subject of a sentence in the passive voice. In such cases, '**on**' must be used.

example: *He was asked* (On lui a demandé), *I was given* (On m'a donné).

24 LES VERBES

Main groups of regular verbs

Infinitif	Participe présent	Participe passé	Présent	Futur	Imparfait	Passé simple	Subjonctif présent
chanter to sing	chantant	chanté	je chante tu chantes il chante nous chantons vous chantez ils chantent	je chanterai tu chanteras il chantera nous chanterons vous chanterez ils chanteront	je chantais tu chantais il chantait nous chantions vous chantiez ils chantaient	je chantai tu chantas il chanta nous chantâmes vous chantâtes ils chantèrent	que je chante que tu chantes qu'il chante que nous chantions que vous chantiez qu'ils chantent
perdre to lose	perdant	perdu	je perds tu perds il perd nous perdons vous perdez ils perdent	je perdrai tu perdras il perdra nous perdrons vous perdrez ils perdront	je perdais tu perdais il perdait nous perdions vous perdiez ils perdaient	je perdis tu perdis il perdit nous perdîmes vous perdîtes ils perdirent	que je perde que tu perdes qu'il perde que nous perdions que vous perdiez qu'ils perdent
finir to finish	finissant	fini	je finis tu finis il finit nous finissons vous finissez ils finissent	je finirai tu finiras il finira nous finirons vous finirez ils finiront	je finissais tu finissais il finissait nous finissions vous finissiez ils finissaient	je finis tu finis il finit nous finîmes vous finîtes ils finirent	que je finisse que tu finisses qu'il finisse que nous finissions que vous finissiez qu'ils finissent

Irregular verbs

Infinitif	Participe présent	Participe passé	Présent	Futur	Imparfait	Passé simple	Subjonctif présent
aller to go (conj. être)	allant	allé	je vais tu vas il va nous allons vous allez ils vont	j'irai	j'allais	j'allai	que j'aille

Infinitif	Participe présent	Participe passé	Présent	Futur	Imparfait	Passé simple	Subjonctif présent
appeler *to call*	appelant	appelé	j'appelle tu appelles il appelle nous appelons vous appelez ils appellent	j'appellerai	j'appelais	j'appelai	que j'appelle que tu appelles qu'il appelle que nous appelions que vous appeliez qu'ils appellent
s'asseoir *to sit down* (conj. **être**)	s'asseyant *or* s'assoyant	assis	je m'assieds tu t'assieds il s'assied nous nous asseyons vous vous asseyez ils s'asseyent *or* je m'assois tu t'assois il s'assoit nous nous assoyons vous vous assoyez ils s'assoient	je m'assiérai *or* je m'assoirai	je m'asseyais *or* je m'assoyais	je m'assis	que je m'assoie/asseye que tu t'assoies/asseyes qu'il s'assoie/asseye que nous nous assoyions/asseyions que vous vous assoyiez/asseyiez qu'ils s'assoient/asseyent
avoir *to have*	ayant	eu	j'ai tu as il a nous avons vous avez ils ont	j'aurai	j'avais	j'eus	que j'aie que tu aies qu'il ait que nous ayons que vous ayez qu'ils aient
battre *to beat*	battant	battu	je bats tu bats il bat nous battons vous battez ils battent	je battrai	je battais	je battis	que je batte

Infinitif	Participe présent	Participe passé	Présent	Futur	Imparfait	Passé simple	Subjonctif présent
boire *to drink*	buvant	bu	je bois tu bois il boit nous buvons vous buvez ils boivent	je boirai	je buvais	je bus	que je boive que tu boives qu'il boive que nous buvions que vous buviez qu'ils boivent
commencer *to start*	commençant	commencé	je commence tu commences il commence nous commençons vous commencez ils commencent	je commencerai	je commençais tu commençais il commençait nous commencions vous commenciez ils commençaient	je commençai tu commenças il commença nous commençâmes vous commençâtes ils commencèrent	que je commence
conduire *to drive*	conduisant	conduit	je conduis tu conduis il conduit nous conduisons vous conduisez ils conduisent	je conduirai	je conduisais	je conduisis	que je conduise
connaître *to know*	connaissant	connu	je connais tu connais il connaît nous connaissons vous connaissez ils connaissent	je connaîtrai	je connaissais	je connus	que je connaisse
convaincre *to convince*	convainquant	convaincu	je convaincs tu convaincs il convainc nous convainquons vous convainquez ils convainquent	je convaincrai	je convainquais	je convainquis	que je convainque
coudre *to sew*	cousant	cousu	je couds tu couds il coud nous cousons vous cousez ils cousent	je coudrai	je cousais	je cousis	que je couse

Infinitif	Participe présent	Participe passé	Présent	Futur	Imparfait	Passé simple	Subjonctif présent
courir *to run*	courant	couru	je cours tu cours il court nous courons vous courez ils courent	je courrai	je courais	je courus	que je coure
craindre *to fear*	craignant	craint	je crains tu crains il craint nous craignons vous craignez ils craignent	je craindrai	je craignais	je craignis	que je craigne
croire *to believe*	croyant	cru	je crois tu crois il croit nous croyons vous croyez ils croient	je croirai	je croyais	je crus	que je croie que tu croies qu'il croie que nous croyions que vous croyiez qu'ils croient
cueillir *to pick*	cueillant	cueilli	je cueille tu cueilles il cueille nous cueillons vous cueillez ils cueillent	je cueillerai	je cueillais	je cueillis	que je cueille
découvrir *to discover*	découvrant	découvert	je découvre tu découvres il découvre nous découvrons vous découvrez ils découvrent	je découvrirai	je découvrais	je découvris	que je découvre
devoir *must/* *to have to*	devant	dû	je dois tu dois il doit nous devons vous devez ils doivent	je devrai	je devais	je dus	que je doive que tu doives qu'il doive que nous devions que vous deviez qu'ils doivent

Infinitif	Participe présent	Participe passé	Présent	Futur	Imparfait	Passé simple	Subjonctif présent
dire to say	disant	dit	je dis tu dis il dit nous disons vous dites ils disent	je dirai	je disais	je dis	que je dise
dormir to sleep	dormant	dormi	je dors tu dors il dort nous dormons vous dormez ils dorment	je dormirai	je dormais	je dormis	que je dorme
écrire to write	écrivant	écrit	j'écris tu écris il écrit nous écrivons vous écrivez ils écrivent	j'écrirai	j'écrivais	j'écrivis	que j'écrive
envoyer to send	envoyant	envoyé	j'envoie tu envoies il envoie nous envoyons vous envoyez ils envoient	j'enverrai	j'envoyais	j'envoyai	que j'envoie que tu envoies qu'il envoie que nous envoyions que vous envoyiez qu'ils envoient
essayer to try	essayant	essayé	j'essaie/essaye tu essaies/essayes il essaie/essaye nous essayons vous essayez ils essaient/essayent	j'essaierai or j'essayerai	j'essayais	j'essayai	que j'essaie/essaye que tu essaies/essayes qu'il essaie/essaye que nous essayions que vous essayiez qu'ils essaient
être to be	étant	été	je suis tu es il est nous sommes vous êtes ils sont	je serai	j'étais	je fus	que je sois que tu sois qu'il soit que nous soyons que vous soyez qu'ils soient

Infinitif	Participe présent	Participe passé	Présent	Futur	Imparfait	Passé simple	Subjonctif présent
faire to do/make	faisant	fait	je fais tu fais il fait nous faisons vous faites ils font	je ferai	je faisais	je fis	que je fasse
falloir to be necessary		fallu	il faut	il faudra	il fallait	il fallut	qu'il faille
jeter to throw	jetant	jeté	je jette tu jettes il jette nous jetons vous jetez ils jettent	je jetterai	je jetais	je jetai	que je jette que tu jettes qu'il jette que nous jetions que vous jetiez qu'ils jettent
lire to read	lisant	lu	je lis tu lis il lit nous lisons vous lisez ils lisent	je lirai	je lisais	je lus	que je lise
manger to eat	mangeant	mangé	je mange tu manges il mange nous mangeons vous mangez ils mangent	je mangerai	je mangeais tu mangeais il mangeait nous mangions vous mangiez ils mangeaient	je mangeai tu mangeas il mangea nous mangeâmes vous mangeâtes ils mangèrent	que je mange
mentir to tell lies	mentant	menti	je mens tu mens il ment nous mentons vous mentez ils mentent	je mentirai	je mentais	je mentis	que je mente

Infinitif	Participe présent	Participe passé	Présent	Futur	Imparfait	Passé simple	Subjonctif présent
mettre to put	mettant	mis	je mets tu mets il met nous mettons vous mettez ils mettent	je mettrai	je mettais	je mis	que je mette
mourir to die (conj. **être**)	mourant	mort	je meurs tu meurs il meurt nous mourons vous mourez ils meurent	je mourrai	je mourais	je mourus	que je meure que tu meures qu'il meure que nous mourions que vous mouriez qu'il meurent
nager to swim	nageant	nagé	je nage tu nages il nage nous nageons vous nagez ils nagent	je nagerai	je nageais tu nageais il nageait nous nagions vous nagiez ils nageaient	je nageai tu nageas il nagea nous nageâmes vous nageâtes ils nagèrent	que je nage
offrir to offer, to give (a present)	offrant	offert	j'offre tu offres il offre nous offrons vous offrez ils offrent	j'offrirai	j'offrais	j'offris	que j'offre
ouvrir to open	ouvrant	ouvert	j'ouvre tu ouvres il ouvre nous ouvrons vous ouvrez ils ouvrent	j'ouvrirai	j'ouvrais	j'ouvris	que j'ouvre
partir to leave (conj. **être**)	partant	parti	je pars tu pars il part nous partons vous partez ils partent	je partirai	je partais	je partis	que je parte

Infinitif	Participe présent	Participe passé	Présent	Futur	Imparfait	Passé simple	Subjonctif présent
se plaindre *to complain*	plaignant	plaint	je me plains tu te plains il se plaint nous nous plaignons vous vous plaignez ils se plaignent	je me plaindrai	je me plaignais	je me plaignis	que je me plaigne
plaire *to please*	plaisant	plu	je plais tu plais il plaît nous plaisons vous plaisez ils plaisent	je plairai	je plaisais	je plus	que je plaise
pleuvoir *to rain*	pleuvant	plu	il pleut	il pleuvra	il pleuvait	il plut	qu'il pleuve
pouvoir *can/to be able to*	pouvant	pu	je peux (puis) tu peux il peut nous pouvons vous pouvez ils peuvent	je pourrai	je pouvais	je pus	que je puisse
prendre *to take*	prenant	pris	je prends tu prends il prend nous prenons vous prenez ils prennent	je prendrai	je prenais	je pris	que je prenne que tu prennes qu'il prenne que nous prenions que vous preniez qu'ils prennent
recevoir *to receive*	recevant	reçu	je reçois tu reçois il reçoit nous recevons vous recevez ils reçoivent	je recevrai	je recevais	je reçus	que je reçoive que tu reçoives qu'il reçoive que nous recevions que vous receviez qu'ils reçoivent
rire *to laugh*	riant	ri	je ris N.B. nous rions	je rirai	je riais tu riais il riait nous riions	je ris	que je rie N.B. que nous riions

Infinitif	Participe présent	Participe passé	Présent	Futur	Imparfait	Passé simple	Subjonctif présent
			vous riez		vous riiez ils riaient		que vous riiez
savoir to know	sachant	su	je sais tu sais il sait nous savons vous savez ils savent	je saurai	je savais	je sus	que je sache
sortir to go out (conj. **être**)	sortant	sorti	je sors tu sors il sort nous sortons vous sortez ils sortent	je sortirai	je sortais	je sortis	que je sorte
servir to serve	servant	servi	je sers tu sers il sert nous servons vous servez ils servent	je servirai	je servais	je servis	que je serve
sourire to smile	please refer to **rire** above						
suivre to follow	suivant	suivi	je suis tu suis il suit nous suivons vous suivez ils suivent	je suivrai	je suivais	je suivis	que je suive
se taire to be(come) silent (conj. **être**)	se taisant	tu	je me tais tu te tais il se tait nous nous taisons vous vous taisez ils se taisent	je me tarai	je me taisais	je me tus	que je me taise

Infinitif	Participe présent	Participe passé	Présent	Futur	Imparfait	Passé simple	Subjonctif présent
tenir to hold	tenant	tenu	je tiens tu tiens il tient nous tenons vous tenez ils tiennent	je tiendrai	je tenais	je tins tu tins il tint nous tînmes vous tîntes ils tinrent	que je tienne que tu tiennes qu'il tienne que nous tenions que vous teniez qu'ils tiennent
venir to come (conj. **être**)	venant	venu	je viens tu viens il vient nous venons vous venez ils viennent	je viendrai	je venais	je vins tu vins il vint nous vînmes vous vîntes ils vinrent	que je vienne que tu viennes qu'il vienne que nous venions que vous veniez qu'ils viennent
vivre to live	vivant	vécu	je vis tu vis il vit nous vivons vous vivez ils vivent	je vivrai	je vivais	je vécus	que je vive
voir to see	voyant	vu	je vois tu vois il voit nous voyons vous voyez ils voient	je verrai	je voyais	je vis	que je voie que tu voies qu'il voie que nous voyions que vous voyiez qu'ils voient
vouloir to want	voulant	voulu	je veux tu veux il veut nous voulons vous voulez ils veulent	je voudrai	je voulais	je voulus	que je veuille que tu veuilles qu'il veuille que nous voulions que vous vouliez qu'il veuillent

25 LES NOMBRES

a Cardinal numbers

1 un, une	20 vingt	72 soixante-douze
2 deux	21 vingt et un	73 soixante-treize
3 trois	22 vingt-deux	77 soixante-dix-sept
4 quatre	23 vingt-trois	80 quatre-vingts
5 cinq	24 vingt-quatre	81 quatre-vingt-un
6 six	25 vingt-cinq	82 quatre-vingt-deux
7 sept	26 vingt-six	90 quatre-vingt-dix
8 huit	27 vingt-sept	91 quatre-vingt-onze
9 neuf	28 vingt-huit	99 quatre-vingt-dix-neuf
10 dix	29 vingt-neuf	100 cent
11 onze	30 trente	101 cent un
12 douze	31 trente et un	200 deux cents
13 treize	32 trente-deux	201 deux cent un
14 quatorze	40 quarante	220 deux cent vingt
15 quinze	50 cinquante	500 cinq cents
16 seize	60 soixante	550 cinq cent cinquante
17 dix-sept	70 soixante-dix	1000 mille
18 dix-huit	71 soixante et onze	5000 cinq mille
19 dix-neuf		

Cardinal numbers have the same form whether they are masculine or feminine, singular or plural, except for **un/une** (*1*), and **vingt** (*20*), which takes an **s** in quatre-vingts (*80*) – literally, four twenties. **Cent** (*100*) takes a plural **s** when it stands alone, but not when followed by another number.
example: deux **cents** (*200*); deux **cent** un (*201*).

b Ordinal numbers

Ordinal numbers are formed by adding **-ième** to the cardinals.
example: trois (*3*) → trois**ième** (*third*)
If there is a final **e** in the cardinal this is dropped.
example: quatre (*4*) → quatr**ième** (*fourth*)
A final **f** becomes **v**.
example: neuf (*9*) → neuv**ième** (*ninth*)
A final **q** adds a **u**.
example: cinq (*5*) → cinqu**ième** (*fifth*)
Like the cardinal numbers they keep the same form, except for **premier/première** (*first*) and **second/seconde**, an alternative to **deuxième** (*second*).
Compound numbers just add **-ième** to the second number.
example: vingt-et-un**ième** (*twenty first*).
Ordinal numbers are not used in French for kings/queens, etc., nor months, except for **first**.
example: François Ier (**premier**); Elisabeth Ière (**première**) *but* Henri IV (**quatre**); Louis XV (**quinze**); Elisabeth II (**deux**); le 1er janvier, le 1er mai, le 1er avril etc. (**premier**); le 24 novembre (**vingt-quatre**); le 14 juillet (**quatorze**); le 6 juin (**six**).